Idealização
Lucedile Antunes

Coordenação editorial
Lucedile Antunes e Marcel Spadoto

BALANCED SKILLS

Literare Books
INTERNATIONAL
BRASIL · EUROPA · USA · JAPÃO

© LITERARE BOOKS INTERNATIONAL LTDA, 2023.
Todos os direitos desta edição são reservados à Literare Books International Ltda.

PRESIDENTE
Mauricio Sita

VICE-PRESIDENTE
Alessandra Ksenhuck

DIRETORA EXECUTIVA
Julyana Rosa

DIRETORA COMERCIAL
Claudia Pires

DIRETORA DE PROJETOS
Gleide Santos

EDITOR
Enrico Giglio de Oliveira

EDITOR JÚNIOR
Luis Gustavo da Silva Barboza

ASSISTENTE EDITORIAL
Felipe de Camargo Benedito

REVISORES
Sergio Ricardo do Nascimento e Ivani Rezende

CAPA E DESIGN EDITORIAL
Lucas Yamauchi

ILUSTRAÇÕES
Marcio Reiff

IMPRESSÃO
Trust

Dados Internacionais de Catalogação na Publicação (CIP)
(eDOC BRASIL, Belo Horizonte/MG)

B171 Balanced skills: competências essenciais para buscar o equilíbrio integral alinhado ao seu momento de vida / Coordenadores Lucedile Antunes, Marcel Spadoto. – São Paulo, SP: Literare Books International, 2023.
352 p. : il. ; 16 x 23 cm

Inclui bibliografia
ISBN 978-65-5922-682-5

1. Autoconhecimento. 2. Equilíbrio. 3. Técnicas de autoajuda. I. Antunes, Lucedile. II. Spadoto, Marcel.

CDD 158.1

Elaborado por Maurício Amormino Júnior – CRB6/2422

LITERARE BOOKS INTERNATIONAL LTDA.
Rua Alameda dos Guatás, 102
Vila da Saúde — São Paulo, SP. CEP 04053-040
+55 11 2659-0968 | www.literarebooks.com.br
contato@literarebooks.com.br

Os conteúdos aqui publicados são da inteira responsabilidade de seus autores. A Literare Books International não se responsabiliza por esses conteúdos nem por ações que advenham dos mesmos. As opiniões emitidas pelos autores são de sua total responsabilidade e não representam a opinião da Literare Books International, de seus gestores ou dos coordenadores editoriais da obra.

MISTO
Embalagem
FSC FSC® C106484

SUMÁRIO

7   AGRADECIMENTOS
Lucedile Antunes

9   PREFÁCIO
Lucedile Antunes

11   INTRODUÇÃO
Lucedile Antunes e Maristela Francener

25   **RELATIONAL SKILLS**

29   LIDERANÇA HUMANIZADA
Lucedile Antunes

43   AUTORIDADE
Izabela Mioto

51   CONSTRUÇÃO DE PONTES
Luiz Sales

59   RELAÇÕES DE CONFIANÇA
Luiz Sales

69   CONSCIÊNCIA DA DIVERSIDADE
Cesar Caminha

79   ALTERIDADE
Marcel Spadoto

87   ACOLHIMENTO E AMABILIDADE
Simone Chabloz

95   ESPÍRITO CONECTOR
Lucas Silveira

103   CONSCIÊNCIA ÉTICA
       Elaine Rodrigues

111   INTELIGÊNCIA CULTURAL
       Daniely Alves da Costa Martins

119   INNER SKILLS

123   PERCEPÇÃO IMPARCIAL: A ORIGEM DE SUAS ESCOLHAS
       Roberto Publio

133   O SILÊNCIO: SABEDORIA MILENAR QUASE ESQUECIDA
       Roberto Publio

143   AUTOCUIDADO
       Emerson Vamondes

153   AUTOCONHECIMENTO
       Josiane Firmo

163   AUTORRESPEITO E AUTOCOMPAIXÃO
       Claudia Serrano

173   AUTOCONSCIÊNCIA
       Ana Clara Bittencourt

181   AMOR AO APRENDIZADO
       Giane Camargo

191   AUTOMOTIVAÇÃO
       Marcelo de Elias

199   POWER SKILLS

203   ABERTURA PARA O NOVO
       Juliana Zan

211   MENTALIDADE DE ABUNDÂNCIA
       Daniela Calaes

221   PENSAMENTO ANALÍTICO
       Thaís Sartoleto

229   GESTÃO DE CONFLITOS E CRISES
       Erileuza Mendes

237	INSPIRAR PARA INOVAR	**Sergio Povoa**
245	ESPÍRITO DE DONO	**David Fratel**
253	PENSAMENTO NEXIALISTA	**José Carlos de Souza Jr.**
261	O PODER DE VENDER	**Juliano Antunes**

269 HAPPINESS SKILLS

271	CONSCIÊNCIA PLENA	**Sabrina Javaroni Müller**
279	INTELIGÊNCIA EXISTENCIAL	**Laura Lobo**
289	HONESTIDADE EMOCIONAL	**Beatriz Montenegro**
297	GENEROSIDADE	**Adriana M. Cunha**
307	*SAVORING*	**Wellington Nogueira**
315	ESPÍRITO DE SUPERAÇÃO	**Maryana com Y**
323	AUTORRESPONSABILIDADE	**Márcia Elena**
333	O PODER DA ESCOLHA	**Alejandra Cortés Díaz**
343	EPÍLOGO	**Lucedile Antunes e Andreza Hadler**

AGRADECIMENTOS

Às vezes, eu me pego perguntando: como realizei tudo isso?

E a resposta é: com visão e propósito!

Nos meus mais de 20 anos atuando como *coach e mentora* no mundo corporativo, observo pessoas sendo demitidas por questões comportamentais, ou seja, ausência das fundamentais *human skills*, que não são ensinadas na faculdade, mas, sim, no percurso da vida.

Desde então, idealizei a série de livros *Soft skills*, que ganhou reconhecimento da revista *Veja* e se mantém, até hoje, na lista dos mais vendidos da Amazon. Isso traz a certeza de que a coletânea está ajudando milhares de pessoas a se tornarem seres humanos ainda melhores para o mundo.

Meu propósito é ter influência na construção de um futuro, despertando, nas pessoas, a procura pelo autoconhecimento, para obterem resultados positivos, tanto na vida pessoal como na profissional.

Dizem que sou um ser humano com uma energia contagiante, que busca constantemente se aprofundar no autoconhecimento. Compreendi a relevância de se ter consciência a cada escolha que a vida me convida para fazer. Sou curiosa e apaixonada pelo aprendizado contínuo. Todos dizem que eu nunca paro. Tenho como filosofia pessoal e, também, no trabalho de desenvolvimento humano que, se quisermos resultados diferentes, temos que experimentar fazer diferente.

Como mãe da Julia e do Raphael, aos quais dedico todo meu carinho, desenvolvi mais amorosidade e flexibilidade para lidar com os desafios da vida. O meu agradecimento especial vai para eles e para o meu supermaridão, Juliano Antunes.

Quero, aqui, agradecer ao Marcel Spadoto, pelo apoio na coordenação deste lindo time de coautores, e ao querido Marcio Reiff que, com tanta criatividade e sensibilidade, ilustrou todos os capítulos desta obra. Nosso trabalho em equipe foi uma experiência incrível!

A todos os autores desta obra, meu muito obrigada por acreditarem no meu sonho e na proposta deste projeto, que, com certeza, impactará milhares de pessoas. Parabéns pela dedicação e construção de um conteúdo de alto nível!

Com carinho,

Lucedile Antunes

PREFÁCIO

Você deve estar curioso para saber sobre o **Balanced skills**, não é mesmo?

Vou lhe contar como estruturei este livro, mas, antes, quero trazer alguns fatos:

A carreira profissional deixou de ser linear, pautada na necessidade de só focar no trabalho, ralar ao longo de toda a jornada até chegar ao topo das hierarquias. Esse formato vinha do pensamento da Revolução Industrial (século XVIII), focado em "primeiro você fazer a sua obrigação e, depois, poder desfrutar". E, assim, as gerações anteriores construíram suas trajetórias, nas quais, após muitos anos de trabalho, teriam direito à aposentadoria, para então se permitir usufruir do que conquistaram.

Hoje, estamos em outra época, a era digital, que nos possibilita fazer várias coisas ao mesmo tempo. Portanto, a carreira agora flui de modo mais integral, ou seja, você vai trabalhar, mas também aproveitar a jornada, estudando, cuidando de si, tendo mais tempo para o lazer. Afinal, a vida não é mais só trabalhar ou só relaxar. É fazer intersecções saudáveis. É a busca pelo equilíbrio e a felicidade.

Outra tendência muito importante que gostaria de destacar é que, até 2025, 75% da força de trabalho será da geração millennials – Y.

Você deve estar se perguntando: "OK, Lucedile, mas o que você quer dizer com essa colocação?".

Cada geração traz uma provocação que nos faz repensar nossa maneira de agir ou pensar, e 95% dessa geração preza por esse equilíbrio entre a vida pessoal e a profissional.

Tanto a geração Y como a Z buscam viver com maior engajamento em um propósito, se sentir pertencentes, agindo alinhadas com seus valores pessoais, investindo no seu autoconhecimento e cuidando da sua saúde física e mental.

Foi pensando em todas essas necessidades e tendências que eu idealizei o **Balanced skills**. Neste livro, você terá um conjunto de competências que podem ser conhecidas e desenvolvidas, a partir do seu momento de vida atual, visando às suas reais metas.

A obra foi composta em quatro categorias de *human skills*, com o objetivo de desenvolver *skills* para se relacionar melhor, por meio das **relational skills**; de aprofundar o olhar para dentro de si, por meio das **inner skills**; de despertar seu potencial máximo com a ajuda das **power skills**; e de buscar o bem-estar e a felicidade, com as **happiness skills**.

Reuni, então, as *skills* mais modernas, funcionais, necessárias e diferenciadas, para que você possa construir uma vida mais balanceada e integral, com o propósito de apoiá-lo para que seja o "protagonista da sua vida".

Com muito carinho,

Lucedile Antunes

INTRODUÇÃO

O sentido da vida

Nascemos, crescemos, vivemos e um dia partiremos. Nessa breve existência chamada vida, há um sentido que só pode ser vivido e compreendido quando nos abrimos para buscar o autoconhecimento e nos conectamos com os nossos maiores propósitos, ou seja, a razão da nossa existência aqui na Terra; quando abrimos o nosso coração e buscamos, a cada nova experiência, uma razão para esta vida não ser em vão. E essa é a razão de nunca perdermos a esperança que brota de cada sorriso, emoção, aprendizado e de cada lembrança vivida e saboreada.
O sentido da vida está na decisão de ouvir ou não a voz que sussurra no seu coração.
LUCEDILE ANTUNES

Lucedile Antunes

Sua essência é visionária e seu maior propósito é ter influência na construção de um futuro, provocando, nas pessoas, a busca pelo autoconhecimento e a expansão de consciência, para obterem melhores resultados. As pessoas a consideram um ser humano com uma energia contagiante. Curiosa e apaixonada pelo aprendizado contínuo, todos dizem que ela nunca para! Mãe da Julia e do Raphael, filhos maravilhosos que ensinam a cada dia o que é a amorosidade e a flexibilidade para lidar com os desafios da vida. Uma das referências no Brasil no desenvolvimento de *soft skills*. Palestrante, fundadora da L. Antunes Consultoria & Coaching, mentora e *coach* reconhecida internacionalmente pela International Coach Federation (ICF), autora de mais de dez livros e diversos artigos sobre o tema "pessoas e organizações". Idealizadora da série *Soft skills*, reconhecida em 2020 e 2021 como best-seller pela revista *Veja*.

www.lantunesconsultoria.com.br
lucedile@lantunesconsultoria.com.br
LinkedIn: Lucedile Antunes
Instagram: @lucedileantunes
11 98424 9669

Maristela Francener

Mãe da Joana, apaixonada pela biografia humana e sua abordagem dentro dos conteúdos da antroposofia; pelas histórias de vida das pessoas, suas dinâmicas, suas crises e chances de desenvolvimento. Médica, ginecologista-obstetra e clínica geral, com atividade ampliada pela antroposofia, e atuação em consultório particular e no SUS. Aconselhadora biográfica formada na Artemísia – Centro de Desenvolvimento Humano, em São Paulo, segunda turma do Brasil. Coordenadora de *workshops* biográficos em suas diversas temáticas. Docente da Associação Brasileira de Medicina Antroposófica e do Curso de Terapia Artística da Associação Sagres. Palestrante nos temas da Biografia Humana, Desenvolvimento Humano e Metodologia Científica segundo Goethe, pelo Goethean Science, tendo recebido treinamento na Grã-Bretanha. Cofundadora do curso Biografia e Caminho Iniciático (formação biográfica de Florianópolis/SC).

mafrancener@gmail.com
Instagram: @mfrancener
48 99935 3836

Por que a busca por equilíbrio?

A vida existe para ser saboreada, para irmos desfrutando e fazendo pausas a fim de apreciar a sua beleza, e o meu convite neste livro é para que você freie este "trem-bala da vida" e aprecie cada trecho desta viagem.

Quem tem por que viver suporta quase qualquer como.
NIETZSCHE

A vida sempre tem um sentido, independentemente das circunstâncias, e esse sentido é a motivação primária das pessoas.

As três possibilidades de sentido

Embora o sentido da vida de cada um seja único, existem três experiências principais para descobri-lo aqui na Terra:

- **Valores de criação:** estamos aqui na Terra para realizar algo muito maior do que simplesmente levantar, trabalhar, comer e pagar contas, trazemos conosco um conjunto de talentos para exercermos essa missão, conectada com a nossa essência mais profunda.

- **Valores de vivência:** valorizar cada momento vivido da vida e praticar a gratidão, apreciando esta jornada aqui na Terra.
- **Valores de aceitação:** pela atitude que tomamos em relação aos sofrimentos que a vida vai nos trazendo, que eu prefiro nomear como desafios importantes e necessários, afinal nada é por acaso; aceitar significa encarar tudo como um grande aprendizado.

Ao manter o equilíbrio da vida com consciência, alcançamos maior qualidade de vida para sermos capazes de lidar melhor com adversidades e de tomar melhores decisões diante de situações desafiadoras, com clareza e consciência.

Alguns fatos importantes

Você sabia que, de acordo com dados da Organização Mundial de Saúde, o Brasil é considerado o país mais ansioso do mundo e o quinto colocado em número de casos de depressão?

Segundo a OMS, 1 bilhão de pessoas vivem com algum transtorno mental no mundo.

No Brasil, 18% dos brasileiros são vítimas da síndrome de *burnout*, e a maioria da população afetada tem menos de 30 anos. É o que revela uma pesquisa realizada em 2021 pela Faculdade de Medicina da Universidade de São Paulo (USP). Em 1º de janeiro de 2021, a síndrome de *burnout* foi incorporada à lista das doenças ocupacionais reconhecidas pela Organização Mundial de Saúde (OMS).

O *burnout* é um distúrbio emocional com sintomas de exaustão extrema, estresse e esgotamento físico resultantes de situações de trabalho desgastante, que demandam muita competitividade ou responsabilidade. A principal causa da doença é justamente o excesso de trabalho.

Os dados são alarmantes! Infelizmente, muitas pessoas estão emocional e fisicamente doentes.

Você aceitaria um trabalho que afetasse negativamente o equilíbrio entre vida pessoal e profissional? Para 61% dos profissionais ouvidos no estudo *Workmonitor*, da empresa de recrutamento *Randstad*, a resposta é "não". Em 2022, essa porcentagem era de 58%.

Segundo o levantamento, 48% afirmam que mudariam de emprego se o trabalho os impedisse de aproveitar a vida. O movimento é puxado por quem tem menos de 45 anos.

Na faixa dos 18 aos 25 anos, 58% não abrem mão dessa harmonia. Entre 25 e 34 anos, são 54%; de 34 a 44 anos, 49%; de 45 a 54 anos, 41%; de 55 a 67 anos, 40%.

Trago estes dados com o intuito de despertar em você esse olhar para a busca pelo equilíbrio físico, psíquico e espiritual. Nos meus mais de 20 anos atuando nas organizações, vejo muitas pessoas que estão intoxicadas e tóxicas. Veja que mencionei "estão" e "não são" tóxicas. Um dos fatores que levam a isso é a falta de consciência sobre sua forma de "pensar", "sentir" e "agir", resultado da ausência de autoconhecimento. Noto uma grande parcela das pessoas no piloto automático.

A expansão de consciência é o primeiro passo para a evolução.
LUCEDILE ANTUNES

O equilíbrio envolve o bem-estar físico, psíquico e espiritual. E para ampliar a sua visão sobre o nosso processo de evolução, levando-o a questionar sobre o seu momento de vida e seus reais propósitos, eu convidei a doutora Maristela Francener, médica e especialista em Antroposofia e Biografia Humana. Ela escreverá sobre um dos ritmos da biografia, os chamados setênios, ancorada em saberes científicos que ela muito bem pesquisou e desenvolveu ao longo de sua brilhante carreira. Passo-lhe a palavra, nesta introdução.

Os setênios e a antroposofia – a biografia humana

Vamos falar de fases da vida? Para os chineses antigos, nós levamos vinte anos para aprender, vinte anos para lutar e outros vinte anos para nos tornarmos sábios. Poderíamos também dizer que levamos vinte anos para crescer e aprender, vinte anos para amadurecer, outros vinte para o desenvolvimento espiritual e ainda mais vinte anos para colocarmos nossa sabedoria à disposição do mundo. Da antiga Grécia, recebemos a noção de dividir a vida humana em ciclos de sete anos, os chamados setênios (Sólon, Atenas, 638 a.C.).

No início do século XX, Rudolf Steiner (1861-1925), filósofo e pedagogo austríaco, fundador da ciência espiritual Antroposofia, retomou esses conceitos e os ampliou, desenvolveu e aprofundou a partir de sua imagem do ser humano, composto de corpo, psique e espírito. Entre o nascimento e a morte escrevemos, cada um de nós, nossa própria história. Essa é única e exclusiva, um feito inédito; e se desenvolve no tempo, em ritmos e ciclos. Ao longo dessa trajetória, que é individual, relacionamo-nos com o mundo, com a terra, com os outros, com nós mesmos e com algo mais elevado.

Aqui falaremos sobre o ritmo setenial da biografia, a imagem e o arquétipo de cada setênio.

Do nascimento aos 7 anos

No primeiro setênio, temos a imagem do bebê e, posteriormente, da criança pequena, que vai aos poucos chegando e tendo noção do mundo à sua volta – incluindo aí as pessoas – por meio de "janelas" que são seus órgãos dos sentidos. Assim, vai desenvolvendo seus órgãos internos, principalmente o cérebro, nesses primeiros anos de vida. Em torno de 1 aninho, dá os primeiros passos, uma grande conquista, seguida por outra igualmente importante, que é o falar que, auxiliado pelo desenvolvimento da recordação, deságua no aprendizado do pensar. Aí já estamos com a idade de aproximadamente 3 anos, de quando muitas vezes guardamos a primeira lembrança e quando começamos a nos denominar pela primeira pessoa do singular, ou seja, a nos referirmos a nós mesmos como "Eu". Chamamos este momento de a primeira consciência do Eu.

A criança pequena vive no movimento e, para seu desenvolvimento saudável, ela precisa brincar. Quanto mais brinca, tanto mais irá desenvolver o polo oposto de seu corpo, que é o cérebro. Aprende por imitação e imita nossas atitudes. Nasce com uma atitude anímica, que chamamos de confiança básica. Ela confia, e nós adultos precisamos cultivar essa confiança.

Em torno dos 6 anos, completa-se a mielinização dos nervos e também já está acontecendo a troca dos dentes. Chegou o momento em que ela está apta ao aprendizado dos números e das letras.

7 aos 14 anos

Em torno dos 7 anos, já podemos visualizar uma criança diferente, tanto física quanto animicamente. Aquela criança da primeira infância deu lugar a outra que, digamos, "desarredondou", cresceu em estatura e mudou. Agora o pensar também se modifica, a recordação está mais presente. A criança passa da captação do mundo percebido (percepções) do setênio anterior à imagem conceitual. Aprende pelo que lhe é falado, tanto na família quanto na escola. Ela também assimila conceitos, regras e costumes que levará para a vida adulta, eventualmente como padrões, condicionamentos ou crenças.

O desenvolvimento, que no setênio anterior havia acontecido predominantemente na cabeça, agora vai acontecer no tórax, onde se situam nossos órgãos rítmicos, coração e pulmões. Será importante para a criança da segunda infância que cultivemos o ritmo, assim como os elementos da arte, da beleza e da reverência pelos seres da natureza, desde pedras, plantas e animais até os seres humanos. Esse é o setênio em que desenvolvemos a casa dos sentimentos e nesse tempo a criança vive entre as forças de simpatia e antipatia, medo e coragem, inspiração e expiração.

Em torno dos 10 anos, acontece um momento importante no desenvolvimento. A criança, que desde os 8 anos vinha cada vez mais se interiorizando e também se separando em parte de seu entorno, vive esse momento como perda. Agora ela tem um mundo interno separado do mundo externo. Torna-se mais crítica, ensimesmada, sente solidão e, muitas vezes, medo. Chamamos este momento, em que o sentir é objetivado, de a primeira vivência ou sentimento do Eu. Como imagem, podemos dizer que a criança de dez anos fez uma travessia, sofreu uma "pré-queda" do paraíso, chegou mais na terra.

Em torno dos 12 anos, o impulso do desenvolvimento vai para os membros, trazendo um aumento em estatura. A partir dessa idade, a criança está mais apta a desenvolver um pensar abstrato-intelectual. Encontramo-nos na puberdade e o corpo de meninos e meninas vai se modificando de maneira diferente.

14 aos 21 anos

Em torno de 13 anos, entramos na adolescência, a grande fase de transição para a vida adulta. Chegamos mais na terra e em nós mesmos; e despedimo-nos da fase mais protegida da infância. É um tempo de grandes mudanças e desafios pois não somos mais crianças, tampouco já somos adultos.

O corpo, que já vinha se modificando antes, continua em metamorfose e chega, no âmbito dos órgãos genitais, ao pleno funcionamento. Esse despertar da sexualidade muitas vezes se acompanha do despertar do Eros, aqui entendido como o amor romântico, a busca "do eu no tu". Ao mesmo tempo, também acontece um incremento no pensar, o adolescente torna-se mais astuto, inteligente e sagaz. Quer conhecer o mundo e dominá-lo.

Traz consigo uma imagem ideal do ser humano e vai buscá-la nos adultos à sua volta e, quando não a encontra, busca então em ídolos ou em "ismos", como budismo, marxismo-leninismo, cristianismo etc.

Necessita confiar em alguém mais velho, que seja verdadeiro. Tem uma necessidade imperiosa da verdade. Por outro lado, também necessita separar-se dos adultos à sua volta e o faz confrontando as ideias, vestindo aquela roupa bem diferente etc.

O adolescente corre atrás de seus desejos e tem sensações, mas ainda não sabe julgá-las, pois falta-lhe o Eu, que chegará em torno dos 21 anos. A vida anímica do jovem é pautada por um "cabo de guerra" entre os ideais da cabeça e a explosão de instintos do polo oposto, em meio a um mar de emoções, sensações e desejos nas mais diversas direções.

Em torno dos 18 anos, com o Eu já bem próximo, aquele caos dos anos anteriores se acalma um pouco; e entre 18 e 19 anos, acontece algum evento que sinaliza a chamada realização do Eu. Esta pode se manifestar em alguma ação de cunho social e pode ser o momento de escolha da profissão.

Aos 21 anos, libera-se o Eu e o jovem vive este momento como uma crise de identidade: quem sou eu?

21 aos 28 anos

A partir dos 21 anos, "vamos para o mundo", queremos descobri-lo, vivenciá-lo. Ir para o mundo pode significar uma grande viagem de mochila, morar e estudar em outra cidade ou simplesmente dividir apartamento com amigos. Nesse setênio, aprendemos a "andar na vida". Queremos um lugar no mundo e o fazemos buscando suprir necessidades afetivas e de reconhecimento; com experiências de trabalho, estágios, estudos, cursos, relacionamentos etc. Trata-se aqui de "dar a cara a bater", "cair nas roubadas", "cair e levantar-se".

O importante, nessa fase, é passarmos pelas experiências. Do ponto de vista do desenvolvimento anímico, ainda não nos interiorizamos, vivemos "na periferia de nossa alma"; sentimos o mundo, chegamos na aparência dele. Do ponto de vista profissional, o que mais importa é podermos treinar habilidades técnicas para assim podermos pavimentar o chão de nossa futura vida profissional. No trabalho, o jovem ainda vive entre o real e o ideal. Por um lado, a realidade terrena se impõe e, no confronto com ela, os ideais são enterrados; mas por outro, para muitos jovens esse ideal é uma luz que ilumina o caminho.

Temos muita energia e vitalidade, achamos que podemos tudo e fazemos muitas coisas.

Também corremos atrás dos desejos, mas aqui já podemos julgar ou emitir juízos a partir das sensações.

Durante o quarto setênio deve acontecer a passagem do bastão do autossustento financeiro, por assim dizer, o famoso "começar a pagar seus próprios boletos". Essa é uma conquista importante para se conseguir entrar definitivamente na vida adulta.

Quanto a relacionamentos amorosos, muitas vezes estamos naquela fase de simbiose e fusionamento com o nosso parceiro(a). O mais importante aqui é conseguirmos viver as experiências e aprender com elas.

A vida, nessa fase, ainda nos "carrega" para o futuro, mas quando chegamos próximo aos 27 anos algo parece que começa a "azedar", a não mais ir para a frente por si. Estamos chegando aos 28 anos, quando vivemos a chamada crise dos talentos: aquilo que herdamos dos pais precisamos transformar de dentro para fora. Precisamos desenvolver internamente aquilo que, de certa forma, acontecia espontaneamente. Isso pode gerar as mais diversas crises.

28 aos 35 anos

Em torno dos 28 anos, atravessamos "um certo muro" por meio do qual entramos para uma fase um pouco mais madura. Nessa época, vivemos perguntas tais como: "O que eu estou fazendo?"; "Eu quero ser isso mesmo?" Após essa travessia, entramos numa fase mais organizacional da vida, tanto no âmbito pessoal quanto profissional. A fase do "oba oba" ficou um pouco para trás e, aos poucos, fazemos um movimento de interiorização. A vida da alma torna-se um pouco mais separada do mundo externo e começamos a selecionar as experiências. Nosso pensar fica mais forte (e torna-se mais reflexivo) e ordena nossas sensações em sentimentos.

Nesse tempo, fazemos perguntas do tipo: como se organiza o mundo à minha volta e como eu me organizo neste mundo e também dentro de mim? Muitas pessoas põem um pé mais firme na carreira profissional, constituem família, compram ou constroem sua própria moradia.

No âmbito profissional, significa que, se desenvolvemos habilidades técnicas na fase anterior, agora conseguimos nos organizar dentro de um contexto social. O que trago de impulsos e o que encontro de contexto social para eu atuar? Até que ponto consigo colocar os meus impulsos dentro dessa organização? Isso também vale para quem tenha optado por trabalhar em casa, não só como autônomo, mas também como "do lar" e/ou mãe ou pai.

No âmbito dos relacionamentos, somos convidados para desenvolver aquela "parte que nos falta" e que, inconscientemente, buscamos no outro. Precisamos juntar o que se separou. Viemos de um movimento de "separação" que se iniciou na adolescência. Lá, ficamos "pela metade", por assim dizer. Precisamos fazer o movimento de integração, a fim de que nos tornemos mais inteiros. Ao mundo feminino, cabe integrar as forças masculinas que traz dentro de si e, ao mundo masculino, cabe integrar as forças femininas que tem em potencial. Estamos falando das qualidades arquetípicas masculina e feminina, tenham elas se manifestado num corpo de mulher ou de homem.

35 aos 42 anos

A partir dos 35 anos, começamos a ter um leve declínio de nossa vitalidade, o que nos possibilita desenvolvermos mais consciência e autoconsciência. Tornamo-nos mais despertos e desenvolvemos mais consciência em todas as direções. Também podemos nos tornar mais objetivos em relação ao nosso mundo interno; e mais críticos em relação ao mundo externo. Ficam mais evidentes nossos conteúdos de sombra e torna-se nossa tarefa de desenvolvimento clareá-los e iluminá-los. Ainda em relação ao nosso mundo interno, aqui precisamos de coragem para nos dirigirmos para dentro e nos conhecermos cada vez mais. Sentimos necessidade de sermos coerentes e de equilibrarmos antagonismos.

Esse costuma ser o setênio do meio da vida e, pela primeira vez, começamos a pensar que somos finitos.

Começamos também a nos perguntar sobre o que é essencial para nós. Aparecem perguntas tais como: "O que é essencial de tudo o que eu faço?"; "O que tem a ver com o meu ser?"; "O que é essencial na minha relação com o mundo e com os meus parceiros?"; "O que é essencial para o mundo?".

Nesse setênio, surge a importante questão de nossa tarefa de vida, nossa missão. E, eventualmente, sentimos que algo vem vindo ao nosso encontro, algo novo que até então não víamos. Nem sempre nossa missão de vida é algo tão consciente, mesmo que estejamos a caminho dela.

Em nossa vida profissional, para muitos, a carreira está em franca ascensão. Para outros, em torno dos 40 anos já começam a aparecer questões do tipo: "Será que continuarei nessa atividade até me aposentar?"; "Que mudanças poderei fazer?". Muitas pessoas ainda não se encontraram profissionalmente e precisam conhecer suas potencialidades para terem coragem de desenvolvê-las. Outros já começam a se dar conta de que estão na profissão certa e de que esta será um veículo para encontrar sua missão.

Nesse setênio, podemos desenvolver habilidades sociais.

42 aos 49 anos

Quando se aproximam os 42 anos, vivemos a chamada crise existencial, quando necessitamos sair das aparências para podermos buscar uma nova motivação para a vida a partir de forças criativas oriundas do coração. O desenvolvimento precisa, cada vez mais, ser individual. "A vida começa aos 40".

Aqui o pensar pode se desenvolver para ir além dos contornos da vida; e nessa fase podemos desenvolver a cognição imaginativa, a capacidade de relacionar melhor as coisas. Uma nova visão.

"Que sentido tem verdadeiramente a minha vida?"; "O que o mundo está me pedindo?"; "Agora está em questão a minha contribuição para a humanidade. Que legado eu deixarei?".

Nessa fase, torna-se importante que tenhamos conseguido fazer, até aqui, algum lastro material ou econômico; para conseguirmos, de agora em diante, sutilizar a vida, por assim dizer.

Do ponto de vista físico, as forças vitais vão, aos poucos, se retirando da esfera do sistema metabólico-locomotor-sexual. Isso se faz perceber mais ao final do setênio, sobretudo na mulher, que pode ter o seu climatério e menopausa no final dos anos 40 ou no início dos anos 50. Para ambos, sobrevém uma diminuição da massa muscular e das forças de digestão, e uma tendência a acumular gordura em alguns locais.

A partir dos 42 anos, o desenvolvimento psíquico depende em grande parte de o quanto conseguimos desenvolver e integrar nossos conteúdos de anima ou animus, para nos tornarmos mais inteiros e não seguirmos "pela metade", dependendo de parceiros, situações ou relacionamentos.

Ainda em termos de desenvolvimento, temos três opções: a primeira é fingirmos que nada está acontecendo e "tocarmos direto". Na prática, isso significa continuarmos trabalhando cada vez mais e tentarmos ancorar a vida em seu âmbito somente material/físico, com prejuízo da saúde e da harmonia interior. A segunda opção é entrarmos em declínio anímico e ou físico/vital, parando de crescer. Essa é a situação em que eventualmente "vestimos um pijama" de aposentadoria precoce ou nos abandonamos de vez em dependência de álcool, drogas lícitas ou ilícitas, excesso de comida ou sexo compulsivo, só para dar alguns exemplos; também podemos decair em doenças psiquiátricas, tais como depressão e/ou doenças escleróticas descompensadas, como diabetes mellitus, dislipidemias, obesidade etc. A terceira opção será o autodesenvolvimento fundamentado em autoconhecimento e ampliação da consciência, dando cada vez mais sentido à própria vida.

49 aos 56 anos

Estamos adentrando os anos 50 e, se tivermos resolvido nossa crise dos 40, então aqui podemos nos sentir mais liberados para uma nova busca, uma nova ocupação ou, melhor ainda, uma nova criação. A vida pode ficar mais interessante e ainda temos tempo para executar nossa tarefa. Caso não tenhamos administrado a referida crise, então o risco de "descermos a ladeira" junto ao declínio biológico torna-se iminente. Nesse caso, podemos permanecer "aprisionados ao nosso ego", agarrados ao trabalho de sempre e nos sentindo ameaçados pelos mais jovens.

Chegamos a um setênio em que novamente se torna importante o ritmo. Nossas forças vitais se retiram dos órgãos rítmicos, coração e pulmões, o que nos possibilita uma nova inspiração, uma nova qualidade de escuta. Aqui podemos aprender a escutar e respeitar a nossa própria voz interna.

Esse é um tempo em que podemos desenvolver a sabedoria no sentido de encontrarmos um ritmo adequado ao nosso dia a dia, em diversos âmbitos. Nesse sentido, vivenciamos questões tais como: "Quantas horas de trabalho quero disponibilizar em meu dia a dia?"; "E no restante do tempo, o que quero fazer?"; "A quais perguntas ou demandas externas quero responder?"; "Que obrigações ainda tenho?". Sabedoria nessa fase também significa somente responder às perguntas que são feitas e não àquelas que não são feitas.

Na vida profissional, sobretudo em trabalhos de gestão, pode-se desenvolver um pouco mais a liderança que já deveria ter iniciado no setênio anterior; e pode-se colocar as pessoas certas nos lugares certos, formar novas equipes de trabalho e delegar funções, envolvendo-se cada vez menos com os detalhes das atividades.

56 aos 63 anos

A passagem dos 56 anos pode trazer uma vivência de abismo, no sentido de estarmos nos despedindo da juventude. "E agora, o que será?"; "O que acontecerá?". Para alguns, será a realidade da aposentadoria; para outros, não. Nosso desenvolvimento ainda não terminou. Ficamos mais introspectivos, olhamos mais para dentro de nós e vamos aos poucos percebendo que nossa biografia pode se iluminar. Entre 55 e 56 anos, ainda podemos ter *insights* acerca de nossa realização de vida. Costumo chamar essa passagem de a nossa última chamada. Ainda estamos no outono da vida. Podemos, pois, colher e oferecer muitos frutos.

Nesse setênio, as forças vitais se liberam em parte da esfera neurossensorial, o que nos possibilita desenvolver uma cognição intuitiva. É a fase mística da vida.

No âmbito profissional, o ideal seria que após os 60 anos não mais precisássemos trabalhar por obrigação, mas sim em liberdade. Ainda podemos fazer ou oferecer muito, em qualidade.

O nono setênio é uma preparação para as fases seguintes, quando poderemos realizar uma nova atividade antes sonhada, um hobby há tanto desejado, uma nova direção em relação ao nosso autodesenvolvimento etc.

Sabemos que muitas pessoas realizaram grandes obras após os 56 anos. Temos alguns exemplos que são famosos: Cora Coralina publicou o seu primeiro livro aos 76 anos, Victor Hugo publicou *Os miseráveis* aos 60 anos e J. R. R. Tolkien publicou *O senhor dos anéis* aos 62 anos. Roberto Marinho fundou a TV Globo aos 65 anos; Dra. Gudrun Burkhard começou a dar cursos de formação biográfica na Europa aos 58 anos e, no Brasil, aos 63 anos; Tomie Otake decolou em sua carreira artística a partir dos 50 anos e criou mais de 30 obras públicas a partir dos 70 anos. A artista viveu até seus 101 anos e, nos dois últimos anos de vida, pintou cerca de 30 telas.

Depois deste panorama geral dos ciclos da vida, é hora de iniciarmos nossa jornada apreciando cada uma das *human skills* abordadas neste livro. Elas, sem dúvida, poderão fazer a diferença nos resultados que você colherá ao longo da vida.

A vida é um eterno ganhar e aprender, mas buscar a evolução diante de cada situação só depende de nós!

Bem-vindo a esta jornada!

Com muito carinho,

Lucedile Antunes

RELATIONAL SKILLS

Olá!

Bem-vindo às *Relational skills* que, sem dúvida, irão ajudá-lo a construir relacionamentos mais saudáveis e genuínos, pautados no respeito mútuo e na reciprocidade. As *skills* estão muito interconectadas, então, para facilitar a leitura, colocamo-nas em duplas.

São muitas as habilidades que nos apoiam no aprofundamento e na consistência de nossas relações, por isso iniciamos o capítulo por "Liderança humanizada" e "Autoridade". Aparentemente, podem parecer opostas, mas no contexto de equipes são *skills* complementares e mutuamente fortalecedoras do potencial de formação de equipes de sucesso.

Seguimos com a dupla "Construção de pontes" e "Relações de confiança", que são a base das relações humanas profundas, consistentes e produtivas: credibilidade e empatia.

"Consciência da diversidade" e "Alteridade" fortalecem a capacidade de compreensão de que, em última instância, todos somos diferentes, temos culturas distintas e, além de merecermos respeito, essa é nossa fortaleza como humanidade.

Na sequência, trazemos "Acolhimento e amabilidade" e "Espírito conector", que vão possibilitar que essas relações fortalecidas se sustentem ao longo dos anos.

Por fim, encerramos o bloco das *Relational skills* com a consciência de que a "Inteligência cultural" juntamente com a "Consciência ética"

nos permitem compreender que as relações não dependem apenas dos indivíduos, mas também de eles serem inseridos em um ambiente com suas histórias e regras respeitadas.
Boa leitura!

Lucedile Antunes e Cesar Caminha

1

LIDERANÇA HUMANIZADA

Neste capítulo, compartilho com você o que venho ensinando sobre liderança humanizada. Nele, vamos compreender por que esta *soft skill* é uma habilidade fundamentalmente relacional, para que você se torne um líder incrível e deixe seu legado. Se você quer ser um **líder admirado**, seja acima de tudo um **ser humano**.

LUCEDILE ANTUNES

Lucedile Antunes

Contatos
www.lantunesconsultoria.com.br
lucedile@lantunesconsultoria.com.br
LinkedIn: Lucedile Antunes
Instagram: @lucedileantunes
11 98424 9669

Sua essência é visionária e seu maior propósito é ter influência na construção de um futuro, provocando, nas pessoas, a busca pelo autoconhecimento e a expansão de consciência, para obterem melhores resultados. As pessoas a consideram um ser humano com uma energia contagiante. Curiosa e apaixonada pelo aprendizado contínuo, todos dizem que ela nunca para! Mãe da Julia e do Raphael, filhos maravilhosos que ensinam a cada dia o que é a amorosidade e a flexibilidade para lidar com os desafios da vida. Uma das referências no Brasil no desenvolvimento de *soft skills*. Palestrante, fundadora da L. Antunes Consultoria & Coaching, mentora e *coach* reconhecida internacionalmente pela International Coach Federation (ICF), autora de mais de dez livros e diversos artigos sobre o tema "pessoas e organizações". Idealizadora da série *Soft skills*, reconhecida em 2020 e 2021 como best-seller pela revista *Veja*.

Você sabia que 90% dos brasileiros se dizem infelizes e insatisfeitos no trabalho, segundo análise do *SurveyMonkey*?
Já a pesquisa da Love Mondays, plataforma que disponibiliza informações sobre a experiência de trabalhar em mais de 75 mil empresas, aponta que 40% dos liderados veem problema na forma como os líderes conduzem a liderança.

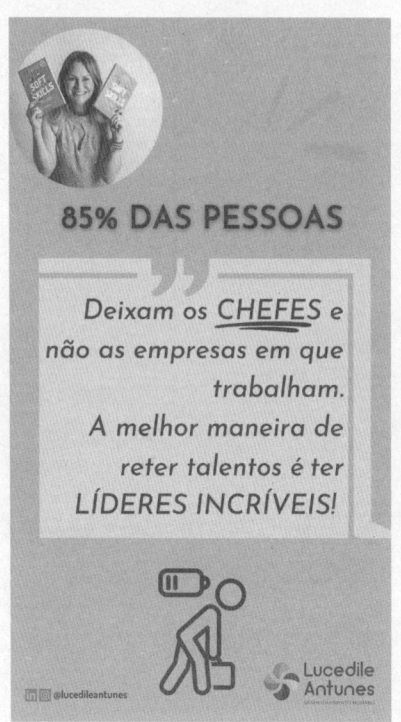

85% DAS PESSOAS

Deixam os CHEFES e não as empresas em que trabalham.
A melhor maneira de reter talentos é ter LÍDERES INCRÍVEIS!

@lucedileantunes

Lucedile Antunes

Esses são alguns motivos de insatisfação no trabalho. Mas é possível mudar essa realidade de liderança? É claro que sim!

Como? Praticando a liderança humanizada. Neste capítulo, escolhi percorrer ao seu lado uma trilha que lhe permitirá conectar-se com algo valioso que já existe dentro de si: a sua essência! Quanto mais você a compreende, mais se conecta com a sua humanidade e mais capaz será de se tornar um líder que utiliza toda a sua potência na condução do time, entregando resultados por meio de uma jornada cada vez mais leve e acolhedora.

Somos resultado de um conjunto de experiências vividas até este ponto da nossa jornada e, muitas vezes, nos desconectamos da nossa verdadeira essência, agindo de uma forma que não representa quem realmente somos.

O que é a liderança humanizada?

Ser um líder mais humano não é ser gentil ou bonzinho, mas, sim, entregar resultados, entendendo que a necessidade básica dos seus liderados é a de se sentirem pertencentes, serem vistos, ouvidos e respeitados, reconhecendo suas entregas, evoluções, acolhendo e desenvolvendo cada um de maneira única; afinal, negócios são feitos de "pessoas".

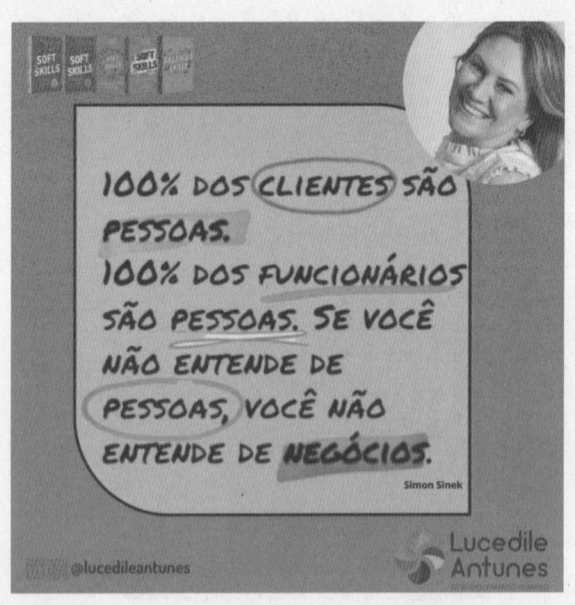

> 100% DOS CLIENTES SÃO PESSOAS.
> 100% DOS FUNCIONÁRIOS SÃO PESSOAS. SE VOCÊ NÃO ENTENDE DE PESSOAS, VOCÊ NÃO ENTENDE DE NEGÓCIOS.
>
> Simon Sinek
>
> @lucedileantunes — Lucedile Antunes

Ser esse líder não é se posicionar como um super-herói ou uma super-heroína, mas ser um facilitador da jornada de evolução dos seus liderados.

Em primeiro lugar, é ter um olhar para si, entendendo que nem sempre você vai acertar, saberá tudo, terá todas as informações e que, do outro lado, existem liderados que também são únicos e devem ser olhados individualmente. Não dá para tratar todos de maneira idêntica. Reconhecer que existe essa singularidade é fundamental.

Um líder humano não foge de enfrentamentos, mas trabalha orientado pelos resultados do ecossistema e não se perde na fragmentação do egossistema (olhar para os interesses próprios), compreendendo a importância do autoconhecimento, para poder se conectar aos propósitos que são tão necessários para o ecossistema, ou seja, o todo.

Praticar essa liderança é entregar resultados com produtividade, porém não a qualquer custo.

> **Entender de pessoas é o maior papel de um líder.**
>
> @lucedileantunes
>
> **Lucedile Antunes**
> DESENVOLVIMENTO HUMANO

Salário não é tudo, hoje o tema "Felicidade" passa a ser uma necessidade emergente.

Até 2025, 75% da força de trabalho será da geração *millennials*. O que isso significa? Significa que eles buscam trabalhar por um propósito. Querem fazer a diferença, deixar um legado, ter liberdade com responsabilidade, atuar em empresas e com líderes alinhados aos seus valores, tendo espaço para se desenvolverem, visando sempre a um equilíbrio entre a vida pessoal e profissional.

De acordo com pesquisa publicada pela *Manpowergroup* em 2022, três em cada quatro trabalhadores querem se sentir motivados e apaixonados pelo seu trabalho.

Então, como gerar um time apaixonado pelo que faz?

Vou compartilhar com você um estudo muito interessante, publicado no livro *Nove Mitos sobre o Trabalho*, de Marcus Buckingham & Ashley Goodall (2020), que reflete as frases ditas por pessoas que são engajadas e felizes no trabalho:

- Estou muito entusiasmado com **a missão da empresa**.
- No trabalho, sei perfeitamente **o que é esperado de mim**.
- Na minha equipe, estou cercado por pessoas que **compartilham meus valores**.
- Tenho a oportunidade de **usar os meus pontos fortes**.
- Meus **colegas de equipe me apoiam**.
- **Sei** que **serei reconhecido se fizer um excelente trabalho**.
- Tenho muita **confiança no futuro da minha empresa**.
- No meu trabalho, **sempre sou desafiado a crescer**.

Lucedile Antunes
DESENVOLVIMENTO HUMANO

Se você busca desenvolver as *soft skills* de liderança humanizada, comece a refletir sobre esses pontos, para identificar o que pode mudar na sua forma de pensar e agir, para proporcionar essa experiência aos seus liderados.

> *Ninguém dá o que não tem; portanto, o primeiro passo para a mudança começa dentro de você.*
> LUCEDILE ANTUNES

O equilíbrio das energias do feminino e do masculino

Em muitos ambientes corporativos, vejo bastante presente a energia do masculino (aqui não estou me referindo a homem ou mulher, mas, sim, às duas energias – masculino e feminino – que habitam em todos nós).

A energia do masculino é a da realização; já a do feminino é a do acolhimento e da inteligência emocional. Nada no extremo e em excesso é saudável.

A ideia aqui é trazer o viés das duas energias que se completam. Portanto, reconhecer se você está em desequilíbrio é fundamental.

O excesso da energia do masculino traz rigidez, controle, agressividade, arrogância e necessidade de domínio. Já a do feminino traduz carência, dependência, tornando o indivíduo muito sentimental, manipulador e na posição de vítima.

Até hoje, aprendemos que ser um bom líder é ser assertivo, focado, saber direcionar, ordenar e tomar decisões. Todos esses comportamentos são, sem dúvida, necessários e estão conectados com a energia do masculino. Entretanto, em excesso, ela pode levar ao lugar do poder que domina e inibe, criando ambientes tóxicos, pois, afinal, se o poder é sobre o outro, então o outro não tem um lugar de expressão tão legítimo.

E essa, infelizmente, é a realidade em muitas empresas. Estamos vivendo uma exaustão desse sistema, em que prevalece a energia do masculino. Os indicadores desse desequilíbrio são equipes com dificuldade de inovar, porque isso pede a criatividade que vem da energia do feminino. Muitas empresas estão com dificuldades de manter seus talentos, de praticar a diversidade, que está relacionada à energia do feminino, do cuidar, reconhecer, desenvolver, dar abertura, construindo ambientes colaborativos.

A energia do masculino vem sendo indispensável para a evolução das organizações, porém não dá mais para enxergar as pessoas como números. Temas como saúde mental e felicidade passaram a ser tão importantes quanto bater a meta de faturamento no final do mês.

Precisamos resgatar a energia do feminino adormecida, abafada e blindada que existe em todos nós.

Não dá mais para continuar este movimento exploratório, no qual, ao passar o crachá na catraca, entra em cena um profissional produtivo e focado em resultados, sem o mínimo espaço de escuta empática. Somos seres humanos e não máquinas. Por isso, os altos índices de pessoas pedindo demissão, sem ao menos já ter outro emprego e muitas estão adoecendo nas organizações.

E é aqui que entra a liderança humanizada, trazendo mais presente a energia do feminino, balanceada com a energia do masculino.

Neste livro, você aprenderá sobre diversas *skills* mencionadas neste capítulo.

A liderança humanizada constrói um caminho de autoridade e admiração e não tenta liderar por um viés de imposição que com frequência o poder traz, como você aprenderá ao ler mais sobre a *skill* de autoridade no capítulo de Izabela Mioto.

Noto, nas organizações, homens com a energia do feminino oprimida dentro de si, não podendo expressar suas emoções, construindo relações frias com as pessoas. Não porque não se emocionam ou não são empáticos, mas porque o ambiente corporativo muitas vezes não traz esse lugar de acolhimento, reprimindo esse tipo de comportamento.

Isso adoece não só o indivíduo, mas o ambiente corporativo. Lembro-me de um executivo que atendi num processo de *coaching*; ele me relatou que precisava mentir para os colegas de trabalho quando recebia um convite para jogar futebol ou ir a um barzinho no final da tarde, pois sabia que haveria *bullying* se contasse o verdadeiro motivo, que era buscar o filho na escola ou ter que fazer o supermercado da semana, pois uma das únicas vezes em que foi verdadeiro ele me relatou que ouviu de um colega: "Você não tem mulher pra fazer isso?".

Percebam como a ausência da energia do feminino na cultura da empresa afeta genuinamente as conexões. Portanto, minha recomendação é que você esteja sempre em estado de presença e pratique o autocuidado, observando conscientemente que energia está prevalecendo em você e no seu time, para não ficar em uma polaridade só.

Afinal, quanto mais você vai subindo na hierarquia de liderança, mais o seu papel passa a ser o de cuidar de pessoas e gerar uma experiência positiva.

Você está gerando uma experiência positiva para seus liderados?

Cada vez mais, empresas estão fazendo um movimento de olhar para as pessoas de uma forma mais integral (saúde física e emocional), pois, quando temos um ambiente emocionalmente saudável e feliz, os resultados virão. Por exemplo, a Heineken, neste ano, anunciou a criação da Diretoria de Felicidade na empresa.

Vamos ver algumas práticas que você, como líder, pode implementar para construir um time engajado e feliz:

8 Práticas da felicidade corporativa

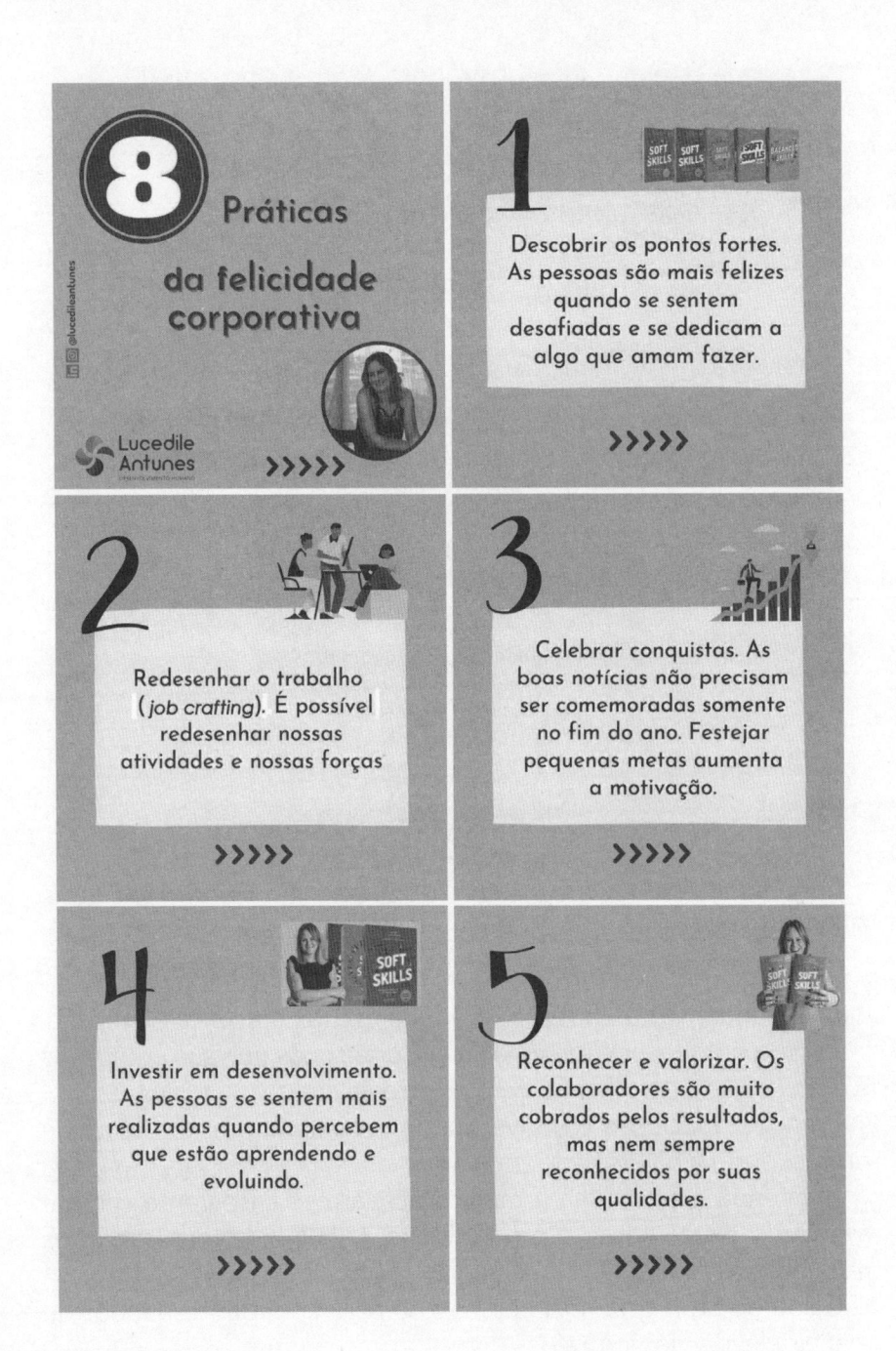

Lucedile Antunes
>>>>>

1
Descobrir os pontos fortes. As pessoas são mais felizes quando se sentem desafiadas e se dedicam a algo que amam fazer.
>>>>>

2
Redesenhar o trabalho (*job crafting*). É possível redesenhar nossas atividades e nossas forças
>>>>>

3
Celebrar conquistas. As boas notícias não precisam ser comemoradas somente no fim do ano. Festejar pequenas metas aumenta a motivação.
>>>>>

4
Investir em desenvolvimento. As pessoas se sentem mais realizadas quando percebem que estão aprendendo e evoluindo.
>>>>>

5
Reconhecer e valorizar. Os colaboradores são muito cobrados pelos resultados, mas nem sempre reconhecidos por suas qualidades.
>>>>>

6 Apostar na segurança psicológica. Práticas diárias da liderança podem criar um ambiente seguro para as pessoas se expressarem sem medo.

\>\>\>\>\>

7 Aumentar a empatia. Com tantos desafios pessoais, os indivíduos podem encontrar, no trabalho, um local seguro para acolhimento.

\>\>\>\>\>

8 Flexibilidade e autonomia. Equilíbrio entre vida profissional e pessoal é fundamental.

\>\>\>\>\>

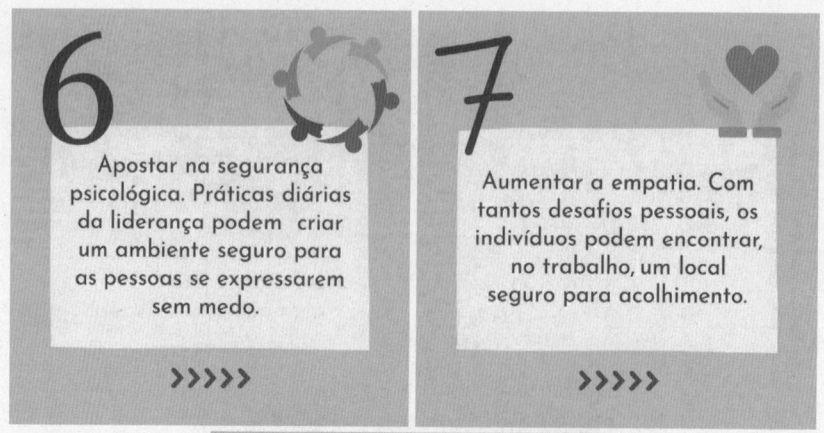

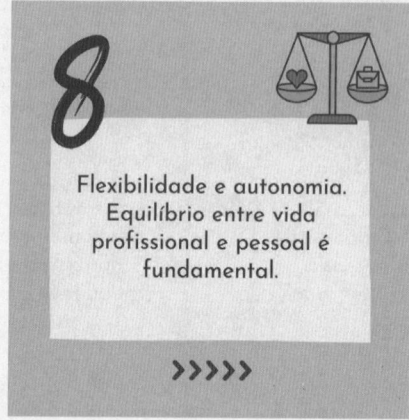

#Dicas finais

Vimos que, para desenvolver a *relational skill* de liderança humanizada, é fundamental que você pratique escuta, presença e empatia.

Passe a agradecer e reconhecer as coisas boas que sua equipe faz e entrega. Pare de olhar só para os erros e criticar.

Pratique a inclusão e a diversidade, respeitando as diferenças e promovendo a diversidade do time.

Mantenha sempre uma comunicação clara e transparente, sempre alinhando expectativas e propósito do trabalho, comunicando os resultados alcançados.

Cuide do bem-estar das pessoas: dá para entregar resultados de maneira leve e descontraída.

> *Se está pesado, está errado.*
> MÁRCIA LERINNA

Permita que seus liderados sejam protagonistas, dando autonomia e voz ativa nas tomadas de decisões. Pessoas talentosas querem gerar transformações. Nas conversas, entre sempre curioso para compreender como seu liderado pensa em conduzir determinado desafio. Qual é o melhor caminho na ótica dele? O que ele pensa em fazer se obstáculos surgirem? Sempre se colocando no papel de expectador da cena, afinal seu papel é fazer a equipe brilhar no palco. Confie na capacidade e nas competências do seu time.

> *Não faz sentido contratar pessoas inteligentes e dizer-lhes o que precisa ser feito; nós contratamos pessoas inteligentes para que elas possam nos dizer o que fazer.*
> STEVE JOBS

Seja flexível às necessidades pessoais dos seus liderados.

> *Olhe para cada membro do seu time de maneira única.*
> LUCEDILE ANTUNES

Pratique *feedbacks* construtivos com o propósito de convidar seu liderado para reconhecer pontos fortes e oportunidades de melhoria. Isso irá energizá-lo a dar o próximo salto de desenvolvimento profissional. Para isso, é indispensável construírem juntos os passos para a evolução. Lembre-se de que *feedbacks* disciplinares não mudam comportamentos. Esteja também aberto a receber *feedbacks* dos seus liderados, garantindo que haja uma comunicação aberta, honesta e segura.

> *A maior habilidade de um líder é desenvolver habilidades extraordinárias em pessoas comuns.*
> ABRAHAM LINCOLN

Seja autêntico e verdadeiro consigo e com os outros.

> *Suas atitudes refletem a sua imagem.*
> LUCEDILE ANTUNES

Construa uma relação de confiança por meio do compartilhamento de suas histórias de insucesso e sucesso. Com isso, você constrói vínculos que criam um ambiente seguro, para que seu liderado se sinta confortável para se abrir e compartilhar. Vulnerabilidade, escuta e humildade são os alicerces dessa construção.

Tenha visão de longo prazo, garantindo que as decisões tomadas hoje contribuam para o sucesso futuro.

E, acima de tudo, busque sempre o seu autoconhecimento, pois ele lhe permitirá se conectar com sua essência e ser um líder incrível e humano, buscando estar bem consigo mesmo.

E chegamos ao final! Agora que você compreendeu a importância dessa *relational skill* para construir um time engajado e unido num propósito, a minha recomendação como primeiro passo é que você reflita sobre quais dessas *skills* apresentadas você já possui e em quais necessita se desenvolver.

Não espere resultados diferentes fazendo sempre igual.
ALBERT EINSTEIN

E não se esqueça nunca dessas 5 estratégias abaixo:

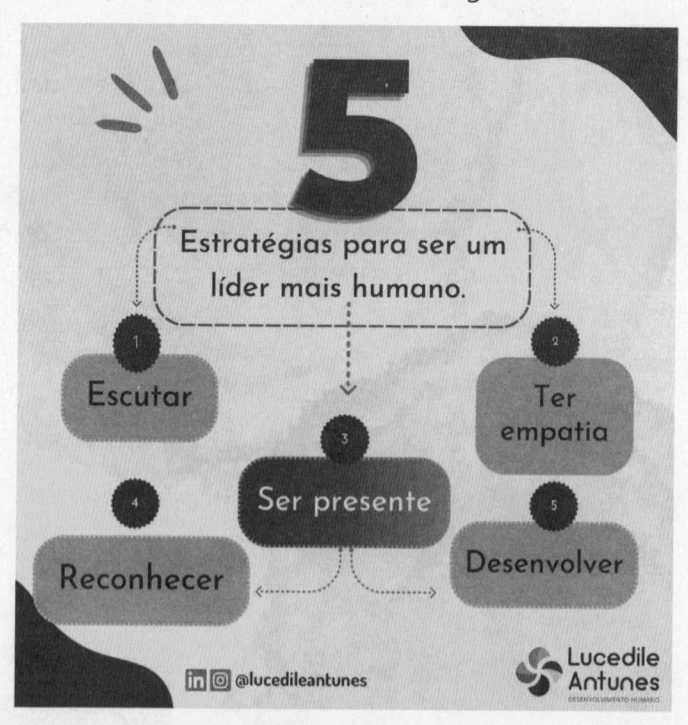

5
Estratégias para ser um líder mais humano.

1. Escutar
2. Ter empatia
3. Ser presente
4. Reconhecer
5. Desenvolver

@lucedileantunes

Lucedile Antunes
DESENVOLVIMENTO HUMANO

Referências

ANTUNES, L. *Soft skills: habilidades do futuro para o profissional do agora*. vol. 2. São Paulo: Literare Books International, 2021.

ANTUNES, L. *Soft skills: competências essenciais para os novos tempos*. São Paulo: Literare Books International, 2020.

BHAT, N.; SISODIA, R. *Liderança Shakti. o equilíbrio do poder feminino e masculino nos negócios*. São Paulo: Alta Books, 2019.

BUCKINGHAM, M.; GOODALL, A. *9 mitos sobre o trabalho*. São Paulo: Sextante, 2020.

2

AUTORIDADE

Neste capítulo, trago uma referência do que pode conduzir a humanidade para o tão necessário processo de evolução: **a autoridade** para influenciar e sermos influenciados na direção dos importantes propósitos que precisamos realizar juntos. Apresento um caminho para que possamos construir autoridade, a fim de alcançar, da melhor maneira possível, o futuro desejado.

IZABELA MIOTO

Izabela Mioto

Contatos
arquiteturarh.com.br
izabela@arquiteturarh.com.br
LinkedIn: Izabela Mioto
Instagram: @izamioto
11 98315 8987

Sou um ser humano feliz que, depois de muito se aprofundar no autoconhecimento, tem conseguido levar uma vida com paz de espírito. Compreendi a importância de se ter consciência a cada escolha que a vida me convida a fazer. Mãe do Luca, esposa do Eduardo, filha, irmã, psicóloga, sócia, empresária, líder e amiga. Fiz do meu trabalho a realização de meu propósito de vida: acender luzes! Tenho orgulho de ter cofundado, com Claudia Serrano, a Arquitetura RH, e de ser sócia da Marília; somos três gerações. Sou sócia da Caminhos Vida Integral, uma empresa que tem, como cofundador, meu grande mestre, Luciano Alves Meira. Estou em instituições de ensino como Fundação Dom Cabral, Einstein, FIA, FAAP, entre outras.

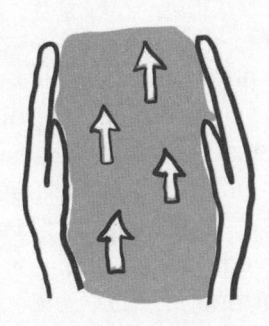

*Eu lhe concedo autoridade porque
acredito na sua intenção.
Eu lhe concedo autoridade porque não
me sinto ameaçado(a) por você.
Eu lhe concedo autoridade porque você
inclui a minha perspectiva.
Eu lhe concedo autoridade, pois vejo
coerência em suas atitudes.
E quando lhe concedo autoridade, me
percebo melhor, evoluo.*
IZABELA MIOTO

Autoridade é uma *relational skill* essencial, pois é capaz de conectar pessoas a bons propósitos. Explico. Parto do princípio de que pessoas que adquiriram níveis de consciência mais elevados, quando conquistam autoridade, facilitam o processo evolutivo da humanidade. Os mais conscientes sobre as condições climáticas podem mobilizar indispensáveis hábitos com o meio ambiente. Aqueles que compreendem como conquistar equilíbrio emocional, quando autorizados, contribuem para diminuir os altos índices de adoecimento emocional. Necessitamos de quem saiba como percorrer o caminho para genuinamente indicar a direção de nobres ideias para a edificação do futuro que desejamos.

Neste capítulo, enfatizo que existe um processo para que a autoridade seja conquistada. Quem lhe concede autoridade é outro. Você pode até ter poder, mas isso não lhe concede autorização para influenciar outra pessoa na direção do que deseja. Um famoso livro, escrito por James Hunter (2004), *O monge e o executivo*, ao citar a diferença entre poder e autoridade, explica que ela se dá por meio da capacidade de influenciar as pessoas por meio do respeito que se conquistou. Ao exercer autoridade, por exemplo, uma liderança é capaz de inspirar de maneira positiva seus liderados, pois eles acreditam naquilo que devem realizar e passam a se conduzir de maneira espontânea e automotivada para atingir os resultados. O capítulo sobre Liderança Humanizada, escrito pela idealizadora desta obra, Lucedile Antunes, complementa muito bem o tema da autoridade. Compreender e exercitar a humanidade que nos habita facilita o processo de conexão com os liderados.

E o poder? Ele, muitas vezes, pode até ser concedido a pessoas que não conquistaram autoridade. Mas o risco que se corre é que uma pessoa se sinta forçada a fazer algo, mesmo não acreditando naquilo. Uma motivação extrínseca pode ser acionada pelo poder, sendo ela um salário no final do mês, o medo de perder um emprego ou, até mesmo, o receio pessoal de não pertencer ou não ser validado(a). Poder deveria andar junto à autoridade. Nosso querido filósofo e professor Mario Sergio Cortella, há algum tempo, citou esta expressão: "Um poder que se serve, em vez de servir, é um poder que não serve". Nosso poder deveria servir a um propósito que vai além das demandas dos egossistemas. O bom poder combina com alguém capaz de ter uma visão interdependente, mobilizando que se realize algo que seja bom para si, para os outros e que colabore para a evolução dos ecossistemas em que estamos inseridos.

Como construir o caminho da autoridade?

No livro *Conversas decisivas*, os autores afirmam que "As pessoas raramente ficam na defensiva por conta do que você está dizendo (conteúdo), elas ficam na defensiva por conta do motivo pelo qual elas pensam que você está dizendo algo (intenção)". A primeira reflexão a se fazer no processo de construção da autoridade é se as pessoas acreditam e compreendem sua intenção. Aqui temos algo simples a se fazer: comunicar a intenção. Ao iniciar uma conversa em que precisa dizer para o outro que uma de suas atitudes não é adequada, você poderia começar dizendo sobre a intenção que tem de ajudar no processo de desenvolvimento do outro e no estabelecimento de melhores relações interpessoais para sua vida.

Um segundo ponto relevante nessa trajetória é mobilizar a percepção de que existe um ambiente emocionalmente seguro nessa relação. Nesse aspecto, a segurança psicológica se faz essencial. Uma pesquisa feita pelo Google, com 180 equipes com bons resultados, que recebeu o título de "Projeto Aristóteles" (APPUS, 2023) e teve o intuito de compreender quais são os principais fatores que mobilizam a alta performance, revelou que o que condiciona uma equipe de sucesso são: segurança psicológica, confiabilidade, estrutura e clareza, significado e impacto. Enfatizo que a segurança psicológica se demonstrou nesse estudo um fator que tem quatro vezes mais impacto do que os demais, isto é, quatro vezes mais impacto para um time se tornar de alta performance.

De acordo com Amy Edmondson (2020), que escreveu *A Organização sem medo*, segurança psicológica é a crença de que temos um ambiente seguro para corrermos riscos interpessoais; quando nos sentimos confortáveis em nos expressar livremente, sermos nós mesmos, sentimo-nos à vontade para compartilhar nossas preocupações e nossos erros sem medo de constrangimento ou represália. Com segurança psicológica, o outro não se sente ameaçado na relação e não se coloca em uma condição defensiva, mas sim de abertura.

Costumo citar em minhas palestras que, no final do dia, tudo o que nós, seres humanos, desejamos é pertencer e acreditarmos que somos relevantes. Por isso, um terceiro e decisivo passo é substituir julgamentos rígidos pela inclusão de perspectivas. Atenção: por mais que não se concorde com a perspectiva alheia, você pode compreender por que o outro pensa, sente ou age de determinada maneira. Quando há compreensão, o outro não se sente ameaçado e abre espaço para também ouvir e incluir sua perspectiva, concedendo-lhe autoridade.

Geralmente, admiramos pessoas que têm discursos eloquentes, com oratórias dignas de nota, mas perdemos rapidamente essa admiração quando nos damos conta de que suas atitudes são incoerentes com suas palavras. Isso até pode acontecer, pois, nesse caminho, você vai errar, esquecer e ultrapassar limites. Não ignore suas atitudes. Seja humilde, volte atrás, peça desculpas, converse sobre suas inconsistências. Ao se perceber mais humano e menos super-herói, você se conecta com a humanidade que habita em si, o que também facilita a construção de autoridade. Seja coerente, dê exemplo e conquiste admiração por suas atitudes.

Um último ponto citado refere-se ao resultado que a influência gerada por meio da autoridade traz. Você deve se lembrar de um momento na sua vida em que a emoção negativa entrou em cena e quase o sequestrou, desviando sua atitude do que realmente desejava para aquela situação. Foi quando alguém, com tranquilidade e amorosidade, olhou para você, sem julgamento, fez uma pergunta poderosa ou deu um conselho. Aquela fala fez total sentido, porque sentiu que o outro realmente se importava com você. Ele o ajudou a se reconectar com sua intenção, diminuir os níveis de emoção negativa, prometendo uma reflexão crítica e mais racional sobre a situação. Você concedeu autoridade para que ele o influenciasse. E isso fez que você pudesse manter a integridade consigo mesmo(a), com sua intencionalidade. Um sentimento de gratidão, tranquilidade e uma sensação de que tudo estava no seu devido eixo tomou conta de você. E o vínculo com aquela pessoa se fortaleceu. Você evoluiu.

A experiência gerada por uma influência positiva, por meio da autoridade, teria um impacto benéfico até mesmo em nossa saúde. Goleman (2019) enfatiza que nossos relacionamentos moldam não somente nossa experiência, mas também nossa biologia. De acordo com Humberto Maturana e Francisco Varela, no livro *A árvore do conhecimento*, eu só aprendo quando me conecto – o imperativo da evolução é me conectar. Tudo o que está acontecendo é porque estamos desconectados. Assim, a autoridade permite que a influência ocorra e aumente nossos níveis de conexão, facilitando nosso processo de evolução.

Relato sobre conquista de autoridade

O gerente João chega esbravejando na frente da equipe. Uma das áreas de interface do projeto não tem cumprido o combinado e a entrega, tão importante ao cliente, talvez necessite ser postergada. As pessoas ouviram com atenção o desabafo do líder. Alguns disseram: "Isso é um absurdo, não podemos penalizar nosso trabalho porque os outros são incompetentes".

O diretor da área entra na sala, fica sabendo do ocorrido. Muda até o semblante, bate na mesa, em sinal de desaprovação. Todos se calam. Ele diz que a ordem é entregar o projeto na data especificada, que todos deveriam ter acompanhado as etapas e que o problema é de todos. Boa parte das pessoas na sala sente-se incompreendida, pois tem consciência de que entregou seu melhor e acha que não é justo ouvir aquilo daquela forma. Ficam desanimadas.

José, o estagiário, percebe o clima ruim que foi gerado. Ao término da reunião, convida o gerente João para tomar um café na padaria da esquina, a fim de falar sobre o projeto.

Ele começa a conversa dizendo quanto aprecia a atitude de João em cumprir os prazos e entregar os projetos com o máximo de excelência, reforça sobretudo o que já aprendeu com ele e que tem a intenção de contribuir com uma perspectiva que pode ajudar. José pergunta qual é a opinião dele em relação à sua ideia: mobilizar, temporariamente, uma equipe de trabalho para apoiar a área que está com dificuldades. João responde que não acredita nessa possibilidade, pois o coordenador da área é muito individualista. José faz que sim com a cabeça, mas não desiste.

Ele busca ampliar a perspectiva de João. "E se você disser a ele que, por ter participado do planejamento inicial, a sua equipe tem informações que podem facilitar? O que nós perderíamos com essa tentativa?. Estou disposto a fazer parte dessa equipe temporária e lhe digo que, na semana passada, levei uma ideia que vi na faculdade para esse coordenador. E, ontem mesmo, recebi um e-mail agradecendo e que a ideia foi validada."

Mais calmo, João já cogita essa possibilidade. Chega cedo no dia seguinte e se dirige para a sala desse coordenador. Começa dizendo a ele que tem a intenção de ajudar e que pensou em uma estratégia para não perderem o prazo. Dá a ideia da equipe de apoio temporária. Sem precisar ir adiante, um sorriso se abre e o coordenador diz a João: "Nunca imaginei que você fosse tão empático, que pudesse mobilizar sua equipe para nos ajudar. Muito obrigado, João; fico feliz e aceito".

José ousou comunicar sua intenção. Ele demonstrou que validava as atitudes do gerente João, incluiu sua perspectiva e deu exemplo de uma de suas atitudes, revelando coerência naquilo que estava propondo. O resultado? Todos evoluem nesse processo e encontram a forma mais íntegra de resolver os desafios, melhoram os níveis de conexão entre si e ainda entregam seu melhor para o cliente. E tudo isso porque José, o estagiário, construiu o caminho da autoridade.

E você? Já pensou em que gostaria de ter autoridade? Trilhe esse caminho e contribua com o ciclo de evolução tão necessário.

Referências

APPUS HR. *Inspire-se no Projeto Aristóteles desenvolvido pela Google*. Disponível em: <https://www.appus.com/blog/people-analytics/projeto-aristoteles/>. Acesso em: 08 jun. de 2023.

EDMONDSON, A. *A organização sem medo. Criando segurança psicológica no local de trabalho para aprendizado, inovação e crescimento*. Rio de Janeiro: Alta Books, 2020.

GOLEMAN, D. *Inteligência social: a ciência revolucionária das relações humanas*. Rio de Janeiro: Objetiva, 2019.

HUNTER, J. C. *O monge e o executivo*. Rio de Janeiro: Sextante, 2004.

MATURAMA, H. R.; VARELA, F. J. *A árvore do conhecimento – as bases biológicas da compreensão humana*. Palas Athena. Edição original, 2001.

PATTERSON, K.; GRENNY, J.; McMILLAN, R; SWITZLER, A. *Conversas decisivas – técnicas para argumentar, persuadir e assumir o controle nos momentos que definem sua carreira*. São Paulo: Campus, 2003.

3

CONSTRUÇÃO DE PONTES

Nós somos animais sociais evoluídos habitando um planeta hiperconectado. A tecnologia reduziu os limites para acessar pessoas ao redor do mundo e formar múltiplas redes colaborativas. Mas não basta acessar. A construção de pontes é vital para que essas conexões funcionem. Neste capítulo, você vai descobrir como desenvolver relações interessantes para ter benefícios mútuos em seus relacionamentos.

LUIZ SALES

Luiz Sales

Contatos
sales@salesin.me
Minibiografia: salesin.me/sobre
Microsite: instabio.cc/luizfsales

De Santos, do Santos e dos Santos. Luiz é nascido e criado na linda estância balneária situada no litoral de São Paulo. É torcedor do glorioso time local e carrega o nome da cidade e do time também no seu sobrenome. Marido amoroso e pai orgulhoso de dois garotos maravilhosos, Luiz é apaixonado por relações interpessoais! Entusiasta da tecnologia, dos negócios e da inovação, Luiz adora compartilhar seus conhecimentos, seja como professor, mentor ou como criador de conteúdos digitais. Ele se aperfeiçoa nas suas duas principais paixões – culinária e música. A primeira é apresentada em forma de dicas de preparo de pratos em seu canal de culinária no YouTube; e a segunda ele exerce como compositor e cantor de rock.

Todo mundo é uma ilha?

Pela biografia deste capítulo, você já deve ter percebido que eu tenho uma ligação muito forte com ilhas. Sou nascido e criado na área insular de Santos. Toda vez que vou para minha terra natal, eu me sinto energizado. O mesmo acontece quando visito meus pais em Florianópolis, a famosa Ilha da Magia. Você pode nunca ter reparado, mas sua energia também é recarregada quando você visita uma ilha. Da mesma forma, você também fica com uma energia incrível sempre que entra em contato, mesmo que virtualmente, com uma pessoa especial da sua rede de relacionamento. É como se esses amigos fossem ilhas que contagiam seus visitantes, deixando lembranças marcantes a cada encontro.

O escritor francês Antoine de Saint-Exupéry (2009), que também teve uma passagem marcante pela Ilha da Magia, diz em sua mais conhecida obra *O Pequeno Príncipe*: "aquelas pessoas que passam por nós, nunca vão sós. Elas deixam um pouco de si e levam um pouco de nós".

De fato, cada indivíduo é uma ilha. Pessoas mais fechadas, ranzinzas e desinteressantes são ilhas rochosas cercadas por mar revolto. Não despertam nenhum interesse em serem visitadas e até mantêm os desavisados bem afastados. Por outro lado, aquelas pessoas interessantes são ilhas com praias deslumbrantes, árvores frondosas e banhadas por um mar quente e calmo, permitindo aos visitantes que conheçam melhor seus encantos. Entretanto, minha analogia preferida entre ilhas e pessoas é com a Ilha de São Vicente, onde estão localizadas as áreas insulares dos municípios de Santos e de São Vicente, a primeira vila do Brasil. De um lado desta ilha estão as convidativas praias e a belíssima orla de Santos, adornada pelo maior jardim frontal praiano do mundo. Em outra face, a ilha abriga parte do maior complexo portuário da América Latina.

O que pouca gente sabe é que o lado mais movimentado desta ilha é onde está a principal entrada da cidade, ao final da Rodovia Anchieta. Ela passa por cima do Rio Casqueiro, que se liga ao Mar Pequeno e, por sua vez, desemboca na Baía de Santos, onde está localizada a secular Ponte Pênsil. Essa geografia é parecida com muita gente. De um lado, temos uma face agradável e convidativa, que atrai os visitantes e serve bem os habitantes. De outro, temos a face profissional, mais séria e pouco atraente, mas fundamental para sua sobrevivência. Porém, todos temos aquela face desconhecida e oculta. Mesmo que ela esteja exposta para muitos, somente poucos frequentadores conhecem seu real valor. Então, dependendo do lado que você acessa, pode ter uma visão que não agrada logo de cara. Mas cabe a você conhecer melhor seu entorno. Com o tempo e boa vontade, você conseguirá descobrir seus verdadeiros encantos. Da mesma forma, é você quem decide qual lado da sua ilha você quer mostrar para as pessoas com quem se relaciona.

Como diz a música da famosa banda gaúcha Engenheiros do Hawaii, a gente tenta se esquecer que todo mundo é uma ilha! Mas você precisa ter consciência de que a construção de pontes depende principalmente de você. Via de regra, é você quem decide que pontes se conectarão contigo e em qual face elas chegarão até você.

Você é quem você conhece?

Quando ouvi esse aforismo pela primeira vez, até acreditei que realmente uma pessoa fosse quem ela conhece. Afinal, se você tem relações com pessoas importantes e poderosas, você poderá ter acesso a um mundo repleto de oportunidades fantásticas, certo? Não! Está errado e vou te explicar porquê.

O primeiro erro desta máxima é que você não conhece bem a maioria das pessoas com quem se relaciona. Como ilustrado na seção anterior, você normalmente só enxerga um lado da ilha. Além disso, você só conhece o que as pessoas se permitem mostrar. Isso se aplica tanto à personalidade quanto às capacidades, competências e habilidades específicas que elas possuem.

Outro ponto é que você pode até conhecer muita gente, mas tem pouquíssimos amigos com quem contar. Para isso, você precisa construir pontes sólidas entre suas ilhas. Outro porém é que você até pode ter uma excelente rede com contatos importantes, mas ela só poderá ajudá-lo se souber da sua existência. Como diz o famoso ditado: "Quem não é visto, não é lembrado".

Por último, você há de convir que mal se conhece. Como pode dizer que conhece bem as pessoas da sua rede de relacionamento e o que esperar delas? Parafraseando um dos tratados militares de *A arte da guerra* do general chinês Sun Tzu (2006), se você não conhece nem o outro nem a si mesmo, nunca obterá sucesso. Se você se conhece, mas não conhece bem o outro, para cada conquista sofrerá também uma derrota.

Agora, se você conhece o outro e a si mesmo, vencerá a maioria de suas batalhas. O conhecimento mútuo é fundamental para a construção de pontes. Somente assim poderá afirmar que você é quem você conhece. Todavia, lembre-se de que não é possível se relacionar intimamente com um número ilimitado de pessoas. Para que haja colaboração efetiva, você precisa saber escolher bem suas amizades.

Como você escolhe suas amizades?

Por interesse, é claro! Desde cedo, nos aproximamos das pessoas por interesse. Nossos pais eram interessantes porque nos forneciam comida, segurança e amor. Escolhemos os amigos de infância pelos interesses em comum e pelas necessidades sociais.

Quando buscamos alguém para formar uma família, escolhemos vários atributos que sejam do nosso interesse. Grande parte das nossas escolhas são explicadas pela teoria da motivação humana no conceito da Pirâmide de Maslow (1954). Então, é claro que você aprendeu a escolher suas amizades por interesse, tanto na vida pessoal quanto profissional. Não é crime nem pecado ter uma amizade por interesse, desde que seja explícita! Afinal, é muito bom ter amigos interessados em nós. É fantástico ter pessoas na nossa rede que admiram nossas qualidades. Ainda melhor quando essa admiração é recíproca. No entanto, certamente você não se sente confortável quando seus amigos têm interesse pelos seus bens materiais, como, por exemplo, sua casa de praia. Também não gosta de quem se interessa por seu status, tais como seu cargo ou sua posição social. Da mesma forma, você não gosta de quem se aproxima para tirar vantagem da sua rede de relacionamento!

É aí que o conceito de *networking* começa a cair em desgraça. Apesar de sua rede de relacionamento ser um dos ativos mais valiosos na sua vida, porque foi construída e vem sendo mantida às custas de muito suor e lágrimas, ela NÃO É um bem tangível.

Sua rede foi formada por sua capacidade de construir pontes, por sua habilidade de manter relações interessantes e por sua competência de ser genuinamente interessado por essas amizades.

Suas pontes não são apenas os caminhos por onde seus amigos passarão para encontrar um mundo de possibilidades, mas, principalmente, são vias para a entrada de oportunidades que interessam a você e poderão ser repassadas para outros integrantes da sua rede. Por isso, é extremamente importante que você escolha bem as pessoas que farão parte da sua seleta rede de relacionamento.

A construção de pontes é bem-sucedida quando você escolhe suas amizades pelas afinidades e interesses em comum, assim como por suas capacidades, habilidades e competências; porém nunca pelas posses ou status delas. Lembre-se de que pessoas interessadas são as melhores amizades interessantes.

Você se interessa por seus amigos?

Há anos eu vinha tentando marcar um bate-papo com um amigo especial. Quando finalmente ele me chamou para um café, arrumei um espaço na agenda e fui ao seu encontro. Todo esforço para me dedicar a esse amigo valeu muito a pena.

Você deve estar se perguntando qual seria meu interesse nele. Afinal, quem se esforça tanto assim só pode querer algo. Meu amigo, de fato, teria muito a oferecer. Ele tem excelentes contatos com investidores por ser fundador e líder de alguns negócios de sucesso. Entretanto, sinceramente, não foi isso que me estimulou para esse encontro. Você, então, deve pensar que essa dedicação foi motivada por uma sólida amizade de muitos anos de relacionamento.

Por incrível que pareça, é justamente o contrário. Eu o conheci em uma reunião de trabalho há muitos anos e, desde então, raramente nos encontramos. Venho acompanhando sua carreira e sua vida a distância apenas pelas redes sociais e por trocas de mensagens. No entanto, se esse encontro não foi por interesse próprio nem para encontrar um amigo "do peito", foi para falar sobre o que então?

Nós falamos sobre Estoicismo. Ele havia começado a escrever artigos a respeito desse assunto interessantíssimo e me procurou para receber *feedbacks* sobre seus conteúdos. Eu me senti extremamente honrado por ter a oportunidade de colaborar com essa iniciativa louvável.

Contudo, foi somente nesse encontro que ele me contou que estava deixando a posição de liderança de uma grande empresa para se dedicar a um novo projeto solo. Ao saber disso, um amigo interesseiro teria inventado uma desculpa para abreviar a conversa e sair pela tangente. Esse, inclusive, foi um dos temas da nossa conversa. Afinal, nessa nova fase profissional, ele descobriria que muitas amizades desapareceriam.

Nessa ocasião, eu aprendi com um especialista muito sobre a Filosofia Estoica. Um dos aprendizados foi que as pequenas coisas são as que realmente importam. O filósofo estoico Epicteto, que foi de escravo do Império Romano a professor de Filosofia, nos ensinou que você se torna aquilo ao que você dá atenção.

Em outras palavras, quanto mais você se interessa por seus amigos, maior e mais sólida será a construção da ponte. Ao se dedicar genuinamente aos seus amigos, você se torna uma pessoa melhor. Desde esse encontro, a ponte entre esse amigo e eu ficou ainda mais sólida e já me levou a lugares ainda mais interessantes.

Aonde suas pontes podem levar você?

As milhares de conexões que estão em contato com suas centenas de amizades não são seus amigos. Pelo menos, não ainda! Mas o fato de vocês já terem um laço em comum pode facilitar essa aproximação. Entretanto, a construção de uma amizade verdadeira é um processo lento e trabalhoso.

Os amigos dos seus amigos são conhecidos como relacionamentos de grau 2. É por isso que no LinkedIn aparece um "2°" ao lado do nome de alguém que tem ao menos um contato em comum contigo.

Você e eu temos inúmeros exemplos de amizades de grau 2 que, ao se tornarem de grau 1, fizeram uma enorme diferença em nossas vidas.

Um caso que eu gosto de ilustrar nas minhas palestras é dos irmãos Mike e Paul McCartney. Mike tinha um colega muito talentoso na Liverpool Institute High School, onde os três estudavam. George Harrison foi apresentado a Paul. Essa amizade os conectou com Lennon e o resto é história!

Se você já contou a quantidade de indivíduos na sua rede de relacionamento, teve a agradável surpresa ao saber que o número é bem maior do que você imaginava. Agora, pense que todos os membros da sua rede primária somam um número colossal de contatos ativos em seus círculos de relacionamentos. Essa rede secundária, portanto, é um continente de oportunidades a ser explorado. Mas, para isso, você precisa construir pontes robustas a fim de trafegar livremente entre esses territórios. Como você aprendeu neste capítulo, é preciso muita dedicação para manter uma ponte completamente aberta para outros mundos nos dois sentidos.

A construção de pontes é apenas o início de um relacionamento humano autêntico. Para que essas pontes possam levar você muito longe, é preciso cultivar relações de confiança. Portanto, antes de flertar com os amigos do segundo grau de separação, primeiro você deve dar valor a quem está no primeiro. Aprenda a construir pontes antes de tentar atravessá-las.

Referências

MASLOW, A. H. *Motivation and personality*. Nova York: Harper e Row, 1954.

SAINT-EXUPÉRY, A. de. *O Pequeno Príncipe*. 48. ed. Rio de Janeiro: Agir, 2009.

TZU, S. *A arte da guerra*. São Paulo: Record, 2006.

4

RELAÇÕES DE CONFIANÇA

A construção de pontes é fundamental para a colaboração entre pessoas com interesses em comum. Contudo, oportunidades interessantes só chegarão até você se a ponte for sólida, ampla e estiver aberta em ambos os sentidos. Para sua rede funcionar, portanto, você precisa estabelecer relações de confiança. Este capítulo ensinará você a criar relacionamentos duradouros, tanto pessoais quanto profissionais.

LUIZ SALES

Luiz Sales

Contatos
yournetworks.com.br
luiz@yournetworks.com.br
LinkedIn: Luiz Sales

Desde criança, quando viu pela primeira vez uma televisão por dentro, Luiz decidiu que se tornaria engenheiro eletrônico. Sua formação foi apenas o início de uma relação íntima com a indústria da tecnologia. Já no começo da carreira, entretanto, foi levado para o mundo dos negócios, qualificando-se com pós-graduações e MBA. Entretanto, foi seu interesse por relações interpessoais que moldou sua vida profissional. Há mais de 30 anos, atua como executivo e consultor especializado em desenvolvimento de negócios estratégicos e vendas comportamentais em empresas de diversos perfis. Desde 2009, Luiz se dedica ao estudo de relacionamentos sociais (*networking*), escrevendo artigos e ministrando palestras pela YourNetWorks, prestigiadas por milhares de pessoas em diversas entidades de renome. Ele criou a metodologia M.E.E.T., aplicando as teorias de redes para construção de relacionamentos de confiança.

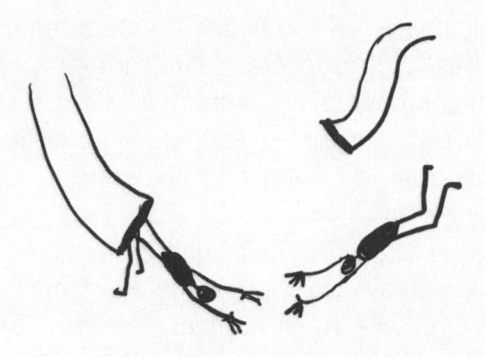

Você confia em mim?

Esta pergunta capciosa normalmente antecede algum momento decisivo na sua vida. Quem a faz está prestes a tomar uma atitude que poderá colocar em risco a relação entre vocês. E você, por outro lado, só permitirá que essa ação seja tomada se realmente confiar naquela pessoa.

Porém, antes de pensar nos riscos envolvidos, vamos primeiro entender as definições de confiança. Em psicologia, é a crença na probidade moral ou na sinceridade de alguém. Já em sociologia, ela é a expectativa de que um indivíduo atue da maneira esperada, ou seja, que exista um certo grau de regularidade e previsibilidade em suas ações.

Agora que você entende melhor o significado de confiança, pode me responder se confia em mim. Você deve estar pensando que ainda não tem subsídios para chegar a uma conclusão prática. Então, deixe-me te ajudar. Leia a minibiografia deste capítulo e veja meu perfil no LinkedIn. Eu garanto que não se trata de autopromoção. Vai lá e eu te espero aqui.

Você observou quantas competências eu relatei na minibio e tenho no meu perfil profissional? Viu o tanto que me capacitei nessas três décadas e quantas experiências acumulei até hoje? Reparou que venho me especializando no tema de relacionamentos sociais há quase 15 anos, criei minha própria metodologia e já treinei milhares de pessoas?

Pois bem! Com base nesse histórico acadêmico e profissional, você sentiu mais confiança em dar ouvidos a esse autor? Se ainda não, gostaria de dar mais alguns motivos para formar sua opinião.

Caso não tenha percebido, eu também fui o autor do capítulo anterior sobre construção de pontes. Peço que faça o mesmo exercício. Volte lá na minibiografia do último capítulo e leia atentamente meu perfil. Eu te espero aqui.

Não foi à toa que relatei um lado mais afetivo e pessoal na minibio anterior. Comecei falando sobre onde nasci, minha família, meu time do coração, e ressaltei meus *hobbies* e paixões. Também chamei atenção para meu entusiasmo em compartilhar conhecimento e me aperfeiçoar naquilo que eu amo fazer. Além disso, pontuei minhas áreas de interesse. Tudo isso tem um propósito e, garanto, não quero me promover.

O objetivo aqui é ajudar você a compreender melhor esse tema interessantíssimo. Agora que conhece mais sobre mim, inclusive comprovando minha bagagem lendo o capítulo anterior, será que você já se sente mais confortável para estabelecer uma relação de confiança comigo?

Sinceramente, eu acredito que tive êxito em subir alguns degraus na sua escada da confiança. Se consegui, convido você para continuar lendo este capítulo para ir ainda mais fundo a fim de explorar os motivos desse fenômeno. Vamos mergulhar juntos nessa aventura? Você confia em mim?

Qual é a fórmula da confiança?

Vamos direto ao ponto e desmistificar o motivo de você confiar em uma pessoa, mesmo nunca tendo a conhecido pessoalmente. Como engenheiro, eu gosto muito de utilizar fórmulas para fixar o entendimento. De maneira simplificada, a equação da confiança é a soma de competência e caráter.

Com isso em mente, vamos entender por que eu consegui estabelecer essa relação de confiança com você. Quando leu meu perfil neste capítulo, soube mais sobre minhas competências. E no capítulo anterior, conhecendo meu lado mais humano, você pode ter se identificado com algumas características e interesses em comum que, consequentemente, criaram empatia entre nós e resultaram em uma percepção positiva do meu caráter.

Colocando esses valores na fórmula, o nível de confiança que você terá em mim será elevado se receber uma boa nota para minhas qualificações acadêmicas e profissionais. Elas serão somadas à pontuação concedida ao caráter percebido. Estou certo de que você me deu uma ótima nota se, assim como eu, é apaixonado por sua família, simpatiza com minha cidade ou com meu time; se também é um entusiasta por tecnologia, negócios ou inovação; ou, ainda, se você curte cozinhar ou um bom rock n'roll.

Apesar de a explicação ser bastante simples, é óbvio que não é tão fácil assim construir relações de confiança. Para entender melhor como essa equação funciona, precisamos abrir um pouco mais esses dois componentes. De um lado temos a competência, que é composta pelas capacidades e resultados demonstrados por uma certa pessoa; do outro, o caráter, que é formado pelas intenções e pela integridade desse indivíduo.

Você percebeu que está ficando cada vez mais difícil manter esses dois pilares de pé? Pois então, a equação vai ficar ainda mais complexa.

Como pode ver pela Figura 1, cada coluna é constituída por vários blocos:

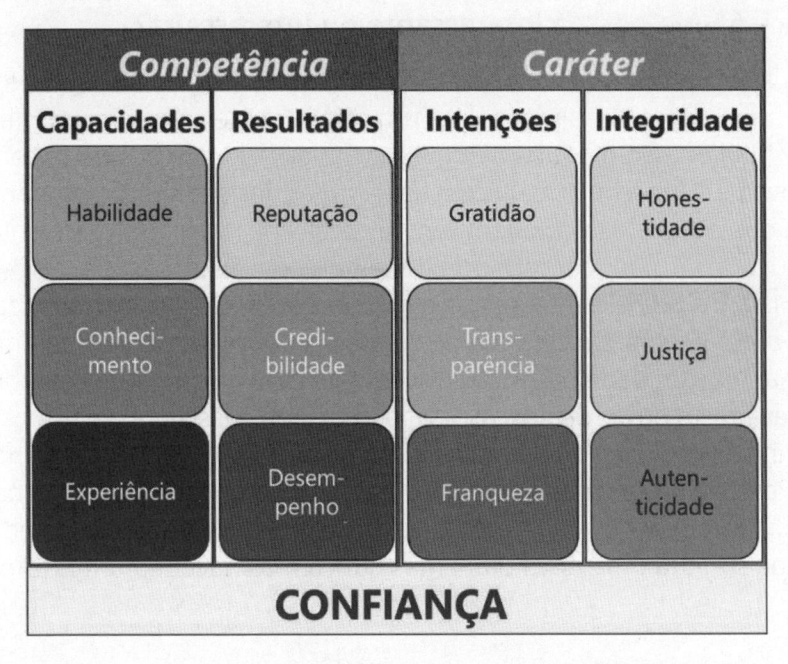

Competência		*Caráter*	
Capacidades	**Resultados**	**Intenções**	**Integridade**
Habilidade	Reputação	Gratidão	Honestidade
Conhecimento	Credibilidade	Transparência	Justiça
Experiência	Desempenho	Franqueza	Autenticidade
CONFIANÇA			

Como ilustrado, para você empilhar capacidades diferenciadas, precisará reunir grandes habilidades, demonstrar sólidos conhecimentos e possuir experiências comprovadas em temas específicos. Já para construir o pilar dos resultados, você precisará mostrar uma reputação relevante, contar com uma credibilidade respeitável e promover suas marcas impressionantes de desempenho.

Como vimos até aqui, para que existam relações de confiança, é preciso manter essa estrutura bem equilibrada. Ou seja, as duas colunas que formam o pilar do caráter precisam estar à altura das colunas da competência. Portanto, é interessante demonstrar gratidão, agir com transparência e ter franqueza em suas relações para que suas intenções sejam bem interpretadas.

Por último, mas não menos importantes, estão os componentes da sua integridade. Eu costumo dizer que, mais do que ser honesto, você precisa parecer honesto. O senso de justiça também contribui com sua integridade. Porém essa coluna não para em pé se você não tiver autenticidade. Como diz a famosa expressão inglesa *"walk the talk"*, você precisa andar de acordo com suas palavras. Quando suas ações não condizem com seu comportamento, dificilmente você será vista como uma pessoa íntegra.

Você é uma pessoa interessante ou interesseira?

Certo dia, Pedro recebeu uma mensagem de Marcelo, seu ex-colega de trabalho, convidando-o para um café a fim de colocar o papo em dia. Marcelo sempre foi um exímio profissional, com experiência comprovada, conhecimento único e habilidades destacadas no segmento em que atuava. Marcelo também tinha alcançado alguns excelentes resultados no período em que trabalhou com Pedro.

Há anos que eles não se falavam, mas Pedro não hesitou em aceitar o convite para se encontrar com um executivo tão competente. Uma oportunidade bastante conveniente para os dois, já que ambos estavam em busca de novos desafios. Era uma ocasião fantástica para conhecer melhor aquele amigo tão interessante.

Pedro já havia chegado ao local na hora marcada quando recebeu uma curta mensagem de Marcelo, desmarcando o encontro. Pedro ainda sugeriu uma nova data, mas nunca mais recebeu um retorno.

Pouco tempo depois, ele descobriu por amigos em comum que Marcelo havia se recolocado naquele dia.

Essa história verídica mostra como uma simples atitude pode comprometer uma relação de confiança. Aquele colega que Pedro julgava interessante, na realidade, era um tremendo interesseiro. Esse comportamento reprovável detonou o caráter de Marcelo. A falta de transparência, franqueza e honestidade colocou em dúvida suas reais intenções e a integridade daquela relação.

Eu já ouvi diversas histórias escabrosas como essa. Tenho certeza de que você já passou por uma situação constrangedora assim. Mas de que lado da mesa você estava? Você era a pessoa interessante, que chegou pontualmente ao encontro? Ou você era a interesseira, que desprezou aquela amizade que não tinha mais serventia?

Se você já fez o papel de Marcelo, deve estar se perguntando se é crime ter uma amizade por interesse. Como comentei no capítulo anterior, é claro que não é! Essa, inclusive, foi a resposta que dei para Pedro quando me contou sobre essa passagem e me perguntou se existe interesse aceitável. Os interesses explícitos são aceitáveis. Qualquer outro, não!

Para estabelecer relações de confiança, você precisa deixar suas intenções muito claras. Afinal, se sua intenção for distinta do que a outra pessoa supunha, seu comportamento colocará sua integridade em xeque e, consequentemente, a outra pessoa vai ter uma percepção negativa do seu caráter, quebrando a confiança que tem em você.

Aonde relações de confiança podem levar voê?

No início da minha carreira, eu tive a oportunidade de trabalhar em uma das maiores empresas de tecnologia do mundo. A operação brasileira já existia há mais de um século e, por isso, atraía os melhores talentos do mercado. Com tanta gente competente ao meu redor, aprendi muito mais sobre pessoas do que sobre tecnologia.

Foi nesses primeiros anos que aprendi a engatinhar e tatear no obscuro mundo corporativo. Eu ainda não entendia bem as disputas por poder, as formações dos silos e as construções de alianças interesseiras. Talvez minha inocência na época tenha me permitido fazer amizades para toda a vida.

Mesmo de maneira empírica, eu sempre admirei as pessoas mais pelo caráter do que pela competência. E, nesse sentido, uma das pessoas que mais chamava minha atenção era um vendedor simpático, sorridente e sempre aberto a ensinar. Ele não ostentava em seu currículo um histórico de grandes empregadores e muito menos formações acadêmicas pomposas. Entretanto, esse colega era uma referência em vendas. Encantava seus clientes, conquistava os parceiros, envolvia a equipe e, como resultado dessa magia, sempre batia suas metas. Isso o alçou para um cargo de gerência em uma área recém-criada. Foi aí que tive a chance de conhecê-lo mais de perto, aprendendo com seus exemplos e conselhos.

Em diversas ocasiões, eu testemunhei seus gestores, pares e até subordinados se apropriarem de suas ideias. Porém, isso não o abalava e ele continuava contribuindo com sua criatividade inigualável. Essas atitudes edificantes só aumentaram meu respeito e admiração por esse colega. Essa amizade se manteve por anos, mesmo depois da minha saída dessa empresa.

Nos anos seguintes, tivemos alguns encontros esporádicos e parecia que nunca havíamos nos separado. A conversa sempre fluía bem e a admiração entre nós era recíproca. Após muitas trocas de empregos, ambos com vários casos de sucesso e com algumas experiências de vida traumatizantes, nossos caminhos voltaram a se encontrar. E foi justamente por causa do *networking*.

Eu já era um entusiasta do tema. Vinha estudando com afinco as teorias de relacionamento social, compartilhando esses aprendizados por meio de palestras e artigos. Ele, por outro lado, era um "*networker*" nato. Aplicava na prática as teorias em sua vasta e diversa rede de contatos, construída ao longo de décadas de relacionamentos pessoais e profissionais.

Não vou mentir que essa concorrência me incomodou. Como qualquer pessoa, pensei se não era momento de romper os laços que nos uniram décadas antes. Mas, refletindo melhor, percebi o valor do que meu amigo fazia. Foi sua competência que o levou até esse ponto e seu caráter que o possibilitou tecer uma teia excepcional de relacionamentos.

Esse é o conceito do *netweaving*, tema que foi super bem explorado em um dos capítulos do primeiro livro da série best-seller

Soft skills (2020). O coautor, por coincidência e total merecimento, foi o meu grande amigo Marcel Spadoto. O mesmo ser humano incrível que conheci no início da minha carreira e que descrevi nos últimos parágrafos.

Nossa relação de confiança só cresceu desde então e tivemos oportunidades de colaborar mais ativamente. Primeiro, convidei-o para desenvolver comigo um sensacional treinamento de vendas consultivas. Depois, ele retribuiu ao me convidar para fazer parte dessa obra magnífica, da qual é coordenador editorial e coautor.

Agradeço muito a confiança do Marça, meu parça, e da grandiosa Luce, pela oportunidade inestimável de enriquecer o livro *Balanced skills*. Por fim, sou grato a você por prestigiar meus dois capítulos.

Encerro minha participação deixando uma reflexão: "Um pássaro pousado em uma árvore nunca teme que o galho se quebre. Afinal, sua confiança não está no galho, e sim em suas próprias asas".

5
CONSCIÊNCIA DA DIVERSIDADE

É essencial abrir o diálogo sobre essa *skill* que tanto reverbera na vida das pessoas, na sociedade, e tem assumido papel de destaque na criação de ambientes em que a felicidade e os resultados podem florescer juntos.

> Existem tantos outros em mim, devo apresentá-los?
> Esses diversos outros em mim...
> Carrego aquilo que jamais poderei carregar.
> ARTHUR BISPO DO ROSÁRIO (AGUILE, 2000)

CESAR CAMINHA

Cesar Caminha

Contatos
www.cesarcaminha.com
cesar@cesarcaminha.com
LinkedIn: Cesar Caminha
Instagram: @cesarcaminha7
41 98835 3337

Pai da Bianca e designer de estratégias corporativas e pessoais. Atua, há mais de 25 anos, na definição da direcionalidade organizacional, estruturas organizacionais e de processos, planejamento estratégico situacional e desenvolvimento humano, focados no aprimoramento do perfil de gestão de organizações e de pessoas. Fundador da Virtù Design de Estratégias. Economista humanizado pela experiência prática e pela especialização em psicologia transpessoal. Gosta de números, fez especialização em métodos quantitativos e se realiza com as pessoas como terapeuta (Unipaz-SP) e *coach* (ICI-DF). Consultor sênior da FIA/USP, diretor na Unipaz-SP e no Instituto Carlos Matus de Ciências e Técnicas de Governo – ICM. Coautor dos livros da série *Soft skills*, publicados pela Literare Books International, eleitos em 2020 e 2021 best-sellers pela revista *Veja*.

Escrever sobre Diversidade é um desafio encantador: são muitas as abordagens possíveis, todas com potencial para promover uma sociedade melhor para as pessoas. A proposta deste capítulo é ampliar o olhar para contemplar a Consciência da Diversidade como uma competência, isto é, um jeito de fazer e de aprimorar relacionamentos.

Mas qual é o "jeito de fazer" da consciência da diversidade? É preciso compreender primeiro o que é consciência? Segundo Roberto Crema (2017), é a capacidade que a pessoa tem de observar a si mesma. É a habilidade de perceber a ação cotidiana enquanto acontece, é sair do "piloto automático", aumentando a liberdade de decidir para onde se deseja ir.

Já a Diversidade, pela definição do dicionário, é "um substantivo feminino que caracteriza tudo aquilo que é diverso, que tem multiplicidade". Do ponto de vista do jogo social, pode ser percebida como algo que apresenta pluralidade e não é homogênea. Compreende as interações entre indivíduos distintos entre si no que diz respeito a características como cultura, gênero, etnia, orientação sexual, entre outras.

No contexto das *soft skills*, a ideia aqui é abordar a consciência da diversidade como a competência de criar ambientes em que a diversidade possa emergir para potencializar a criatividade e os resultados.

Desenvolver essa *relational skill* pressupõe um olhar diferenciado para suas manifestações no corpo, na mente, nas emoções e nos valores.

Consciência de diversidade no corpo

Para entender esse conceito, observe com atenção sua mão e perceba: os dedos são iguais?

Imagine agora que você escolhe o seu dedo preferido, o indicador, por exemplo, e decide que sua mão terá cinco dedos indicadores. Simples assim: sua mão com o "melhor" dedo multiplicado por 5.

Qual é o resultado? Sua vida ficaria melhor com essa mão "homogênea"?

É um exemplo banal de como a diversidade se manifesta no corpo, porém deixa muito claro como as formas e os tamanhos distintos dos dedos são fundamentais para a funcionalidade da mão. Ou seja: a diversidade garante um ótimo resultado.

Seguindo esse mesmo raciocínio, é possível entender a dimensão "corpo" como a realidade concreta. Nesse sentido, um olhar atento para as organizações pode revelar o óbvio: a diversidade nestes espaços tem o potencial de garantir maior criatividade e resultados.

Entre os muitos estudos que validam esta hipótese, destaco: "A diversidade humana em estudos de gestão e estratégia: um estudo bibliométrico", de Pedro H. da Fonseca, Queila R. de S. Matitz e Karine F. Chaerki (2022). Nele, os autores explicam "que a diversidade humana impacta positivamente o desempenho organizacional em grandes empresas, pois elas se beneficiam de um conselho de monitoramento heterogêneo para controlar as ações dos proprietários".

Vale observar que disseminar os efeitos positivos da diversidade nas corporações não é tarefa simples: um levantamento feito pelo Boston Consulting Group – BCG (KRENTZ, 2019) mostra que apenas 17% dos profissionais que seriam alvo de políticas de diversidade no Brasil declaram-se impactados por elas. Para aprimorar este contexto, o estudo destaca a necessidade de:

- Implementar políticas mais claras contra a discriminação.
- Promover treinamento das equipes para conviver com a diversidade.
- Rever os sistemas de avaliação e promoção.
- Criar ações efetivas para sustentar a diversidade (veja exemplo nas próximas páginas).

Consciência de diversidade na mente

Que tal olhar para seus valores internos relacionados à diversidade? Falar é mais simples do que fazer. Experimente exercitar a auto-observação para identificar suas ideias sobre o tema:

- Imagine-se lendo esta notícia hipotética: "Crescimento de trabalhadores estrangeiros no Brasil". Quais pensamentos vêm em um primeiro momento? São crenças acolhedoras ou elas sugerem que estas pessoas não deveriam estar aqui?
- Suponha que, no meio de uma reunião de trabalho, entre na sala uma pessoa diferente do estereótipo esperado, com roupas, cabelos ou mesmo maquiagem distinta da que você espera para aquele ambiente. Quais pensamentos o invadem neste momento? Rejeição, julgamentos ou críticas sobre a competência da pessoa antes mesmo de ouvi-la?

Observar com sinceridade os pensamentos nestas situações pode revelar muito sobre o quanto se está aberto ou não à diversidade.

A cultura também exerce um papel muito importante neste contexto, como bem abordou meu amigo e coautor deste livro, Marcel Spadoto. No capítulo "Alteridade", ele a define como "nossa capacidade de nos colocarmos no lugar do outro, procurando entender como ele pensa, como vive e no que acredita, reconhecendo que temos culturas diferentes", "Em suma, respeitá-lo como ele é".

Cabe aqui um lembrete importante: respeitar o outro não é necessariamente concordar com ele. A diversidade propõe o acolhimento das diferenças e não necessariamente a concordância. Acolhimento fala de perceber como legítimo pensar, agir ou vestir diferente de mim. É admitir que a liberdade que reivindico para mim é a mesma que quero para o outro.

Consciência de diversidade nas emoções

O contato com o diferente também gera emoções que podem influenciar sua ação em relação ao outro.

A consciência dessas emoções permite elaborar e gerar uma interação mais consistente com o outro. A questão é que, de modo geral, a maioria das pessoas está no "piloto automático" e não percebe o que sente. Assim, emoções como o medo, a raiva ou o nojo podem se manifestar como rejeição ao diverso.

Nessas situações, é aconselhável separar o que é meu e o que é do outro. É do outro: seu comportamento, hábito ou cultura. Posso concordar ou discordar, pode servir ou não para mim, mas o fato é que agir de uma forma ou de outra faz parte do espaço de liberdade do outro.

E o que é meu? Com o que tenho que lidar? Com as minhas emoções, que são disparadas naturalmente quando me deparo com o diferente. Nesse sentido, desenvolver a consciência da diversidade é fundamental, pois amplia as possibilidades de diálogo com o outro, sem atribuir a ele a raiva, a mágoa ou o medo que sinto.

Posso lidar com as emoções que surgirem, conversando com amigos, terapeuta ou líder espiritual. Compreendendo e ressignificando minhas feridas, posso crescer e aprimorar minhas relações. Neste momento, abro espaço para o diálogo e a convivência harmônica, a partir da pacificação com o meu eu interior.

Atenção: não cuidar desses sentimentos mais densos possibilita o surgimento de polarizações e preconceitos contrários à alteridade, como a xenofobia (caracterizada pela aversão, hostilidade, repúdio ou ódio aos estrangeiros), entre outras patologias sociais.

Consciência de diversidade nos valores

Os valores abordados aqui dizem respeito a aspectos elevados, ligados à espiritualidade. Talvez esse seja um dos campos em que a diversidade se torna mais desafiadora, pois a orientação espiritual dialoga com valores que tocam a alma das pessoas e são muito caros a elas.

Vale lembrar que a ausência da consciência de diversidade neste campo frequentemente levou a humanidade a guerras.

Vale a pena trazer o conceito de diversidade religiosa caracterizado pela coexistência pacífica entre grupos religiosos distintos em um mesmo ambiente. Neste sentido, o movimento ecumênico tem muito a contribuir para a diversidade no campo dos valores espirituais.

Consciência da diversidade como um ato de vontade

E, finalmente, ponderamos que é importante perceber a diversidade como uma realidade que parece ser estranha à natureza humana, pois ela busca semelhantes nas suas relações. Inclusive, o próprio cérebro, para garantir estabilidade e segurança, tende a repetir padrões que deram certo no passado, repetimos padrões.

Esses padrões são tão fortes que, muitas vezes, grupos defensores da diversidade acabam se homogeneizando, com seus integrantes compartilhando características eventualmente distintas dos padrões sociais, mas iguais entre si. Isso pode até comprometer a diversidade proposta inicialmente. Dessa forma, a consciência da diversidade apresenta-se como um verdadeiro desafio à vontade. É um ato de liberdade conviver com o diverso, com o que não é comum à sua realidade. E, a partir dessa convivência, crescer como indivíduo e como sociedade.

Consciência de diversidade exige, portanto:

- Vontade de conviver com o diferente.
- Compreensão das muitas dimensões da diversidade e como me impactam.
- Disponibilidade de acolher genuinamente o outro como ele é, sem restrições.
- Clareza dos meus posicionamentos, valores, ideias, caminhos de ação, especialmente quando divergem do outro.
- Atenção à realidade na qual se quer desenvolver a diversidade, observando as condições necessárias ao seu florescimento.

Em relação ao item "atenção à realidade", é importante notar que cada ambiente possui características próprias, e cada tipo de diversidade requer condições específicas para sua implementação. Por exemplo, a consciência da diversidade nas escolas pode se manifestar pela necessidade de acolhimento de pessoas com deficiência na sala de aula, exigindo adequações físicas (acessibilidade), cognitivas (capacitação de professores), entre outras.

Consciência de diversidade radical

Há alguns anos, conheci uma experiência de inclusão que merece ser compartilhada, por sua complexidade e pelo cuidado com o qual foi conduzida. Considero-a radical, pois integrava dois mundos muito distintos: o de jovens em conflito com a lei e o dos servidores públicos.

O fato aconteceu em Belém/PA, no início dos anos 2000, quando o governo estabeleceu que todos os órgãos estaduais deveriam acolher adolescentes em conflito com a lei em seus quadros. Uma decisão louvável do governador de turno, mas um desafio e tanto para os gestores das instituições.

Rosa Cunha, na época diretora do Detran/PA, uma das gestoras mais inovadoras que já conheci, foi até os responsáveis pelo projeto e declarou que acolheria um grupo de jovens em seus quadros.

Houve um certo espanto, pois o órgão era conhecido por ser sensível a fraudes e desvio de recursos. A gestora não recuou. Inteligente, corajosa, sensível e com muita consciência de diversidade, estabeleceu um programa de acolhimento com as seguintes características:

- Cada jovem deveria ser acompanhado por um profissional de "cabelos brancos" (mentor): queria maturidade acompanhando os jovens.
- Os jovens deveriam desenvolver atividades que não envolvessem contato com recursos financeiros.
- Seriam realizadas agendas de acompanhamento com a presença da gestora, dos mentores e dos jovens.

Os resultados logo apareceram, e quando finalizaram suas atividades no Detran, os jovens rapidamente se recolocaram no mercado. O programa foi replicado por outros órgãos de governo.

Quando perguntada sobre o que motivou sua participação pioneira no programa, acolhendo estes jovens, ela respondeu, com toda simplicidade: "Oras! São jovens, com energia, meninas e meninos que vivem em condições muito comprometidas, com famílias esfaceladas e, ainda assim, se reúnem com outros, articulam seus colegas e realizam ações complexas; naturalmente estamos falando de empreendedores. Só estão empreendendo no lugar e nas condições erradas. Quero eles ao meu lado".

"Quero eles ao meu lado!". Com essa frase, que sintetiza o que compreendo como consciência de diversidade, concluo este capítulo com uma clareza em mente: quando buscamos a diversidade, estamos falando de ampliação de perspectivas e de liberdade.

Referências

AGUILE, N. (Org.). Mostra do redescobrimento: imagens do inconsciente. In: (Bispo) Arthur Bispo do Rosário. São Paulo: Fundação Bienal de São Paulo/Associação Brasil 500 anos de Artes Visuais, 2000.

CREMA, R. *O poder do encontro: origem do cuidado.* São Paulo: Tumiak, 2017.

FONSECA, P. H. da, *et al*. A diversidade humana em estudos de gestão e estratégia: um estudo bibliométrico. *Revista Brasileira de Gestão e Negócios* – FECAP, São Paulo/SP, v. 24, n. 3, pp. 574-591, jul/set. 2022.

KRENTZ, M. *et al. Fixing The Flawed Approach to Diversity.* BCG – Boston Consulting Group. Chicago – USA, January/2019.

6

ALTERIDADE

Busco neste capítulo trazer o conceito e prática de alteridade, mas, sobretudo, o entendimento quanto à sua importância para um mundo melhor, mais justo, equânime, diverso e inclusivo; e como praticá-la de maneira justa, genuína e completa.

MARCEL SPADOTO

Marcel Spadoto

Contatos
marcel@spadoto.com.br
LinkedIn: Marcel Spadoto
11 99256 1111

Sinto-me feliz a cada dia, pois vejo que nos são apresentadas oportunidades, sempre, em forma de desafios e bênçãos. Ao longo da minha vida, pude exercer e aprender sobre vendas, colaboração, negócios, *networking*, desenvolvimento humano e *soft skills*. Estou pleno com meu propósito de vida, que é colaborar com o desenvolvimento das pessoas. Tive o privilégio de estudar e aprender sobre muitos temas diferentes. Continuo a minha jornada de aprendizado e curiosidade pelo novo e pelo que pode agregar felicidade aos meus semelhantes. Casado com Fábia, amor da minha vida, sou pai da Mariana, do Gustavo, do Octávio e do João Gabriel (que agora mora no Céu) e filho do Décio e da Áurea, que são uma referência de amor e excelência. Grato a Deus por tudo o que tenho e posso usufruir!

Alteridade – qual é seu contexto?

Atualmente estamos ouvindo e lendo mais sobre essa palavra, porém ainda é muito pouco perto da necessidade de praticarmos a alteridade, pois ela necessita estar mais presente nas nossas reflexões, pensamentos e, especialmente, no nosso comportamento.

Vamos trazer alguns elementos de comparação e definição para entendermos bem o que é alteridade e como devemos agir para assimilarmos e aprimorarmos essa importante *soft skills*.

A alteridade difere da empatia, tema muito bem explorado e escrito pela amiga Julianna Costa Lima no capítulo 20 do livro *Soft skills – competências essenciais para os novos tempos* (Volume 1). A empatia, segundo a Psicologia, é a nossa capacidade de se colocar no lugar do outro quanto aos seus sentimentos. De modo bem simples, procurar vivenciar o que o outro está sentindo naquele momento ou situação.

E o que é a alteridade? É a capacidade de nos colocarmos no lugar do outro, procurando entender como ele pensa, como vive e no que acredita, reconhecendo que temos culturas diferentes e seus elementos são válidos e precisam ser respeitados, mesmo que, de alguma forma, tenhamos contrastes com nossa própria cultura. Em suma, respeitá-lo como ele é.

Alguns sinônimos desse termo podem nos revelar e colaborar para a compreensão do seu sentido. São eles: alteração, assimetria, desproporção, diferença, disparidade, distinção, diversidade, modificação, mudança e separação.

O outro não é igual a mim, mas isso não o faz melhor nem pior, mas, sim, diferente, e essa diferença aumenta nossas possibilidades de crescimento e oportunidades.

Nelson Rodrigues decretou: "Toda unanimidade é burra. Quem pensa com a unanimidade não precisa pensar". A primeira parte da citação é muito conhecida e difundida, mas o complemento ("Quem pensa com a unanimidade não precisa pensar") não é tão falado e comentado. No sentido da alteridade, ele está certíssimo, pois, parafraseando – é claro, com todas as licenças poéticas possíveis – o grande escritor e jornalista, eu diria: "Toda falta de alteridade é burra". Talvez o gênio da dramaturgia não comungasse com essa afirmativa, desse ponto de vista, pelas suas ideias conservadoras.

Meu amigo e coautor deste livro, César Caminha, discorre sobre a consciência da diversidade e define: "No contexto das *soft skills*, proponho que a consciência da diversidade é a competência de criar ambientes onde a diversidade possa emergir para potencializar a criatividade e os resultados". Vale a pena ler o capítulo na íntegra.

Em um mundo cada vez mais individual e de relações extremamente frágeis, estamos muito longe da capacidade de praticar a alteridade, mas é um compromisso de cada um de nós exercê-la, colocando a nossa vontade em segundo lugar, trazendo primeiramente a vontade e a necessidade coletiva.

A antropologia é vista como a ciência da alteridade, pois possui o objetivo de estudar o ser humano na sua completude e os fenômenos que se relacionam a ele.

Com um objeto de análise tão vasto e igualmente complexo, é preponderante conhecer as diferenças entre várias culturas, etnias e povos. O conceito de alteridade assume um papel primordial na citada antropologia, responsável por evitar uma visão etnocêntrica do mundo.

O etnocentrismo – conceito largamente utilizado para o domínio de uma cultura sobre outra, subjugando culturas consideradas selvagens e inferiores, impondo à sua forma de pensar e agir – tem perdido espaço, mas devemos ser diligentes e combater esse desvio danoso ao respeito e à harmonia que deve existir entre todos os seres humanos e suas respectivas culturas.

Para o filósofo judeu Emmanuel Lévinas, a própria ética exige a existência do outro. Só conseguimos ser éticos em função e na relação com o outro. A ética da alteridade proposta por ele nos convoca a ser responsáveis pelo outro, sendo esse o princípio da ética e da humanização das relações.

Dessa forma, a violência somente ocorre pela rejeição da alteridade do outro como pessoa. Contra esse sentimento de superioridade e violência, ele propõe que seja necessária a compreensão de que o "eu" só pode existir porque é constituído pelo "outro". Assim, a violência e a destruição do outro significariam a destruição de todos nós.

Para a filosofia, a alteridade é o contrário de identidade, pois não somos um só, somos múltiplos, com algumas semelhanças e muitas diferenças.

Apresento um exemplo do uso inadequado da alteridade, que também pode ser utilizada para a dominação: O conquistador espanhol Hernán Cortés usou, entre outras ferramentas, a alteridade para conquistar o povo asteca, que era governado por Montezuma. Hernán foi muito hábil em entender a estrutura política e de relação de Montezuma com os povos ao seu redor. Foi lutando com alguns e fazendo alianças com outros, ou mesmo os dois ao mesmo tempo, até que conquistou o povo asteca, embora tivesse um contingente de soldados muito inferior ao seu oponente.

A minha relação com a alteridade

Quando cheguei a São Paulo, vindo do interior paulista, com apenas 8 anos, tive que adequar minha vida, forma de organização e comunicação para a realidade dos outros garotos da minha idade. Foi um choque muito grande, maior que os 600 quilômetros que separavam a minha antiga cidade da periferia de São Paulo. Estávamos no meio dos anos 1970, muitas mudanças em curso, do ponto vista social, político e econômico, mas eu não tinha essa noção. Precisei aprender a conviver com relações menos amistosas e muito menos ingênuas. Pratiquei a alteridade para me adaptar, sem perder os valores que eu trazia, nem sei ao certo como tudo isso se deu. Meus novos amigos também a praticaram em algum grau, mas é claro que só tive noção desse contexto muito tempo depois.

Há muitos anos, eu estava assistindo a um documentário na TV sobre povos antigos e a sua forma de vida, organização, crenças etc. Em dado momento, estavam descrevendo o sacrifício de crianças para seus deuses. Instantaneamente fui tomado por um sentimento de raiva, de desaprovação e abominação por aquela prática. Alguns segundos depois, uma especialista e antropóloga disse algo como: "É uma espécie de idiotice julgar uma cultura, partindo da sua". Nesse momento pude refletir sobre tudo o que eu tinha visto até então. Perdi o foco no documentário e foi extremamente libertador entender que algo que não passava pela minha cabeça, que é inconcebível, era algo comum e válido em outra cultura. Mesmo não aceitando aquilo em minha cultura, pude ter um sentimento de alteridade por eles (embora ainda não conhecesse a palavra e o seu sentido).

Trabalhei em duas grandes empresas de tecnologia, uma nos anos 1990 e outra nos 2000, nas quais tive a oportunidade de conhecer muitas pessoas que trabalhavam na Europa e na América. Pude assimilar as diferenças culturais entre seus colaboradores, e esse exercício foi muito bom do ponto de vista pessoal e profissional. Evoluí muito ao compreender como era a cultura de cada um. Algumas vezes houve choque cultural e ele foi resolvido com o diálogo, especialmente quando podemos olhar o outro como diferente e entender, respeitar e harmonizar nossas diferenças.

Mais recentemente pude atuar em uma *startup* que possuía doze pessoas no seu quadro de colaboradores; metade eram europeus, um suíço e cinco portugueses. O suíço, uma pessoa muito inteligente, já tinha trabalhado em várias capitais da Europa e dos Estados Unidos e falava relativamente bem o português. Os portugueses possuíam uma boa experiência internacional; alguns com uma vivência bem parecida com a do suíço. Conviver com eles foi um grande aprendizado, pois, nessa relação do dia a dia, muitas questões entravam em choque e muitos aspectos demoravam para serem compreendidos pelos brasileiros e pelos estrangeiros. O próprio idioma é diferente, mesmo depois da unificação ortográfica. Mas pudemos nos dar bem. Tenho convicção de que todos nós aprendemos muito e evoluímos como profissionais e pessoas.

Ao longo de minha carreira, tive o privilégio de viajar e conhecer muitos lugares pelo Brasil, não só as capitais, mas muitas regiões no interior dos Estados. Essa relação foi muito rica para mim. Com diferenças de dias eu estava no interior do Rio Grande do Sul e, depois, em Belém do Pará. Cada local apresenta realidades, palavras, sotaques e comidas diferentes. As relações que se estabelecem também são distintas, e esse lidar e conviver me fez aumentar minha visão e o sentimento de respeito pela alteridade, sendo que, em grande parte desse tempo, eu não conhecesse o termo e o seu significado. Mas sempre procurei manter a minha identidade e cultura, respeitando e sendo respeitado.

A minha amiga Cris Lanzoti escreveu sobre adaptação cultural no livro *Soft skills – habilidades do futuro para o profissional do agora* (volume 2). Ela narra suas experiências de viver fora do Brasil, vale muito a pena ler.

Outra recomendação que faço: ler o capítulo sobre inteligência cultural, neste livro, escrito pela minha amiga Daniely Alves. Ela discorre sobre sua importância e como devemos nos comportar em relação a essa *soft skill* fundamental.

Como colaborar e se desenvolver na alteridade

A globalização que estamos vivendo nas últimas décadas também vem facilitando esse entendimento, em especial para quem quer efetivamente ter alteridade.

As injustiças, a falta de respeito e o desamor não deveriam nos afastar do desejo de um mundo mais equânime, mas, sim, nos engajar nesse propósito. Temos que deixar nosso eu interior, que vem do nosso coração, nos dizer o que devemos fazer.

Não precisamos ir longe, pois dentro do Brasil temos culturas diversas, e a capacidade de harmonização com elas nos fará melhor. A diferença nos une e nos fortalece.

A capacidade de ser aberto, de estudar os motivos e contextos de alguém que tenha uma realidade distinta da nossa e que teve uma jornada diversa a nossa nos ajudará a começar a entender os motivos que levam um conjunto de pessoas ou um indivíduo a ser diferente de nós.

Antes de julgar ou decretar que algo está errado, pelo simples fato de ser diferente da nossa forma de ver, procuremos nos transportar para aquela realidade.

Dê uma chance para o que não é igual. Talvez ele possa nos ensinar mais do que causar repúdio. O desafio para todos nós será ter a visão de alteridade bem aparente em nossas relações, sempre pensando no coletivo primeiro, buscando relações saudáveis, prazerosas, iguais, isentas de competições e destruição.

Precisamos nos conhecer para poder dizer quem somos e estarmos abertos para saber quem o outro é.

Não termos medo de ser vulneráveis, podendo ser verdadeiros e buscando o convívio em harmonia e com extrema felicidade de poder se relacionar com quem é diferente em pensamento e cultura.

Ler sobre outras culturas, procurar estudar sobre a vida de outros povos ou mesmo sobre culturas regionais em nosso país, tudo isso nos dará mais amplitude para absorver e respeitar as diferenças.

Viajar e se misturar com pessoas em sua cultura talvez seja a melhor forma de exercitar a alteridade. Perceber *in loco* como vivem e se relacionam dará uma visão melhor e maior dessa *soft skill* cada vez mais necessária para podermos viver em sociedade global e em harmonia.

Não perder de vista que vivemos no mesmo planeta, que tivemos trajetórias, jornadas, educação, criação e referências diferentes, mas somos da mesma espécie e dependemos de todos para uma vida melhor, diversa e harmoniosa, não esquecendo que temos outros seres vivos, de outras espécies, que merecem e carecem de respeito. Precisamos salvar o planeta de nós mesmos. Afinal, somos um, apesar de diferentes.

Referências

ANTUNES, L. *Soft skills: competências essenciais para os novos tempos* São Paulo: Literare Books International, 2020.

ANTUNES, L. *Soft skills: habilidades do futuro para o profissional do agora*. vol. 2. São Paulo: Literare Books International, 2021.

7

ACOLHIMENTO E AMABILIDADE

Neste capítulo, convido você para refletirmos sobre acolhimento e amabilidade e como é possível trilhar esse caminho principalmente nas organizações. Aliás, isso é algo urgente. Amorosidade e delicadeza são fundamentais num mundo em que somos impactados, o tempo todo, por mudanças intensas, nunca antes vividas na história da humanidade.

SIMONE CHABLOZ

Simone Chabloz

Contatos
sicachabloz@gmail.com
LinkedIn: Simone Chabloz

Tenho uma marca que veio de fábrica, uma risada contagiante, que preenche espaços e traz leveza para a vida intensa que nos cerca. Casada com Agnaldo, mãe do Henrique e honrada por ser madrasta do Rafael; e o mais importante: sou filha da Dona Alaíde, que me inspira com sua mente aberta e amor pela vida aos 86 anos. Meu propósito é apoiar a transformação das pessoas em sua vida pessoal e profissional pelo autoconhecimento. Meu compromisso é que descubram suas infinitas potencialidades, pois a vida é abundância e prosperidade. Psicóloga, com pós-graduação em psicossomática, *coach* formada pelo Instituto Holos, certificada DISC, Insights e Big 5, ferramentas de suporte para o autodesenvolvimento e Design Organizacional pela Ornellas Consultoria. Apaixonada pelo tema sobre Complexidade, participante do grupo de estudos liderados pelos Mestres Humberto Mariotti e Cristina Zauhi.

Falar do que seja acolhimento e amabilidade passa por uma retrospectiva dos meus 50 anos, e afirmo que meu propósito desde sempre foi ser acolhedora e amável. Fui e sou privilegiada por estar sempre cercada por essas duas qualidades humanas que fazem uma grande diferença na minha vida e no mundo. Quando somos acolhidos com amabilidade, sentimo-nos valorizados, respeitados e amados. E quando nós mesmos acolhemos e somos amáveis com os outros, criamos um ambiente de confiança e segurança que pode inspirar e transformar vidas.

Uma breve história a meu respeito

Logo após meu nascimento, tive um problema muito sério de saúde, o que fez que eu fosse desenganada pelos médicos. Isso gerou um ambiente de dor e medo, mas também de profunda esperança; e sobrevivi bravamente (já leram que tenho 50 anos?). Cresci ouvindo que minha vontade de viver foi tão intensa que isso permanece presente diariamente no meu cotidiano. Não sei se é uma explicação, mas a verdade é que amadureci muito cedo e temas sobre as pessoas e seus comportamentos sempre me intrigaram. Fui uma observadora compulsiva de gente; tentava analisar e entender o porquê das coisas, das atitudes e ações tomadas pelos adultos e – acredite – isso virou uma paixão pelas pessoas; aliás, pela análise de por que elas agem e fazem o que fazem.

O poder do acolhimento e da amabilidade

Como já mencionei, tenho tido vários encontros com pessoas incríveis na minha trajetória, e uma em especial vale a pena mencionar. Cresci em um bairro operário, cercada por vizinhos que ajudavam a criar as crianças, uma época colaborativa de muitas mãos dadas. Gostaria de citar em especial uma, a Valeria, que era 10 anos mais velha que eu. Lembro-me de que, aos 10 anos, ela me presenteou com o livro *O diário de um mago*, de Paulo Coelho (uma Barbie era o esperado). Assistíamos juntas a um programa de TV no mínimo irreverente na época, chamado "TV Pirata", que criticava, de maneira inteligente e com um humor ácido, temas como política, gênero e equidade, por exemplo. Ela me apresentou o universo da música e dançávamos de Rita Lee a Prince na sala de sua casa, e mais inúmeras experiências que como podem ver estão vivas dentro de mim. Por ela, tornei-me psicóloga e fui trabalhar nas organizações. Valeria foi uma pessoa que à época era dita como uma mulher moderna. Foi independente financeira e emocionalmente desde sempre, colocou silicone, escolheu seus amores e viajava muito. Sempre destemida, criava e cultivava em torno de si pessoas com os mesmos valores, mas também havia aquelas que tinham pensamentos e culturas diversas; ela me dizia: "Cerque sua vida com pessoas inteligentes e interessantes, que pensam diferente de você, mas que nunca falte o amor!". E eu sempre junto dela aprendendo na prática o que é acolhimento e amabilidade. Gratidão, Valeria querida, que nos deixou muito cedo, mas que está presente na vida de tantos diariamente.

Afinal, o que é acolhimento e amabilidade?

Enfrentamos um desafio em definir esses dois termos, pois muitas vezes o entendimento de acolher é que seja necessário pegar no colo, gerando em líderes e profissionais de RH uma sensação de medo e insegurança, pois o destino será estabelecer relações de dependência que, potencialmente, criarão um ambiente fadado à vitimização, em que haverá papéis de domínio e dominado.

Acolhimento e amabilidade precisam partir do princípio de que é uma *expertise* possível de ser desenvolvida, pois acolher é ter uma escuta genuinamente ativa, é conseguir atender a uma demanda quando for possível, atrelada com bom senso aos interesses do ambiente corporativo e do ser humano à sua frente, que é dotado de infinitas possibilidades.

Como mencionou nosso colega Lucas, no capítulo "Espírito Conector", o ser humano evolui firmado em suas relações grupais, que vão além de sobrevivência. Por isso, precisamos que haja os relacionamentos para nos conectarmos. Juntos, teremos a força de grupo e superaremos as incertezas e mudanças da vida pós-moderna e líquida, como diz Zygmunt Bauman (2021), e que facilmente nos empurra para a vida superficial e rasa dos tempos atuais.

Vale mencionar que há uma falta de acolhimento e amabilidade no mundo e trazer esses temas para dentro das empresas realmente é difícil, e por quê? Porque essas habilidades remetem ao feminino e levam ao preconceito estrutural de que delicadeza cabe às mulheres. A História da humanidade, com o avanço das tecnologias, desde a era industrial e a necessidade de produzir muito e sempre mais, passou a valorizar a força e a técnica, e o impacto é o desequilíbrio em variadas esferas da sociedade. A escritora Riane Eisler (2007), autora do excelente livro *O Cálice e a Espada*, diz que, dentre todas as espécies de vida no planeta, somente nós, humanos, somos capazes de plantar e colher, compor poesia e música, pois somos dotados de uma capacidade singular de imaginar novas realidades e realizá-las. No entanto, cita a autora, nossa espécie consegue se empenhar em pôr fim à nossa evolução, como, por exemplo, esse momento em que há tantos episódios de catástrofes ecológicas. Em razão disso, surge a importância de falarmos sobre a *soft skills* acolhimento e amabilidade.

Os benefícios do acolhimento e da amabilidade

Vamos à prática que a minha experiência tem demonstrado. Construí minha carreira na área de Recursos Humanos ao longo de quase 25 anos e, nos últimos, tenho atuado em uma multinacional alemã de refeições a bordo e *retail*, em uma posição de Gerência Sênior. Trata-se de um modelo de negócio que envolve muita complexidade e rigidez, não só pela cultura alemã de processos bem definidos, mas por estar ligado à aviação. Erros não são tolerados. O comando e o controle estão muito presentes, tornando os líderes, em sua maioria, rígidos a ponto de não exercerem a escuta ativa. Meu propósito em acolher, sendo amável, está relacionado a oferecer, ao longo do tempo, ferramentas e atividades em áreas interligadas para a promoção do diálogo. Essa minha atuação é a facilidade que tenho em fazer pontes e derrubar muros. Posso afirmar que o ser humano quer e precisa ser acolhido, valorizando sua expertise e reconhecendo sua história de vida. Assim, eu o preparo para subir ao palco e fazer sua melhor apresentação. Tenho clareza quanto ao meu papel de bastidores e me tornei uma ótima articuladora. Sou eu que ensaio com um gestor um *feedback* que ele precisa dar ou um projeto importante dele a ser demonstrado para outra área. Esse é o meu dia a dia em um ambiente multicultural em uma multinacional. Utilizo muito as ferramentas de gestão de mudanças, como engajar os *stakeholders* e identificar as resistências às mudanças. E como? Há três níveis para entender o que pode estar ocorrendo em um processo de mudança: se eu não gosto, se eu não acredito e se eu não confio. Para o primeiro, a relação está em dar informações e fixar um tempo para a elaboração do novo cenário. O segundo está em um nível emocional – a presença do medo é forte e provoca inseguranças, expondo, às vezes, as limitações técnicas do sujeito. E o último pode passar por experiências anteriores em se falando em mudanças, que foram malconduzidas. Para esses três níveis, acolher e ser amável é o fio condutor essencial para levar as pessoas à travessia de um mundo incerto e instável.

A prática do acolhimento e da amabilidade

Vale destacar a importância de ter conhecimento do negócio em que você está inserido, e eu, por ser uma pessoa curiosa, sempre carrego uma lista de perguntas para me conectar com o outro, por meio do aprendizado que vou adquirir usando a escuta ativa e, principalmente, valorizando o trabalho e a estratégia da área em que estou. Um elemento fundamental a considerar é a cultura organizacional. Gosto da definição do prof. Gilberto Shinyashiki (s.d.) sobre essa expressão:

> É o padrão de premissas básicas que um determinado grupo inventou, descobriu ou desenvolveu no processo de aprender a resolver seus problemas de adaptação externa e de integração interna e que funcionaram bem o suficiente a ponto de serem considerados válidos e, portanto, de serem ensinados a novos membros do grupo como a maneira correta de perceber, pensar e sentir com relação a esses problemas.

Foi assim que identifiquei as falhas que existiam na comunicação dentro de uma cultura de comando e controle muito presente. Foi assim, vivenciando na prática a comunicação não violenta, que foi possível compreender que o lugar de julgamento não promove o acolhimento e a amabilidade e que é preciso criar um espaço seguro para falar das minhas necessidades e dos meus sentimentos diante de um problema necessário e, assim, ter o caminho para criar vínculos de confiança. Por meio da metodologia da CNV, aplicamos uma série de treinamentos a um grupo significativo de líderes e liderados dentro de uma operação complexa como o Catering aéreo.

A construção de um ambiente acolhedor e amável leva tempo e exige dedicação. Foi pensando de maneira inovadora que trouxemos uma palhaça e um psicanalista para um ambiente rígido e não tolerante às experiências de erros e acertos. O primeiro *workshop* foi impactante. O conceito do lúdico e como aplicar no dia a dia sem remeter ao infantil foi um divisor de águas para diversos grupos que vivenciaram esses encontros. Outra experiência significativa que tivemos na empresa foiter recebido uma demanda após uma pesquisa interna com um importante cliente de aviação, eles deram a pior nota referente à comida da tripulação e isso gerou internamente uma "caça aos culpados", pois o impacto envolvia inclusive uma potencial perda do contrato. Aqui o acolhimento e a amabilidade diante da insatisfação de um cliente fizeram que o convidássemos para, juntos, buscarmos as melhores alternativas e novos acordos. Foi assim que promovemos o primeiro *workshop* com o principal time diretivo de tripulantes do Brasil. Usando a facilitação gráfica e registrando as ideias e propostas de mudanças, saímos com um compromisso renovado e um plano de ação possível de ser aplicado. O resultado foi o empenho de ambos os lados, a partir daquele encontro, de sempre nos mantermos com a escuta ativa e abertos às mudanças. Tudo foi registrado por uma dupla de facilitadores gráficos, uma inovação também em se tratando de outras formas de linguagem.

Por último, gostaria de citar a importante lei de cotas de PCDs, que vigora ativamente em nosso país. Sabemos que somos uma sociedade pouco inclusiva por diversos aspectos, que envolvem desde infraestrutura até falta de capacitação de treinamento de Libras para os profissionais da saúde – a exemplo de um deficiente auditivo não ter autonomia para ir a uma consulta, pois não será compreendido. Foi assim que elaboramos um projeto para implantar a contratação por competências e não pela deficiência e acolher e ser amável sem gerar o sentimento de pena e vitimização.

Então, esses meus relatos são meu cotidiano. Insisto diariamente por ser meu propósito quebrar barreiras com bom humor. Vale destacar que, muitas vezes, falar em acolhimento remete à tristeza e à perda e nem sempre é ou deve ser assim. Ter bom humor e entender suas vulnerabilidades é indispensável para também trazer alegria no dia a dia.

Considerações finais

Neste capítulo, tivemos a oportunidade de explorar o poder da *relation skill* de acolhimento e amabilidade. Que você reflita que essas habilidades começam a partir de você, se acolhendo e sendo amável diante dos desafios diários do mundo incerto e imprevisível no qual vivemos. E, a partir disso, aplique essas habilidades no seu dia a dia, na busca por criar um ambiente de trabalho positivo, com a promoção de uma escuta e uma comunicação efetiva. Dessa forma, o potencial se elevará em conduzir as equipes a serem mais colaborativas e engajadas, fortalecer as relações interpessoais e alcançar melhores resultados em médio e longo prazo.

Referências

BAUMAN, Z. *Vida líquida*. 2. ed. Rio de Janeiro: Zahar, 2021.

EISLER, R. *O cálice e a espada*. São Paulo: Palas Athena, 2007.

SHINYASHIKI, G. *Cultura organizacional*. Disponível em: <https://docplayer.com.br/8379278-Cultura-organizacional-prof-gilberto-shinyashiki-fea-rp-usp.html>. Acesso em: 08 jun. de 2023.

8

ESPÍRITO CONECTOR

Neste capítulo, trago algo que poucas vezes falei de maneira tão transparente e que julgo ser o ponto mais relevante de todos em minha trajetória profissional: minha capacidade de fazer conexões com outras pessoas, de forma genuína, alegre e leve. Esse espírito conector sempre andou em paralelo com a minha capacidade de entrega de resultados e transforma minha vida até o dia de hoje.

LUCAS SILVEIRA

Lucas Silveira

Contatos
www.inceptiontraining.com.br
lucassilveira@inceptiontraining.com.br
Instagram: @lucasdeoliveirasilveira
LinkedIn: Lucas de Oliveira Silveira
11 99311 5414

Sou um explorador da vida. Um estoico de alma. Gosto de explorar tudo o que a vida tem a oferecer, pois estar vivo é uma dádiva. Uma vida no piloto automático passa rápido demais, por isso busco o despertar da minha consciência em paralelo ao meu desenvolvimento profissional. Sou marido da Cris, pai da Valentina e da Fiorella. Juntos, somos uma família, meu bem mais precioso. Amo me desenvolver intelectualmente, cuidar do meu corpo, ler, viajar e muitas outras coisas que vocês também devem gostar. Acredito que o autoconhecimento faça com que sejamos felizes conosco, sendo esse o primeiro passo para nos tornarmos mestres em nosso trabalho. Sou executivo há 20 anos e, hoje, sou um dos sócios da DASA Empresas. Tenho minha empresa de consultoria e treinamento e também atuo em conselhos de empresas.

Imagine você ler uma explicação teórica sobre um tema essencialmente conceitual. A meu ver, o que vai acontecer é bem claro: terá uma dificuldade bem maior em tangibilizar a aplicação prática dos conceitos que estão sendo discutidos e acabará não fazendo as conexões necessárias com sua vida. A minha proposta neste capítulo é inversa a esse modelo teórico. Quero trazer 20% de teoria e 80% de exemplos práticos, mostrando como o espírito conector me ajudou em quase tudo o que consegui em minha vida profissional. Afinal de contas, trazer mais praticidade e aplicabilidade é um dos maiores desafios quando falamos em *soft skills*.

Os 20% de teoria podem ser resumidos com reflexões simples de Antropologia. O ser humano evoluiu com base em grupos e estes trouxeram uma vantagem para nossa sobrevivência por motivos óbvios. Proporcionam maior proteção contra perigos externos, fornecem maiores chances de sucesso na caça e na pesca, implicam maiores e melhores realizações em termos de engenharia, além de possibilitar inúmeros benefícios na reprodução, evolução genética e aumento do grupo em si. E para que grupos possam existir, é necessário que haja relacionamento e conexão entre os membros dessa equipe. Ter relacionamentos e conexões bons sempre nos colocou em uma posição boa dentro dos grupos. Quando estes são ruins, geralmente significa risco de ficarmos sem uma colocação ou função neles e sermos obrigados a ganhar a vida "sozinhos no mundo", o que é muito mais difícil. Resumindo, o espírito conector é importante para nossa sobrevivência, antropologicamente falando. E, da mesma forma como a coletividade era vital para a sobrevivência nos tempos em que vivíamos em cavernas, nos tempos das navegações, na era medieval, ela é indispensável hoje nas empresas. Uma organização nada mais é do que a reunião de seus colaboradores em busca de um objetivo comum e tomando vantagens da força conjunta.

Sabe aquele grande segredo que a gente sempre acha que não existe? Então, ele existe. O ponto é que ter esse espírito conector envolve algo que não é tão óbvio em um mundo líquido, como dizia Zygmunt Bauman (2021) em *Vida líquida*, em que a maioria de nós vive de maneira extremamente agitada e no piloto automático. Compreende sermos conscientes de nós mesmos, empáticos e amáveis com os demais, como bem diz nossa amiga Simone, em seu capítulo neste livro. Estar consciente e ser uma pessoa empática e amável traz genuinidade em tudo o que fazemos, fator extremamente importante quando estamos construindo conexões. De nada adianta acharmos que estamos estabelecendo ligações se nossa postura for automática, superficial e sem uma empatia genuína. Para estar conectado e fechar bons negócios, é necessário gostar de gente. O lado bom disso tudo? Antropologicamente falando, nascemos para gostar de pessoas e, quanto mais exercitarmos nosso autoconhecimento, mais esse espírito conector irá verdadeiramente aflorar em nós.

Pois bem, vamos aos 80% práticos, em que vou ilustrar do modo mais simples que puder como esse espírito conector talvez seja o fator mais relevante em toda minha vida profissional. Vou contar a história sobre como as conexões, que são criadas com base em genuinidade e propósito, são essenciais para nossa carreira e acabam conectando os pontos necessários para nossa evolução. Do Carrefour à DASA, passando pela Red Bull. De analista comercial em uma empresa de logística a diretor comercial da Red Bull e hoje sócio do maior ecossistema de saúde do Brasil.

O ano é 2005, e eu estava trabalhando no Carrefour como gerente de produto para marcas próprias no segmento não alimentar. Respondia diretamente para um francês chamado Mikael, que havia me contratado após apenas uma entrevista com ele e outra com outro gerente da área, chamado Marcos. Fato é que, em nossa primeira entrevista, já pudemos notar que houve uma conexão imediata. Fui extremamente autêntico e o papo foi ótimo. Eu atuava como analista comercial em uma empresa de logística, na qual havia entrado ainda na faculdade. Aceitei a proposta do Carrefour e, por quase um ano, pude atuar no segmento varejista pela primeira vez na vida. Tudo era novo. As pessoas, o jeito de operar, os controles, os sistemas, a forma de negociação, o poder nessas mesmas negociações etc. Trabalhava muito, reclamava muito com minha mulher (namorada na época), mas também adorava o que fazia e fazia bem. Durante aquele primeiro ano inteiro, ia trabalhar contente, fazia amizade com pessoas não só do meu setor, mas de todas, inclusive da área alimentar, logística e marketing. Não demorou para que eu ficasse amigo de muita gente. O gerente de logística e o diretor de marketing iam para a academia comigo e outros colegas, todos os dias no almoço. Conversávamos durante o treino e, depois, no almoço. Por diversas vezes, jantava na casa do meu chefe com toda a família. Fiquei muito próximo das donas da agência de marketing que nos atendia. Isso tudo fez que eu ficasse por dentro de todos os assuntos da empresa, pudesse acelerar todos os processos de criação de embalagens e tivesse uma ótima entrada no time de operações logísticas. Tudo contribuía para que entregasse melhores resultados e para que o clima do trabalho fosse ótimo, já que não existia muita separação de vida pessoal e profissional, um conceito que não acredito que exista de qualquer forma. Pois bem, esses melhores resultados acabaram por me aproximar de uma pessoa muito especial chamada Pablo, o diretor de marcas próprias. Mais uma vez o tema conexão vem à tona. Tivemos uma conexão sensacional, entregando ótimos resultados e dando risada o dia todo.

O trabalho era intenso, divertido e ao mesmo tempo sarcástico. Não demorou muito para abrir uma vaga no departamento de bebidas e o Pablo me fez um convite para assumir como gerente de marcas próprias. Continuava a frequentar a academia com todos os colegas anteriores e agora pude fortalecer conexões novas no principal setor do grupo Carrefour, o de alimentação. Fiz muitas amizades que, associadas a uma boa entrega, criaram um laço para a vida. Jogava basquete com o gerente nacional de marcas próprias – inclusive somos amigos até hoje – e buscamos usar nossa conexão para ajuda mútua, vinte anos depois, praticamente. Alguns meses depois de iniciar a posição de gerente nacional de bebidas, adivinhem quem era o diretor nacional? O Sr. Pablo, que me fez o convite para assumir a vaga. Foram anos de glória e o que considero ser um dos momentos-chave da minha carreira. Crescemos bastante, ganhamos *market share* e pudemos estabelecer conexões com as principais indústrias que forneciam para o Carrefour. Com o propósito que gerenciava a área, os negócios decolavam cada vez mais, pois as indústrias queriam fazer negócio com a gente, seja pelos motivos profissionais, seja pelos pessoais. Pude ficar muito próximo de empresas como Ambev, Coca-Cola e Red Bull.

Nunca vou me esquecer dos papos de alto nível que tinha com o gerente nacional da Ambev, Gustavo, quando desenhávamos os planos de negócio, as promoções, os investimentos. Uma mistura de excelência em negócios com clima leve e descontração. Ficava fácil fazer negócio e ambas as empresas ganhavam com tudo isso. Eu tinha uma grande facilidade em entender os demais setores do Carrefour, pois conhecia centenas de pessoas há anos dentro da empresa. Foram praticamente 6 anos de Carrefour passando por não alimentos, marca própria, bebidas e perfumaria. Infinitas histórias para contar, muito resultado entregue com ética e muitos amigos para levar para a vida. Pelas minhas conexões no setor de marcas próprias, fui chamado para atuar como *senior business manager* na maior consultoria de marcas próprias do mundo, a Daymon Worldwide. Aceitei e foram ótimos tempos criando conexões em outros clientes de varejo e ampliando minha visão sobre bens de consumo. O melhor de tudo, as fortes conexões feitas no Carrefour permaneciam. Nunca perdi o contato com ninguém, o que mostra como esse espírito conector era sincero. Manter conexões sinceras não dá trabalho algum; pelo contrário, reabastece as energias. E lá se foram tempos de mais conexões em grandes empresas clientes da Daymon como, por exemplo, o Makro, em que conhecia dos estagiários ao presidente da empresa.

Pois bem, algum tempo depois, Gustavo saiu da Ambev e virou o diretor nacional de vendas da Red Bull no Brasil. Ele tinha um projeto inovador em mãos, abriu uma vaga de gerente comercial e precisava de alguém com visão estratégica e conhecimento de varejo. Adivinhe para quem ele ligou? Fomos almoçar e ficamos horas falando sobre varejo, grandes parcerias com a indústria e desenvolvimento de produto, fora as risadas e lembranças dos "velhos tempos". Fiz entrevistas com muita gente na Red Bull e, dias depois, durante uma viagem minha para os Estados Unidos, recebi uma ligação da diretora de RH me convidando para fazer parte do time. Começava ali uma trajetória sensacional de mais de 8 anos, em que passei pela área de *key accounts*, *trade marketing*, chegando a ser diretor regional de vendas e marketing do Nordeste, morando em Recife e diretor nacional de vendas, de volta a São Paulo. No meio do caminho, também deu tempo de passar pelo time da América Latina.

Na Red Bull, fiz amigos que tenho certeza de que ficarão comigo para sempre. Construímos muita coisa para o desenvolvimento da categoria de energéticos no Brasil e pude atuar pela primeira vez no primeiro nível de uma multinacional, reportando para o CEO da operação. Minhas conexões com o time e as entregas me trouxeram cinco promoções em oito anos. Ir todos os dias para o escritório não soava como "trabalho"; de fato se me perguntarem quantas horas trabalhava por dia, a resposta é "não faço a menor ideia". Simplesmente não importa. Vou agora resumir um pouco o que as conexões da Red Bull me proporcionaram.

A conexão com um dos CEOs da operação me levou à sociedade em uma *startup*, na qual pude atuar pela primeira vez como CEO, que foi um pulo para assumir como *general manager* de uma multinacional espanhola tempos depois. A conexão pessoal com o time de treinamento global me inspirou a fundar minha própria empresa de treinamentos, que tenho há mais de sete anos. A conexão pessoal e profissional com dezenas de funcionários me trouxe dezenas de clientes para minha empresa, uma vez que essas pessoas deixaram a Red Bull e me pediram para treinar os times das empresas nas quais elas estavam. Aliás, isso acontece até hoje tanto no Brasil como fora do país. A conexão com uma dessas pessoas me fez chegar ao diretor de RH da L'Oreal, que me fez diversos convites para trabalhar com ele, sendo que o último convite acabei aceitando, quando ele já estava na DASA, líder em ecossistema de saúde no Brasil. Já dentro da DASA, minha conexão com algumas pessoas, junto à minha paixão pelo trabalho e experiência em diversos setores, me presenteou com um convite para me tornar sócio da divisão B2B da DASA, chamada DASA Empresas, na qual estou até hoje. A proposta surgiu por meio da grande conexão com um dos altos executivos da empresa, Rafael, pessoa pela qual tenho grande admiração.

Resumindo, devo a minhas conexões tudo o que sou, pessoal e profissionalmente. Sinto que sou uma pessoa abençoada por Deus pelo fato de ser recompensado por algo tão gratificante, que é ter o espírito conector. Hoje consigo vincular 100% das minhas conquistas a grandes conexões construídas ao longo da minha vida. Tenho hoje a melhor família que poderia ter e o melhor trabalho que poderia imaginar. E a certeza de que tudo foi construído com outras pessoas que amo e com as quais escolho nutrir o relacionamento dia após dia.

Referência

BAUMAN, Z. *Vida líquida*. 2. ed. Rio de Janeiro: Zahar, 2021.

9

CONSCIÊNCIA ÉTICA

Neste capítulo, abordarei temas que nos levarão a analisar o comportamento humano e suas formas de reagir, e como desenvolver uma consciência ética.

ELAINE RODRIGUES

Elaine Rodrigues

Contatos
elainerodrigues_depaula@outlook.com
LinkedIn: Elaine Rodrigues

Após as experiências vividas, descobri minha paixão e meu propósito, que são desenvolver pessoas e administrar empresas de modo ético. Embora pareça óbvio, o dia a dia mostrou que não é. Sou advogada, especializada com MBA em gestão estratégica de empresas pela FGV. Tive a oportunidade de obter educação formal fora do Brasil, na University of Hong Kong (extensão em finanças) e na University College Dublin, com foco em *agribusiness*. Também fiz uma extensão acadêmica em Gestão de Negócios para União Europeia no ISCTE, em Portugal. Minha formação em conselho de administração no IBGC veio pelo anseio de estruturar negócios éticos com base na governança e na longevidade das empresas. Hoje, também faço parte de um projeto *pro bono* na comissão temática do conselho de administração do instituto. Tenho sólida experiência em gestão, governança, ESG, *compliance*, formação de equipes e M&A. Participei, também, de projetos em *joint-venture* e *start-up*. Sinto-me realizada profissionalmente, mas meu maior projeto é ser mãe da My e da Belinha. Elas foram confiadas a mim por Deus e são o centro do meu amor. Por elas, quero melhorar todos os dias.

A ética ou a consciência ética se tornou uma teoria?

Diante dos escândalos veiculados diariamente, essa pergunta poderia fazer sentido, mas para amparar a resposta será necessário analisar o que leva o ser humano a buscar evasivas perante dilemas ou questões éticas (atitudes e normas). Os casos aqui apresentados são reais e alguns de ampla divulgação na mídia. Eles nos ajudarão a refletir e perceber como atuamos diante de questões éticas.

A honestidade é o primeiro capítulo no livro da sabedoria.
THOMAS JEFFERSON

Ser ético muitas vezes fará você se "descolar" do seu grupo. Enquanto somos formados por nossas crenças e valores, também somos postos à prova em várias situações, e essa dinâmica só se intensifica ao longo da vida. Mas o que é ética e como estar consciente sobre ela?

No livro *Ética empresarial na prática*, Alexandre di Miceli da Silveira (2018) explora o conceito: "A ética pode ser vista como a relação que temos com o mundo. Ela representa os valores, princípios e normas de conduta que pautam nosso relacionamento com familiares, amigos, terceiros, sociedade e planeta. Para agirmos com ética, devemos procurar compreender os impactos e potenciais prejuízos que podemos vir a causar sobre terceiros. É essa busca que fará que nos questionemos sistematicamente sobre "o que é certo a fazer?".

O ser humano busca padrões e modelos para se espelhar e amparar suas decisões. Ao se deparar com situações nas quais necessita expressar os próprios padrões, percebe que pode haver dor e sofrimento. No campo da ética, isso se intensifica porque o princípio essencial está em fazer o que é preciso, mesmo não se beneficiando. Vivi inúmeras circunstâncias que puseram colegas, chefes e a mim em decisões que implicariam a avaliação ética. Em determinado momento de minha carreira, o grupo teria que fazer a transferência de sua sede corporativa para outra cidade, após mais de 20 anos. Um dos pontos questionados era se deveríamos informar ou não os colaboradores no início do projeto. Se sim, haveria uma debandada e a transferência de conhecimento poderia ser perdida, prejuízos financeiros acarretariam consequências, além da mídia que poderia ficar incontrolável; se não, onde ficaria a reputação da empresa que sempre primou pelo cuidado com pessoas, pois, se vazasse a informação, o projeto já estaria fragilizado. Felizmente, a decisão foi comunicar a todos sobre o novo rumo dos negócios. Embora alguns profissionais tenham saído antes do esperado, os que ficaram se sentiram engajados pela maneira ética e transparente como foram tratados. Resultado: a transferência foi um sucesso, sendo referência para o grupo globalmente.

As corporações podem saturar seus colaboradores com suas políticas, regras, normas e, ainda assim, não serem éticas. Há uma combinação que precisa entrar em cena para que haja conexão entre a ética escrita e a praticada.

Caminhos éticos são mais longos e dolorosos porque há a necessidade de pôr de lado interesses pessoais e todos somos humanos, temos nossos próprios interesses. Porém, as empresas que premiam pessoas com foco cem por cento em resultados podem cair em uma armadilha. Vemos o caso amplamente divulgado sobre as Americanas. Os dirigentes são conhecidos por focar somente em resultados e não atentaram à governança. Ao que tudo indica também deixaram a ética completamente de lado. Isso reforça que mesmo grandes corporações não estão isentas de decisões equivocadas.

Qualquer pessoa que receba uma tarefa irá buscar o resultado; entretanto, não pode e não deve ser a qualquer preço. As inúmeras notícias sobre corrupção, negócios fraudulentos, desvio ou lavagem de dinheiro, que vemos diariamente, mostram que essas empresas possuem regras escritas e procedimentos; então, onde estão os potenciais furos? Como um grupo gigantesco permite que todas as barreiras de verificação sejam quebradas? Será que a força motriz em algumas corporações poderia ser a ganância?

Muitas empresas, impulsionadas por ganhos exorbitantes, optam por manobras contábeis e discursos fantasiosos, em que acionistas e dirigentes levam uma grande fatia dos lucros, gerando um vácuo ou uma cegueira ética. Exemplos bem atuais e amplamente divulgados são, entre outros, os casos da Wirecard, na Alemanha; do Silicon Valley Bank, nos Estados Unidos; Credit Suisse, na Suíça; e Havaianas, no Brasil.

As empresas contribuem fortemente para criar comportamentos e consciência ética. Nelas, buscamos a realização pessoal, profissional, financeira e concentramos a maior parte de nossas vidas nos desenvolvendo nesse ambiente. Mas você pode perguntar: "Como gerar resultados sem riscos?" Viver é um risco, mas, na minha experiência profissional, todos os projetos que foram alinhados com resultados financeiros, ética, pessoas e inovação foram bem-sucedidos. Eles podem levar mais tempo, pois são vários fatores que serão analisados, porém o saldo final é sempre positivo. Já aqueles projetos que possuíam interesses duvidosos sempre encontravam barreiras e dificuldades de engajamento, pois bons profissionais estão atentos e não vinculam sua imagem e seu nome a projetos nebulosos.

Para refletir: imagine que você é responsável por uma operação e está diante de um projeto nebuloso, o que faria? Não é tarefa fácil, eu sei, mas recomenda-se que um grupo de múltiplos conhecimentos e responsabilidades seja desenvolvido. A equipe precisa estar diretamente ligada ao sucesso ou fracasso da operação, com consequências positivas ou negativas claras. Ainda que o grupo, diretor ou qualquer que esteja responsável não queira deixar claro, nós, como bons profissionais e guardiões da ética, precisamos encontrar uma maneira. Você irá se surpreender ao fazer isso! Mais adiante encontrará dicas a respeito.

Qual é a cortina que esconde um comportamento antiético? Trago aqui os vieses cognitivos e como eles podem afetar nossa tomada de decisão. Considera-se que há mais de 170 vieses cognitivos e eles são atalhos que o cérebro busca para escapar da razão. Por serem inconscientes e procurarem refúgio em preferências e crenças, podem gerar falhas na tomada de decisão, pois falta ponderação. Também poderão estar pautados em informações incompletas ou incorretas para sustentar, apenas, sua crença. No mundo corporativo, os vieses cognitivos podem afetar decisões técnicas e éticas. Mas como identificá-los? Vamos explorar quatro deles que foram abordados por Di Miceli: 1) Viés do egocentrismo; 2) Viés da confirmação; 3) Viés do otimismo ou excesso de confiança. 4) Viés do narcisismo ou do benefício próprio.

No **viés do egocentrismo** é como se a contribuição pessoal estivesse acima de todas as outras. Mesmo que um projeto tenha sido realizado por uma grande equipe, apenas o esforço dele é destacado. É o chamado viés míope. O exemplo que trago aqui foi quando uma região alcançou todas as metas e havia a chance de algumas pessoas participarem de eventos internacionais, porém o indicado, até mesmo para aparecer na mídia, era apenas um executivo. Somente ele tinha os atributos em detrimento da região.

Já o **viés da confirmação** busca perfis e situações que contribuem para as crenças que já possui. Então, as pessoas que cercarão serão aquelas que pensam da mesma forma; caso contrário, não fazem parte do time. É fácil identificar este viés, pois todos ao redor devem se parecer com o "chefe". Há situações em que este perfil procura características pessoais semelhantes, como aparência, formação e religião a fim de que esteja seguro. O grupo faz e fala somente o que é autorizado e quem fugir disso será excluído por descumprir os mandamentos.

O **viés do otimismo** ou excesso de confiança versa sobre a superestimação de resultados e subestimação de risco. Esse tipo é bastante enfatizado, pois permeia as organizações disfarçado de otimismo, pensamento positivo quase como um mantra nas corporações. Todos nós podemos cair nele, atenção! Um exemplo bem comum são empresas de diferentes países que possuem líderes fluentes no idioma da matriz que "levam" a mensagem. Vendem os projetos com foco no otimismo e desconsideram riscos potenciais. Os números podem ter dupla interpretação, mas focar somente no que favorece o lado positivo sem alertar sobre riscos é antiético.

O último, **viés do narcisismo** ou do benefício próprio, que é quando a pessoa estará propensa a analisar sob a perspectiva que a favorece em detrimento dos demais interesses. Uma situação vivenciada foi quando se iniciou uma discussão para mudar o plano de saúde do grupo diretivo para uma classe superior e trocar para uma classe inferior os demais funcionários. Embora o discurso fosse sobre eficiência financeira, era fácil identificar o benefício próprio de quem propunha a alteração.

Os vieses nos levam a enxergar mais fundo as decisões dos profissionais, inclusive as nossas. Tive a chance de conduzir colaboradores de diferentes culturas e, muitas vezes, por não conhecer seus costumes, crenças, fiz julgamentos imprecisos. No capítulo "Consciência Cultural", você verá como somos impulsionados por nossas crenças e como isso pode constranger uma pessoa pelo simples fato de não estarmos conscientes dos hábitos locais, por exemplo.

Será que é possível minimizar o impacto dos vieses em nossas empresas e criar mecanismos que ponham à prova o conflito de interesses? A resposta é sim. A comunicação da liderança e suas ações precisam ter coesão para que o grupo siga o exemplo. É preciso saber o que motiva a empresa e seus profissionais.

Para Peter Drucker (2008), "uma disciplina social como *management* lida com o comportamento das pessoas e das instituições humanas. Os praticantes do mercado tenderão, portanto, a agir e a se comportar de maneira que os pressupostos da disciplina lhes ensinarem". Então, precisamos ensinar a forma de agir da empresa. Uma cultura ética precisa ser guiada por seus CEOs e dirigentes, e as boas práticas de gestão e governança auxiliam a expansão dessa consciência ética. Já ouvi que ser ético é sinônimo de não ser estratégico. Triste realidade.

A consciência e o comportamento ético virão quando forem feitas aberturas para discussões sem retaliações. A liderança deve propagar e atuar movida por valores claros. E o que fazer? Reflita sobre o legado a deixar, o que vale a pena em sua vida profissional, quem impactará com suas ações, qual conduta tomar? Outro teste importante, indicado por especialistas diante de questões éticas, é o da publicidade. Minha decisão pode ser amplamente divulgada? Com essas e outras respostas, saberemos agir diante de conflitos éticos que nos perturbam com frequência.

O objetivo deste capítulo não é exaurir o tema, pois seria impossível, mas, sim, provocar o pensamento crítico. Salientar que o que deve prevalecer são os valores que protegem a sociedade e que nascem a partir de uma consciência ética.

Ao longo da carreira, percebi que projetos conduzidos por pessoas éticas geram resultados exponencias e criam um ambiente seguro aos atuais e futuros colaboradores. Surpreenda propiciando um ambiente adequado ao desenvolvimento humano e ético, empregando estas dicas:

- Gerar discussões reais sobre potenciais pontos de conflito de interesse.
- Dar abertura para que as pessoas possam buscar soluções práticas sobre ética.
- Criar um ambiente respeitoso em que a vulnerabilidade seja respeitada.
- Inove! Deixe novas ideias adentrarem ao que está sendo feito e reescreva sua história se preciso for, com base em princípios.
- Faça perguntas que estimulem as pessoas a assumir riscos e, se não forem capazes, enumere alternativas para que possam fazê-los.
- Excelência! Traga-a para as relações humanas no ambiente corporativo. Isso permitirá que as pessoas deem seu melhor.
- Aja rápido! Se encontrar comportamentos antiéticos, tenha coragem para frear, tendo como princípio o respeito pelos semelhantes.

Construir uma reputação leva anos e para destruí-la basta um *post*. Invista em pessoas porque elas são as únicas que trarão resultados longevos e perpetuarão sua marca e reputação.

Desejo muito sucesso!

Um abraço.

Referências

DRUCKER, P. *The Essencial Drucker: The Best of Sixty Year of Peter Drucker's. Essential Writings on Management.* New York: Harper Business, 2008.

SILVEIRA, A. Di. M. da. *Ética empresarial na prática: soluções para gestão e governança no século XXI.* Rio de Janeiro: Alta Books, 2018.

TOFFLER, A. *A terceira onda.* São Paulo: Bantam Books, 1980.

10

INTELIGÊNCIA CULTURAL

Neste capítulo, falo sobre o papel da liderança em tempos globalizados, em que é imprescindível que o profissional aprenda a desenvolver uma *soft skill* denominada inteligência cultural. Com os episódios ocorridos em minha própria experiência, navego nas memórias que trouxeram reflexões necessárias e grande interesse em estudar profundamente o assunto.

DANIELY ALVES DA COSTA MARTINS

Daniely Alves da Costa Martins

Contatos
www.pergano.com.br
Instagram: @danyalves_pergano
LinkedIn: Daniely Alves da Costa

Meu propósito é ter influência na construção de um futuro em que as pessoas façam as melhores escolhas para sua vida nos âmbitos pessoal e profissional. Advogada, atuante na área empresarial por mais de 15 anos, reconfigurei a minha carreira para também dedicar-me ao ensino e ao desenvolvimento de pessoas. Auxilio profissionais, em aconselhamento e consultoria de carreira; jovens, em orientação vocacional; organizações, em processos de recrutamento, seleção, avaliação e desenvolvimento de potencial; e pessoas em busca de saúde, bem-estar e equilíbrio. Graduada em Direito, com extensão universitária em Direito Público Internacional pela Harvard University; pós-graduada em Psicologia Positiva e Gestão de Pessoas (PUC-RS), certificada em *Coach* Executivo e de Carreira pelo Integrated Coach Institute. Coautora dos livros *Soft skills* – volumes I e II.

Inteligência cultural para quê?

Estava um verdadeiro alvoroço no curso de extensão universitária em Harvard/Boston. Os estudantes comentavam que os ingressos para o show do U2 estavam esgotados. Estava na fila da Starbucks, comprando um café *macchiato*, quando meu amigo russo chegou. Logo, perguntei: "Você já tem ingresso para o show do U2?". Sorriu e não respondeu. Perguntei novamente. Ele, enfim, disparou: "Quem é U2?". Esse rapaz, por volta de 30 anos, era muito articulado, falava sobre vários assuntos e nunca me passou pela cabeça que ele não conhecia essa banda de rock.

A história poderia ter parado por aí, mas continuei. "Você nunca ouviu falar em U2, que canta *Sunday Bloody Sunday*?". A situação somente foi contornada quando uma amiga me falou: "Dany, ele é russo, provavelmente U2 não toca muito por lá". Aí percebi a minha falha: estava sofrendo de total ausência de inteligência cultural.

Que relações são construídas à base de respeito, nós sabemos, mas quais parâmetros temos que respeitar? Seria preciso conhecer todos os códigos de cada cultura para nos relacionarmos pessoal ou profissionalmente com indivíduos de outras regiões? Será que a inteligência cultural é sinônimo de inteligência emocional e como tal pode ser apreendida? E quais seriam os caminhos a seguir?

Como toda *relational skills*, a inteligência cultural tem um traço de talento natural do ser humano e outro que podemos aprender com percepção do ambiente e dedicação. Possuímos um quociente único de inteligência cultural (QC), que, se não for exposto, não será desenvolvido. Assim como ter uma genética natural para corrida não transforma uma pessoa em maratonista, ter uma flexibilidade maior de seu comportamento em situações culturais diferentes não o torna automaticamente um expert no assunto IC.

Em outra ocasião, também no exterior, conheci um rapaz vindo do Tibete. Seu nome era Sunnan e tinha um carisma peculiar ao contar histórias sobre seu país. Um dia, enquanto estávamos em sala de aula, o professor pediu que os alunos falassem um pouco sobre sua cidade natal. Sunnan foi até a lousa e fez um desenho. A imagem tinha um círculo enorme representando o Tibete e uma figura com 1/3 do tamanho simbolizando a China. A maioria dos colegas entendeu a licença poética, exceto um colega chinês. O chinês, que costumava ser muito comedido, levantou-se da cadeira e passou a discutir, de modo inflamado, revelando toda a descarga emocional por trás daquele discurso. Com sábias palavras, o professor conseguiu contemporizar o incidente.

Inteligência cultural e inteligência emocional

Que o conhecimento técnico não é mais o único caminho para se obter bons resultados profissionais e que é necessária uma boa dose de inteligência emocional para lidar com pessoas, você já deve saber. O que talvez seja novidade refere-se ao fato de que quem usa a inteligência cultural nos negócios demonstra maior eficácia nos objetivos. Porém, afinal, as inteligências emocional e cultural são a mesma coisa? Não! A inteligência emocional nos diz até que ponto somos capazes de perceber, gerenciar e medir as emoções, nossas ou dos outros. Já a inteligência cultural, segundo Thomas e Inkson (2006), "envolve a compreensão dos fundamentos das interações interculturais, o desenvolvimento de uma postura atenta para essas interações e, finalmente, o acúmulo de habilidades de adaptação e um repertório de condutas, que irão torná-lo eficaz em situações culturais diferentes".

Por serem conceitos distintos, um líder pode ser dotado de vasta inteligência emocional em seu país; contudo, não apresentar a mesma desenvoltura em outra região. Por exemplo, na cultura ocidental, pessoas extrovertidas e comunicativas são tidas como bons líderes, porque estabelecem rapidamente um elo de confiança com a equipe. No entanto, se passarmos essas mesmas características para a cultura oriental, na qual os comportamentos são mais contidos, o impacto causado pela mesma pessoa pode ser demasiadamente negativo.

Inteligência cultural para os negócios

Em pesquisas realizadas por especialistas no assunto, como o professor David Livermore (2012), foi possível aprender que existem alguns valores centrais das culturas que precisam ser previamente conhecidos, para facilitar a vida de quem pretende ter uma relação de negócios no mundo globalizado. Nesse sentido, é imprescindível estar atento e respeitar as questões éticas que podem envolver uma negociação internacional, assunto brilhantemente debatido neste livro, no capítulo referente à consciência ética.

Sejamos sinceros. A definição de sucesso atualmente diz respeito a quem entrega mais, em menor espaço de tempo; talvez por isso a obsessão por pontualidade existente no cotidiano seja justificada. No entanto, povos diferentes atribuem maior ou menor importância ao fator pontualidade, e saber se relacionar com isso pode fazer total diferença ao tratar de negócios com estrangeiros. Enquanto norte-americanos e alemães são conhecidos pela pontualidade, brasileiros e mexicanos são regidos pelo tempo que dura um acontecimento, de acordo com a conveniência dos participantes. Não existe certo ou errado, trata-se de uma convenção cultural.

Outro elemento que varia bastante é a importância do contexto. As culturas chamadas de "baixo contexto" priorizam a clareza nas informações, nada fica subentendido, posto que as regras são expressas para não dar margem a dúvidas. Em culturas de baixo contexto, por exemplo, é possível você visualizar placas em aeroportos esclarecendo exatamente a conduta desejada para cada situação.

Já algumas culturas possuem códigos de conduta difíceis de traduzir, uma vez que são implícitos nas falas, movimentos ou comportamentos. São chamadas de cultura de "alto contexto". Por exemplo, imagine você chegando a uma festa de Natal em uma família que acaba de conhecer. Sabemos que nesse dia cada família possui um código, um passo a passo a seguir, que pode variar bastante. Não haverá, é claro, uma placa indicando a ordem dos acontecimentos e alguém que acabou de chegar ficará um pouco perdido.

O indivíduo que pretende estabelecer uma boa relação intercultural precisa ficar atento também à questão do individualismo versus o coletivismo. Interessante exemplo foi dado por Livermore, em seu livro *Inteligência Cultural*, quando menciona sobre o plano de ação da empresa McDonald's ao abrir novas lanchonetes na Índia. Temos o costume de ver aquela placa com a foto do funcionário do mês; e o que para nós é uma forma de motivação e reconhecimento, na Índia, seria tratado como demérito em detrimento ao trabalho do grupo. Então, para adaptar-se à cultura local, passaram a identificar a "lanchonete do mês", felicitando a equipe que alcançou destaque.

Considera-se também, ao analisar elementos essenciais para estabelecer uma boa relação intercultural, a distância do poder que é esperada em cada cultura. Onde o quesito distância do poder é alto, como na Malásia, os empregados esperam receber ordens expressas do que fazer, detalhadamente, sem questionar, apenas aceitando-as. Já em países como Israel, espera-se que a opinião da equipe seja considerada pelos superiores, sendo maior a liberdade para execução das tarefas.

Outro ponto que suscita reflexão para atingir a inteligência cultural é o desejo de evitar riscos. Países onde a cultura é movida pelo baixo desejo de evitar riscos trabalham melhor com o improviso e sabem lidar com estruturas menos hierarquizadas, preferindo poucas regras a seguir. Por outro lado, existem aquelas que têm pessoas que preferem regras escritas, com estruturas e normas mais rígidas.

Dicas de novos projetos com inteligência cultural

Imagine que você foi chamado para desenvolver um produto, em um país do Oriente, um verdadeiro oceano azul para quem conseguir trabalhar de maneira intercultural. Porém, terá pouquíssimo tempo para se preparar e conhecer os detalhes da cultura local.

1. O que será preciso para motivar você?

Se, para uns, trabalhar em Singapura pode ser um mar de descobertas, pessoas, lugares e comidas novas a conhecer; para outros, pode ser um caos. Isso quer dizer que a motivação é subjetiva e recai sobre diversos fatores históricos, culturais e sociais. Buscar pela motivação genuína dentro de si pode ser difícil, mas, sem dúvidas, é necessária. Então, se não encontrou de cara qual é o seu "fator motivacional", tente associar a sua jornada a situações, pessoas ou locais que lhe tragam sentimentos bons. Se não vê graça em trabalhar no Havaí, que tal se lembrar de quando era mais jovem e sonhou em ser surfista profissional e aproveitar a vibração para praticar um novo esporte?

2. O que você precisa saber?

Saber tudo sobre uma cultura diferente não é possível (não sabemos nem mesmo as nuances da nossa própria cultura). Em linhas gerais, será imprescindível que pesquise qual é a orientação política do país e o sistema de relacionamento familiar adotado (aceitação de casamentos homoafetivos, papéis preferenciais dos sexos, adoção etc). Como são passadas as informações no que tange à educação (aprendidas por livros, na escola ou pelas histórias ancestrais)? Qual é o sistema religioso adotado (propício às considerações racionais ou místicas)? E, finalmente, qual é o sistema jurídico (mais ou menos formal com seu regramento)?

3. Qual é o plano?

Ter em mente a estratégia a ser adotada para conhecer a cultura local e como esta interfere na vida dos cidadãos pode não ser uma tarefa fácil, mas também não se trata de nenhum bicho de sete cabeças. O importante é não subestimar o papel da inteligência cultural, como muitos fazem e quebram a cara. Vale considerar ainda algumas atitudes úteis para desenvolver a inteligência cultural em cada um de nós. A maioria das posturas são simples e podem ser praticadas em nosso dia a dia.

- **Louco por cultura** – seja um grande curioso de novas culturas e busque todas as possibilidades de aumentar o seu repertório: consulte diferentes fontes de informação (jornais, revistas, *blogs* etc.); vá ao cinema, teatro, museus, exposições e festividades locais.
- **Culinária diferente** – essa dica, além de inseri-lo em uma nova cultura, poderá ser uma grata surpresa. É sabido que relações importantes são estabelecidas por meio do alimento. Por isso, aproveite e delicie-se.

- **Aprendendo uma nova língua** – sabemos que aprender um novo idioma pode ser um grande desafio, mas transforme esse momento em uma conversa animada com o seu instrutor. Se ele conhecer bem o local, você poderá obter informações interessantíssimas enquanto aprende.
- **Engajamento espiritual** – procure informar-se sobre a religião predominante e, se possível, visite os templos religiosos. Ainda que a sua orientação espiritual ou religiosa seja complemente diferente, suspenda o julgamento e procure entender os argumentos daquela religião.
- **Caminhadas preciosas** – nada melhor do que caminhar pela nova cidade para ver o que ela tem de interessante. Andar de transporte público também pode ser uma ótima opção, além de ter mais disponibilidade para olhar ao redor (se comparado com quando estamos dirigindo). Você ainda pode ouvir boas histórias dos seus habitantes.

Conclusão

Cada vez mais, os líderes precisam exercer atividades em culturas diferentes: dialogar com clientes, administrar *staff*, recrutar e desenvolver talentos, adaptar o seu estilo de liderança e mostrar respeito. O que era restrito ao alto escalão nas empresas hoje é cobrado praticamente de todos os líderes que tenham uma relação intercultural a enfrentar.

Espero que a leitura tenha lhe trazido a reflexão necessária e motivos suficientes para buscar novos ares e culturas diversas.

Forte abraço!

Referências

FERREIRA, P. I. *Gestão de diversidade e da interculturalidade nas organizações*. Curitiba: InterSaberes, 2021.

LIVERMORE, D. *Inteligência cultural: trabalhando em um mundo sem fronteiras*. Rio de Janeiro: BestSeller, 2012.

THOMAS, D. C. *Inteligência cultural: habilidades pessoais para negócios globalizados*. Rio de Janeiro: Record, 2006.

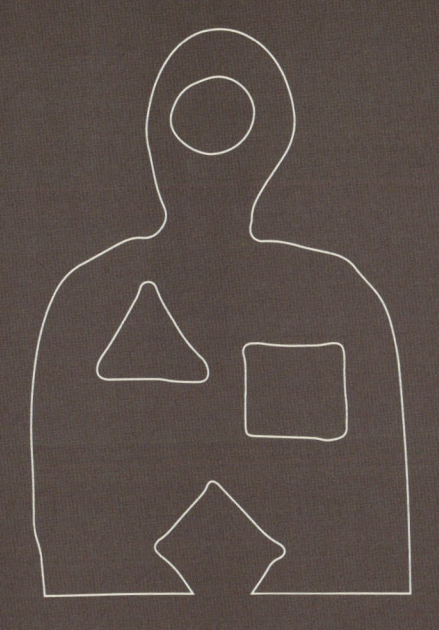

INNER SKILLS

Olá,

Bem-vindo às *Inner skills*, tão necessárias para que você possa aprofundar o olhar para dentro de si. As *Inner skills* são habilidades que servem como vetores de potencialização de outras habilidades, pois a expansão de consciência é o primeiro passo para nossa evolução e desenvolvimento.

Preparado para mergulhar?

Escolhemos explorar neste bloco algumas *Inner skills* para você iniciar o mergulho interior que servirá de alicerce para o desenvolvimento de outras habilidades, pois, quando estamos bem com nós mesmos, conseguimos lidar melhor com o outro e com as diversas situações que acontecem ao nosso redor. Afinal, ninguém dá o que não tem.

Começando com "Percepção imparcial" e "O silêncio", que nos levam suavemente a um julgamento mais profundo e consistente da realidade que habita dentro de nós.

Na sequência, "Autocuidado" e "Autoconhecimento", a fim de expandirmos a consciência de nós mesmos, essencial para darmos passos mais seguros no sentido de nossos objetivos.

Chegamos à dupla "Autorrespeito e autocompaixão" e "Autoconsciência", que são importantes para uma atitude mais compassiva consigo mesmo, tornando a jornada mais leve e produtiva.

Concluímos com "Amor ao aprendizado" e "Automotivação", que trazem protagonismo e autoridade para suas escolhas e para o desenvolvimento de outras competências comportamentais.

Boa leitura!

Lucedile Antunes e Cesar Caminha

11

PERCEPÇÃO IMPARCIAL
A ORIGEM DE SUAS ESCOLHAS

Nem tudo o que você pensa que vê é o que está acontecendo. A realidade é algo que está totalmente encoberto por camadas de pensamentos, emoções, crenças, valores e nossas próprias histórias de vida. Compartilho, neste capítulo, o que aprendi (e sigo aprendendo) sobre "limpar" essas camadas e como isso impacta nossas escolhas, nossas relações, nosso impacto no mundo e nosso bem-estar.

ROBERTO PUBLIO

Roberto Publio

Contatos
www.escolaatemporal.com.br
publio@escolaatemporal.com.br
LinkedIn: Roberto Publio

Pai do Davi, fundador da Escola Atemporal, e em busca constante por sabedoria. Sou um entusiasta da educação e do ser humano. Otimista, apaixonado por aprender e enxergar as coisas com novas lentes. Tenho como missão fazer as pessoas pensarem e despertá-las do piloto automático. Com longas jornadas por multinacionais e operações globais como Suzano e Maple Bear Global Schools, tive a oportunidade de liderar equipes em mais de dez áreas distintas, do chão de fábrica até Gente e Gestão. Abri mão da carreira corporativa para viver com intensidade duas grandes paixões: ser pai e ter conversas significativas com indivíduos e times. Mestre em Engenharia e Administração (USP / Fundação Dom Cabral), Especialista em Psicologia Positiva (Universidade da Pensilvânia), Futuro do Trabalho (Singularity) e dezenas de formações sobre desenvolvimento humano e liderança, mas o lugar no qual mais aprendo é na interação diária com grupos e pessoas.

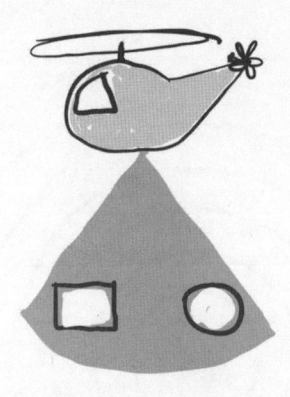

Não são os eventos em si mesmos que perturbam as pessoas, mas sim seus julgamentos sobre esses eventos.
EPICTETO

Por que acredito que a *inner skill* de percepção imparcial é essencial para nossa existência? Porque o que pensamos precede a maneira como agimos no mundo. Se não pensamos com clareza e discernimento, agimos de modo injusto, incoerente e pouco assertivo. Podemos prejudicar a nós mesmos, aos outros e às instituições às quais pertencemos.

Perceber e reconhecer o mais próximo possível o que, de fato, é a realidade. Esse é nosso grande desafio. É a origem da maior parte de nossas escolhas. É a origem da maior parte do nosso bem-estar. É a origem da maior parte do seu sucesso, seja qual for sua definição de "sucesso".

A percepção é uma habilidade humana que nos permite entender e interpretar o mundo ao nosso redor. No entanto, nossas percepções são influenciadas por nossas emoções, preconceitos, crenças, experiências passadas, valores pessoais e pensamentos. Essas camadas distorcem a realidade e prejudicam nossa capacidade de fazer escolhas e agir.

É aqui que a *inner skill* percepção imparcial entra em jogo. Trata-se da capacidade de enxergar as coisas como realmente são, reconhecendo e "limpando" as camadas de distorções emocionais ou mentais que possam impedir nosso melhor julgamento. "Limpar" não significa ignorar, fugir, esquivar, esquecer, mas, sim, notá-las e redirecioná-las com consciência.

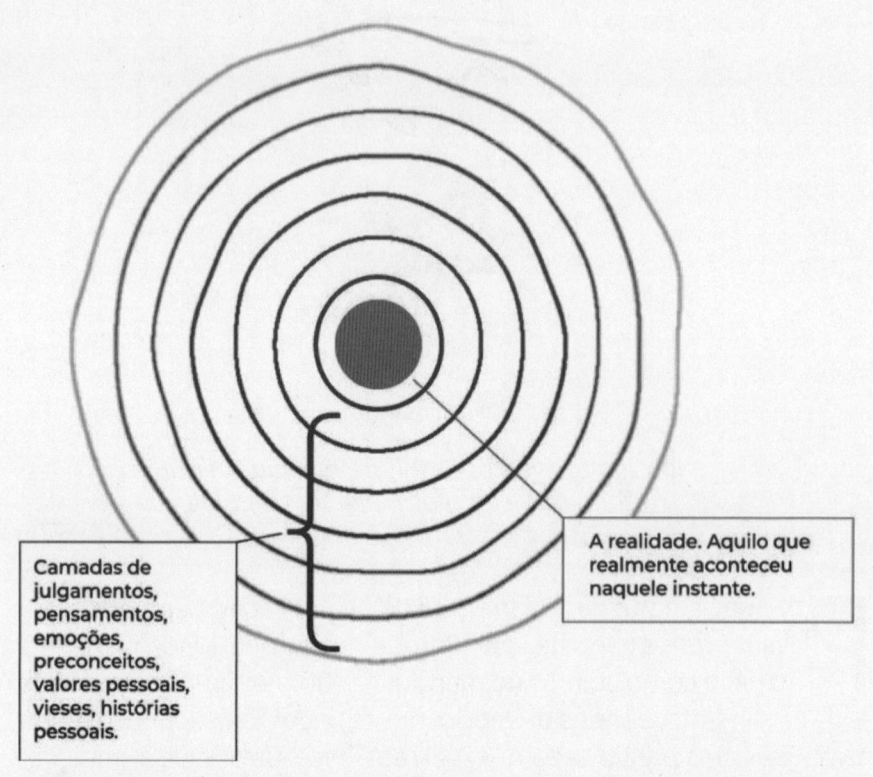

Camadas de julgamentos, pensamentos, emoções, preconceitos, valores pessoais, vieses, histórias pessoais.

A realidade. Aquilo que realmente aconteceu naquele instante.

Quando desenvolvemos essa habilidade, somos capazes de analisar situações com mais clareza e objetividade, o que nos possibilita tomar decisões mais corretas e alcançar melhores resultados em nossas vidas pessoais e profissionais. É por meio dela que conseguimos discernir o certo a se fazer.

Além de prejudicar nossa capacidade de agir, essas camadas drenam nossa energia e geram uma imensa quantidade de pensamentos e emoções negativas. Isso nos leva a um estado interno propício para caminhos inadequados: cansaço, esgotamento, energia baixa, impaciência, pessimismo e falta de foco.

Aprender a limpar essas camadas é proporcionar o seu melhor para si mesmo, para os outros e para o mundo. Sua melhor escolha se encontra no centro da espiral, não na extremidade.

O que diz a ciência?

Existem muitas teorias e pesquisas em diferentes áreas que podem ajudar a entender como a *inner skill* percepção imparcial pode ser desenvolvida e como funciona em nossas mentes. Citarei aqui o prisma da neurociência sobre o tema.

A neurociência mostra que, quando estamos estressados ou ansiosos, nosso cérebro ativa a amígdala, órgão responsável por nossas emoções e reações de luta ou fuga. Isso pode conduzir a um processo de pensamento negativo e distorcido, em que a pessoa começa a antecipar o pior e a acreditar que algo terrível vai acontecer. É algo desastroso, pois pode provocar uma reação exagerada e inadequada.

Entra aqui nossa capacidade de perceber e redirecionar. Se formos capazes de usar a percepção imparcial para avaliar a situação (a tal "limpeza das camadas"), o cérebro ativará regiões mais lógicas e analíticas, como o córtex pré-frontal. Isso pode ajudar a pessoa a ver as coisas de maneira mais realista e a tomar decisões mais equilibradas e ponderadas.

Sabemos também pela neurociência que o cérebro humano tem a capacidade de se adaptar e mudar constantemente em resposta às experiências e aos estímulos que recebe. Isso é conhecido como neuroplasticidade. À medida que aprimorarmos a habilidade de perceber com imparcialidade, estamos mudando a maneira como nosso cérebro processa e responde a informações e estímulos externos. Podemos estar treinando o cérebro para não reagir de modo impulsivo ou emocional a situações, mas, sim, a tomar decisões baseadas no que de fato acontecer.

E aqui está um fato importante: se é uma habilidade, ela pode ser treinada. Falarei no fim deste capítulo como podemos treinar nosso cérebro de maneira deliberada e aumentar as chances de vermos as situações como realmente são.

Histórias reais sobre a percepção imparcial

Há muitos exemplos de líderes inspiradores e filósofos que aplicaram a percepção imparcial em suas vidas e decisões.

Um exemplo clássico é o do imperador romano Marco Aurélio, que era um seguidor do estoicismo e utilizou a filosofia para orientar suas ações como governante. Ele escreveu: "Não permita que sua mente se torne uma prisão, sendo dominada pelos eventos externos. Seja um observador desapaixonado das coisas e eventos ao seu redor".

Outro exemplo é o de Nelson Mandela, o líder sul-africano que lutou contra o *apartheid* e foi preso por 27 anos antes de ser libertado e se tornar o primeiro presidente negro do país. Mandela era conhecido por sua habilidade de ver as coisas de maneira imparcial e compreender os pontos de vista de seus adversários. Certa vez, ele disse: "Fui educado para abordar as coisas sem emoção, analisar as coisas cuidadosamente e entender que há muitos pontos de vista sobre uma questão. Eu aprendi a aplicar a percepção imparcial a tudo o que eu fazia".

Ele acreditava que a percepção imparcial era uma das chaves para a liderança eficaz e a tomada de decisões justas.

Outra grande inspiração que empregou essa habilidade foi Martin Luther King Jr. Como líder dos direitos civis nos Estados Unidos, lutou pela igualdade racial e pela não violência. Conectava suas virtudes com a realidade e assim moveu uma geração. Ele afirmou: "A escuridão não pode expulsar a escuridão; só a luz pode fazer isso. O ódio não pode expulsar o ódio; só o amor pode fazer isso".

Trata-se de um exemplo claro de limpeza de camadas de ódio, raiva e vingança (existentes em nosso pensamento/coração) para visualizar puramente a realidade e como ser assertivo na solução.

Essas lideranças inspiradoras são exemplos de como a percepção imparcial pode ajudar a tomar decisões mais justas e compassivas, mesmo em situações extremamente difíceis.

Um diálogo interno aplicando a percepção imparcial

Contarei aqui agora um pouco sobre minhas conversas comigo mesmo e como busco "limpar" as camadas que me distanciam da realidade. É uma prática contínua diante de cada acontecimento de minha rotina. Não é sobre não pensar e sentir; é sobre reconhecer e redirecionar.

Vejam esta situação.

Tenho um filho de 1 ano chamado Davi. A paternidade é parte da minha essência e existência. Vivo intensamente junto à minha querida esposa e parceira de vida, Aline, cada minuto dessa experiência transformadora.

E quem tem ou teve filhos compreende o gigantesco desafio físico, mental e emocional que está incluso nesse pacote. É uma decisão abnegada, uma doação integral, um serviço.

Ao acordar de madrugada inúmeras vezes, nossa mente e nossas emoções já começam a trabalhar:

- "... passarei a noite em claro, mais uma vez".
- "... estou cansado. Amanhã não conseguirei fazer nada".
- "... tenho treinamento para facilitar amanhã, os participantes logo vão notar meu estado e vai ser uma tragédia".
- "... não consigo ajudar meu filho a dormir. Ele deve estar sofrendo muito mais do que eu. Isso me deixa ainda mais angustiado e impotente".
- "... que tipo de pai e profissional serei? Não sei se dou conta"; e por aí vai.

Um fato, um despertar, inúmeras emoções e pensamentos. Todos me levando para um lugar de ansiedade, preocupações, tristeza, impotência e outras emoções negativas.

Ao notar esse padrão acontecendo, logo começo o diálogo interno. O que de fato aconteceu? Davi despertou por 5 minutos e adormeceu novamente após o acolhimento que fiz. Só isso, mais nada. Vai acontecer de novo amanhã? Não sei, ninguém sabe. Vou estar cansado? Não sei. E se estiver, vou conseguir lidar. Os participantes do treinamento vão notar? Não sei.

Mas, se acontecer, serei vulnerável e relatarei essa história. Tenho confiança de que eles irão apoiar a sessão de aprendizagem oferecendo o que têm de melhor dentro de si. Sou um pai ruim? Creio que não. Faço tudo o que está no meu controle. Choro de bebê não é sofrimento necessariamente, mas um pedido de acolhimento, carinho, amor.

Percebem? Minha mente me levando a lugares em que, se eu não notasse o padrão e reconhecesse as tais "camadas", poderia me conduzir a escolhas como: cancelar o treinamento, contratar uma babá noturna, tomar remédio para dormir, deixar de pensar em um segundo filho, entre outras. Todas essas decisões iriam contra aquilo que realmente sou e quero para minha vida. Além disso, deixaria permanecer em mim, por mais e mais tempo, emoções e pensamentos negativos, que são maléficos para minha saúde mental e emocional (e também física, como já mostrou a Ciência).

Com a prática da percepção imparcial, tomei minha melhor decisão. Seguir em frente com minha missão de ser pai, empresário, treinador e mentor. Reconhecendo sim os desafios, mas acolhendo a vulnerabilidade e a impermanência da vida: sim, tudo passa. O dia seguinte será diferente, eu serei diferente, Davi será diferente, o mundo será diferente. Não preciso me preocupar, saberei lidar como soube hoje.

Esta foi uma conversa interna de alguns minutos. E isso se repete o dia todo, na tentativa de fazer opções melhores para aquilo que tenho como propósito e virtudes. Nem sempre conseguindo, mas sempre buscando e tentando. Expandindo consciência, treinando deliberadamente a habilidade de enxergar as coisas como elas realmente são.

Agora que você entende por que a *inner skill* percepção imparcial é tão importante, vamos explorar como pode desenvolver essa habilidade e usá-la para melhorar sua vida.

Como treinar essa habilidade?

Treinar a percepção imparcial no dia a dia é um processo que requer prática constante e consciente. Aqui estão algumas dicas que podem ajudar:

- **Aprenda a reconhecer seus próprios padrões mentais:** comece a prestar atenção em seus próprios pensamentos e emoções em situações cotidianas. Tente identificar quaisquer padrões negativos que você pode ter, como a tendência a assumir o pior em uma situação ou a culpar os outros por seus problemas.
- **Pratique a meditação:** pode ajudar a acalmar a mente e aumentar a consciência do momento presente. Ao praticá-la regularmente, você pode aprimorar a habilidade de observar seus próprios pensamentos sem julgamento.
- **Aprenda a se colocar no lugar dos outros:** tente ver as coisas a partir da perspectiva dos outros. Pergunte-se como se sentiria em uma situação semelhante e tente enxergá-la a partir de diferentes ângulos.
- **Desafie seus próprios preconceitos:** procure identificar seus próprios preconceitos e assuma o compromisso de desafiá-los. Isso

pode envolver a exposição a diferentes pontos de vista, a leitura de materiais que desafiem suas próprias crenças ou simplesmente fazer uma pausa e considerar alternativas antes de tomar uma decisão.
- **Aplique a percepção imparcial em situações do dia a dia:** sempre que se encontrar em uma circunstância estressante, lembre-se de aplicar a percepção imparcial. Faça uma pausa e veja a situação objetivamente, sem julgamento. Limpe as camadas, avalie o que resta. A melhor decisão está no centro da espiral.
- **Busque ajuda profissional:** se você está lutando para desenvolver a percepção imparcial, pode ser útil buscar ajuda profissional. Um psicólogo, mentor ou *coach* pode trabalhar com você para identificar seus próprios padrões mentais e ajudá-lo a desenvolver a habilidade de ver as coisas com mais clareza e objetividade.

Dedique tempo e intenção para praticar uma das habilidades humanas essenciais, aquela que dá origem a muitas outras. Tenha certeza, valerá cada segundo investido.

Perceba a realidade do modo que realmente é.
Limpe as camadas.
Viva em plenitude!
Seja uma pessoa melhor!

12

O SILÊNCIO
SABEDORIA MILENAR QUASE ESQUECIDA

Compartilharei, neste capítulo, pensamentos e provocações sobre algo muito precioso e, ao mesmo tempo, disponível e acessível a todos: o silêncio. Esse é o único lugar no qual conseguimos escutar a nós mesmos. Ouvir não só nossa voz interna, nossos pensamentos, nossas emoções. Mas, principalmente, nossa alma.

O silêncio não é a ausência de algo,
mas a presença de tudo.
GORDON HEMPTON

ROBERTO PUBLIO

Roberto Publio

Contatos
www.escolaatemporal.com.br
publio@escolaatemporal.com.br
LinkedIn: Roberto Publio

Pai do Davi, Fundador da Escola Atemporal, e em busca constante por sabedoria. Sou um entusiasta da educação e do ser humano. Otimista, apaixonado por aprender e enxergar as coisas com novas lentes. Tenho como missão fazer as pessoas pensarem e despertá-las do piloto automático. Com longas jornadas por multinacionais e operações globais como Suzano e Maple Bear Global Schools, tive a oportunidade de liderar equipes em mais de dez áreas distintas, do chão de fábrica até Gente e Gestão. Abri mão da carreira corporativa para viver com intensidade duas grandes paixões: ser pai e ter conversas significativas com indivíduos e times. Mestre em Engenharia e Administração (USP / Fundação Dom Cabral), especialista em Psicologia Positiva (Universidade da Pensilvânia), Futuro do Trabalho (Singularity) e dezenas de formações sobre desenvolvimento humano e liderança, mas o lugar no qual mais aprendo é na interação diária com os grupos e pessoas.

Despertador nos acordando. Celular ao lado da cama nos notificando sobre tudo o que acontece. Televisão ligada no jornal da manhã. Áudios e mensagens. Trânsito, buzinas e gritaria. Reuniões e mais reuniões. *Networking*. Conversas em que todos falam ao mesmo tempo e ninguém se escuta. Transporte público lotado. Mais celular, notificações, áudios e mensagens. Mais televisão. Redes sociais, vídeos e imagens barulhentas. Música para dormir.

Seria cômico se não fosse trágico. Nossa rotina é totalmente consumida pelo barulho, pelas interrupções, pelo caos.

Já parou para pensar a que horas nos dedicamos a refletir? Talvez não, porque não estamos habituados a fazer isso.

Viver é sobre pensar. Precisamos refletir para justificarmos nossa própria existência. Caso contrário, nos juntaríamos novamente aos nossos antecessores primatas.

Nem sempre no silêncio estamos pensando com intenção e consciência, mas é certo que, se quisermos ter a chance de pensar, será em meio ao silêncio. Para mim, esse é o momento de existir. Não é somente a ausência do barulho externo, mas principalmente a de quietude interna. É sobre acalmar todas as vozes da mente e só ouvir aquela que desejamos. Esta talvez seja a voz da própria Alma.

Abordaremos as várias possibilidades de cultivar o silêncio em nosso dia a dia e seus diversos formatos, bem como enfrentar os desafios que estão por trás dessa sabedoria milenar e quase esquecida por nossa geração. Afinal, o silêncio sempre foi prestigiado em diferentes culturas e tradições, desde as práticas espirituais como o zen budismo e a meditação Vipassana até os ensinamentos de filósofos como Sócrates e Epicuro, que valorizavam o autoconhecimento e a reflexão como ferramentas para alcançar a felicidade.

Como gosto de dizer, é um princípio atemporal. Já se provou eficaz na linha do tempo, e acredito que assim será pelos próximos milênios.

O que diz a ciência sobre o tema

Existem pesquisas que comprovam os benefícios do silêncio para a saúde mental e física. A seguir, alguns exemplos:

• **Redução do estresse:** em um estudo publicado no *Journal of Environmental Psychology*, os participantes que ficaram em um ambiente silencioso, após passarem por uma situação estressante, tiveram níveis mais baixos de cortisol, hormônio relacionado ao estresse, do que os que permaneceram em um ambiente barulhento.

• **Melhora na memória e na cognição:** pesquisadores da Universidade de Duke, nos Estados Unidos, afirmam que o silêncio pode ajudar a melhorar a memória e a cognição. Em um estudo com camundongos, cientistas descobriram que a exposição a duas horas de silêncio por dia produziu novas células cerebrais nos hipocampos, região do cérebro responsável pela memória e pelo aprendizado.

• **Aumento da criatividade:** texto da revista *Organizational Behavior and Human Decision Processes* destacou que o silêncio pode aumentar a criatividade. Pessoas que ficaram em um ambiente silencioso tiveram mais ideias criativas do que as que se mantiveram num local com barulho.

• **Redução da pressão arterial:** pesquisa feita na Alemanha apontou que dois minutos de silêncio podem ser suficientes para reduzir a pressão arterial em pacientes com hipertensão.

• **Melhora do sono:** já na Suíça, um estudo verificou que quem dormiu em um ambiente silencioso teve um sono mais profundo e restaurador do que os que adormeceram com sons. Isso demonstra que o silêncio pode ajudar bastante na qualidade do sono.

Enfim: viver e pensar de maneira melhor nos torna mais criativos e conseguimos descansar mais. Esses são apenas alguns dos benefícios que essa prática simples e gratuita pode trazer para nossas vidas.

Caso ainda não esteja convencido, vamos seguir agora falando sobre histórias reais.

Os "tipos" de silêncio

Particularmente, gosto de separar o silêncio em três momentos distintos. Claro, a realidade é muito mais fluida e integrada do que isso. Mas acredito que, para fins de compreensão e prática deliberada, isso pode ajudar.

Vamos pensar um pouco sobre:

1. Silêncio consigo mesmo.
2. Silêncio ao ouvir.
3. Silêncio ao falar.

Silêncio consigo mesmo

Quando falamos de silêncio, talvez venha a nossa mente esta imagem: nós mesmos, parados, sem dizer nada, pensando na vida por alguns minutos.

Se você já adotou essa prática por 10 minutos diariamente, será ótimo. Você faz parte de uma minoria consciente da importância dessa habilidade. Mas, se ainda não consegue, vamos aprender juntos.

Como disse anteriormente, a simples prática de pararmos alguns minutos diários sem interrupções externas, ruídos, notificações e outros sons é a única forma de ouvirmos nosso interior. E, quando nos escutamos, as respostas aparecem. Entendemos que aquilo que estamos buscando fora de nós está na verdade mais perto e disponível do que imaginávamos.

O silêncio nos possibilita obter mais clareza, reconhecendo nossas emoções e pensamentos, e nos faz acessar novas ideias, outras visões de mundo, diferentes perspectivas, algo que jamais será atingido em meio ao barulho. Ele nos possibilita alcançar nossos valores pessoais e virtudes, além de discernir o certo do errado. O que é ético e moral. Acima de tudo, o silêncio nos conecta a nós mesmos e não a quem acha que deveríamos ser. E as melhores escolhas estão neste lugar.

Quando reduzimos os estímulos externos, somos capazes até de perceber sons que nunca tínhamos escutado antes: nossa respiração, o próprio batimento cardíaco, nosso corpo, nossa energia.

Quando falamos de autoconhecimento e autoconsciência, o silêncio é parte fundamental da jornada. Então, é a essência de nossa própria liberdade e livre-arbítrio.

Como aplicar no dia a dia: tão simples quanto parece. Faça várias pausas. Podem ser de 1, 5 ou 10 minutos. O tempo que você entender ser preciso para conquistar aquilo de que necessita naquele momento. Ao acordar, antes de iniciar o trabalho, uma reunião, apresentação, um *feedback*, voltar para casa, dormir...

Encontre seu melhor local para as pausas, livre de qualquer interrupção. Longe de qualquer tecnologia. Só você consigo mesmo.

No início, será desconfortável. Perceba o que sente e o que pensa. Persista, persevere. Não pare de praticar. Logo, você e as pessoas com quem convive notarão o impacto positivo, e o círculo virtuoso se alimentará.

Silêncio ao ouvir

A habilidade de silenciar precede qualquer chance de praticarmos a escuta ativa. Sem a premissa do silêncio, não há comunicação. O que não significa que silenciar seja escutar, mas é um pré-requisito.

É muito comum, quando estamos em uma roda de conversa ou em um diálogo, nossa mente ficar tentando processar a resposta ou a próxima fala enquanto a outra pessoa discursa. Estamos em quietude verbal, mas não em silêncio mental. E isso não significa calmaria plena.

O silêncio ao ouvir é a habilidade de aquietar as demais vozes externas e internas, de modo que só escute a voz de quem está falando. É buscar e vibrar na mesma frequência. É desapegar da próxima fala. É abrir mão do controle e só focar em cumprir sua maior missão naquele momento: acolher o dito e o não dito. É ouvir o que o outro está pensando.

É permitir o silêncio após a fala do outro. Aquela lacuna de tempo que ansiosamente tentamos preencher, quase que colando uma fala na outra. Essa é uma das partes mais difíceis. Tente fazer: durante a próxima conversa, silencie completamente durante a fala do outro e, após encerrar, conte mais 10 ou 15 segundos. Veja o que acontece.

Nós precisamos desse tempo. O outro também. É o tempo em que a mensagem é absorvida, processada. Talvez o outro tenha mais algo a dizer, que jamais diria se você interrompesse. Também é o tempo de (agora sim) pensar no que vai falar na sequência. Agora, com a escuta completa, conectado e na mesma vibração que o outro.

É nesse intervalo que ideias, sentimentos, pensamentos, pedidos: tudo vem à tona. Se não há silêncio, não há manifestação plena. O mundo empobrece de ideias e conexões.

Podemos melhorar o mundo se permitirmos o silêncio. Transformamos o mundo quando aquietamos a tentativa de manifestação do nosso EGO.

Como aplicamos no dia a dia: comece agora mesmo, na próxima interação. Pratique em casa com seu companheiro(a), filho(a), nas reuniões de equipe, *feedbacks* ou confraternizações. Qualquer lugar é ideal para a prática do silêncio ao ouvir. Ao perceber os benefícios que isso lhe trará em termos de conexões humanas e resultados, você mudará sua visão sobre as pessoas que "falam pouco", que "não se posicionam na reunião", "que ficam quietas durante uma conversa". Talvez estas sim já estejam praticando o silêncio e têm muito a lhe ensinar. Muito mais do que aquelas que estão lhe dizendo como fazer.

Silêncio ao falar

Para mim, essa é uma das práticas mais desafiadoras.

Em meu trabalho atual, como empreendedor e facilitador de sessões de aprendizagem, percorri e ainda percorro uma jornada de autodescoberta. Na transição de carreira, ela é um dos pontos em que mais me concentrei em praticar deliberadamente. E ainda é uma grande luta.

Imagine a seguinte situação.

Estou diante de 50 CEOs de empresa, pessoas com muito mais experiência e vivência do que eu, geralmente com média de idade superior à minha. E ali estou para facilitar uma sessão de aprendizagem para quem tem muito mais respostas do que eu.

Então, quando os pensamentos vão se perdendo e me desconectando da realidade, tento "limpar as camadas" e seguir em frente (consulte a "Percepção imparcial" abordada no outro capítulo). Meu papel ali é fazer pensar, não trazer respostas. É fomentar um ambiente de troca e construção de aprendizagem entre os próprios participantes. É trazer à tona ideias e pensamentos que não viriam se eu não estivesse ali instigando, encorajando, acolhendo e escutando.

Opa, para que tudo isso aconteça, preciso do silêncio, certo? Silêncio com 50 CEOs olhando para mim? E se fosse uma plateia de 2.000 pessoas em um grande evento? Também.

Então, solto uma pergunta para os participantes. Daquelas perguntas que necessitam de uma coleta de opiniões, não são somente para reflexão.

5 segundos, 10 segundos, 15 segundos. Nada.

O que passa na minha cabeça nesse tempo? "Ninguém vai falar nada, não consegui engajar a turma"; "Eles não vão responder, vou dizer algo ou fazer outra pergunta"; "Eles estão esperando que eu responda, acho que vou trazer a resposta".

Eis que alguém fala após 20 segundos. Depois, mais um. Em seguida, outro. E, de repente, um debate de ideias se forma. E novos aprendizados surgem, pessoas se conectam, a coisa flui para um lugar único.

O que permitiu esse rumo: o silêncio não preenchido. O tempo necessário para que as pessoas pensem, busquem sua opinião, se encorajem a falar, respirem fundo e levantem a mão. O silêncio permitiu que algo único acontecesse. Meu silêncio é o que possibilitou que 50 CEOs aprendessem uns com os outros, e não comigo.

O silêncio ao falar. O tempo entre sua fala e o pensamento do outro. O poder das perguntas, de abrir o debate sem a necessidade de fechá-lo. Deixar que as ideias fluam.

Encorajo a você, prezada leitora e estimado leitor, que faça o mesmo em seu dia a dia. Pergunte algo ao time e silencie. Pelo tempo necessário. Não preencha. Isso vale tanto em casa quanto nos diálogos do trabalho, nas reuniões. Veja tudo o que surge nesse espaço precioso.

O que levo dessa nossa conversa

Se você chegou até aqui, é porque se permitiu silenciar para me ouvir. Então, obrigado por esse tempo.

Para mim, o silêncio é um diálogo de Almas. É a única possibilidade que temos de acessar o óbvio e o não óbvio. Todo o restante será mais do mesmo e somente ruído.

Ouça-se mais, escute mais, permita o tempo do silêncio. Não preencha os espaços vazios, pois, na verdade, eles não estão vazios.

Pelo contrário, estão cheios de novas ideias, pensamentos e emoções para serem reverberados para o mundo.

E é a partir desse lugar que as coisas acontecem, que pessoas se conectam, que você consegue ser de fato quem é.

> *Quando você fala, está apenas repetindo o que já sabe.*
> *Mas, se você ouvir, pode aprender algo novo.*
> DALAI LAMA

13

AUTOCUIDADO

Neste capítulo, falarei sobre a importância do autocuidado, mesmo nas maiores adversidades. Ao cuidar de si mesmo, é possível, embora alguns acreditem que não, assumir as rédeas da situação. O autocuidado abre caminhos para seus sonhos e objetivos, possibilitando, cada dia mais, desenvolver o lado antifrágil perante os desafios da vida. Quando você cuida de si mesmo, consegue cuidar do seu mundo.

EMERSON VAMONDES

Emerson Vamondes

Contatos
emersonvamondes.com.br
emevamondes@gmail.com
Instagram: @emersonvamondes
LinkedIn: Emerson Vamondes
11 98128 4780

Sou apaixonado por desenvolvimento humano e, após 17 anos trabalhando no Setor Automotivo, assumindo cargos executivos no Brasil e no exterior, migrei toda minha carreira para atuar no desenvolvimento de pessoas, para que tenham a possibilidade de fazer a diferença na própria vida. Sou pai de quatro anjos que moram no céu e isso também me permitiu entender mais a importância de levar desenvolvimento às pessoas. Atuo há 23 anos como palestrante, treinador, *coach* e mentor em empresas nacionais e internacionais, pelas quais já passaram mais de 110.000 pessoas no Brasil e no mundo. Hoje, sou considerado uma autoridade no campo da neurociência e do desenvolvimento humano e com uma característica muito peculiar, pois tive uma carreira muito longa e crescente no mundo corporativo. Sou o primeiro brasileiro a ministrar um curso completo de Formação em PNL nos Estados Unidos. E, como digo, estou apenas iniciando, pois esse caminho de evolução é uma jornada contínua e sucesso é questão de evolução.

Qual é a importância do autocuidado?

Autocuidado é o ato de tomar medidas para preservar e melhorar o próprio bem-estar físico, emocional e mental.

É imprescindível para manter uma boa saúde e prevenir doenças, mas também é essencial para lidar com o estresse e os desafios da vida cotidiana.

Como especialista em Neurociências, quero trazer alguns pontos importantes para que possamos iniciar nossa conversa.

Estudos demonstram que práticas simples ajudam a prevenir doenças neurodegenerativas, reduzir o risco de depressão e ansiedade, além de melhorar a função cognitiva, incluindo a memória, a atenção e a concentração. Por outro lado, o estresse crônico e a falta do autocuidado podem ter efeitos negativos no cérebro, prejudicando a função cognitiva e reduzindo a resiliência emocional. Por isso, o autocuidado deve ser considerado como uma parte primordial da manutenção da saúde do cérebro e do corpo, ajudando a prevenir doenças e a melhorar a qualidade de vida geral.

Ao longo desses mais de 23 anos atuando na área de Desenvolvimento Humano e Empresarial, posso lhe afirmar que as pessoas têm muito medo e receio de olhar para seus pontos de cuidado para que possam encarar situações já vividas e até mesmo cuidar de dores emocionais que acarretam consequências físicas.

E talvez agora VOCÊ esteja se perguntando:

"Como assim, Emerson, dores emocionais que geram consequências físicas?".

É isso, mais de 86% das doenças têm origens psicossomáticas, ou seja, possuem uma causa psicológica ou emocional que contribui para a sua manifestação. Essa porcentagem tem como fonte a revista *Veja*, em reportagem publicada por Letícia Passos, atualizada em 31 de julho de 2019. Após a pandemia, esse número teve um aumento significativo, porém não temos dados mais recentes sobre eles.

É exatamente isso que você acabou de ler: quase 90% das doenças são provenientes de fundos emocionais.

Vale lembrar que as doenças psicossomáticas não são imaginárias ou fictícias; elas são reais e provocam um impacto significativo nas pessoas. Assim, posso lhe assegurar que o autocuidado ou cuidar de si mesmo é tão fundamental, mas, ao mesmo tempo, tão negligenciado. Com isso, entendemos que alguns dos maiores medos enfrentados pelas pessoas impedem que olhem para esse autocuidado; eles incluem:

- Medo da morte.
- Medo do desconhecido.
- Medo de falhar.
- Medo de ser julgado ou rejeitado.
- Medo de perder o controle.
- Medo de ser ferido.

É certo que cada pessoa é única e pode ter diferentes medos e preocupações que afetam sua vida diária. E esses sentimentos não estão aí por acaso.

Nossa mente e corpo são perfeitos, e o "medo" tem uma função biológica que é proteger do desconhecido. O mais interessante é que os bloqueios, que alguns chamam de sabotagens internas, estão ali para impedir você de se cuidar.

E agora EU fico me perguntando:

Quais são seus medos? Estão listados naqueles que apresentei ou são outros que só você sabe e não quer olhar para eles? Enquanto isso acontecer, ou seja, não quiser olhar e encarar esses medos, terá enormes dificuldades de lidar com seu autocuidado. Além disso, sei que muitas pessoas não acreditam no autocuidado.

Algumas dessas razões são:

- Falta de conhecimento.
- Estilo de vida ocupado.
- Crenças limitantes.
- Falta de motivação.
- Falta de apoio.

É indispensável que as pessoas se informem, encontrem as práticas de autocuidado que funcionam melhor para elas e busquem incorporá-las em sua rotina diária.

E quando falo em autocuidado, é inevitável destacar que ele vem precedido do seu autoconhecimento, pois, quanto mais nos conhecemos, mais confiantes ficamos para mergulhar no cuidado conosco, e isso é muito bem explicado no capítulo escrito pela Josiane Firmo, no qual ela aborda o autoconhecimento.

Como vivo isso há tanto tempo, muitos me perguntam como a Neurociência pode ajudar a modificar esse cenário e transformar comportamentos que limitam ou sabotam em novas práticas que nos auxiliem.

A programação neurolinguística (PNL), que é uma dessas Neurociências, busca compreender e modificar os padrões de comportamento e de pensamento que afetam o bem-estar emocional e mental.

Fico me lembrando do caso que aconteceu com uma aluna, já senhora, há mais de dez anos, em uma cidade do Nordeste.

Estávamos em um treinamento e ela disse que fazia terapias há mais de 15 anos. Acreditava que nunca iria mudar alguns comportamentos que a atrapalhavam em vários aspectos pessoais e profissionais. Porém, durante as vivências, ela foi confrontada sobre esses comportamentos de modo a fazê-la enxergar de onde vinham e, primeiramente, assumir que haviam sido criados por significados que ela mesma dera para situações vividas.

Esse foi um dos fatores de maior ganho naquele momento, pois ela acreditava que havia nascido com aqueles comportamentos, crescido com eles e que assim ficaria pela vida toda, praticamente a "síndrome de Gabriela" (nasci assim, cresci assim e serei sempre assim). Quando teve a clareza do quanto ela mesma poderia cuidar de si e "ressignificar" tudo o que estava envolvido, pôde, a partir daquele final de semana, transformar toda uma história e começar a desfrutar de resultados físicos e emocionais completamente diferentes.

Após muitos resultados positivos validados na prática, como nesse caso, quero deixar aqui algumas maneiras de somar o autocuidado com a PNL:

- Utilizar a visualização guiada para criar um estado de relaxamento profundo, reduzindo o estresse e a ansiedade. Exemplo: você pode fechar os olhos e se imaginar num lugar calmo e tranquilo, por exemplo, em contato com a natureza. E quanto mais você tem contato com a natureza, mais conseguirá se conectar com seu interior, percebendo tudo o que está positivo e que pode ser cuidado de modo diferente por você.
- Usar a técnica de ancoragem para associar estados mentais positivos a ações específicas de autocuidado, tornando-as mais fáceis de serem praticadas regularmente. Exemplo: escolha uma sensação positiva e um recurso que queira ancorar (paz, tranquilidade, segurança, confiança etc.); concentre-se na sensação física desse recurso em sua mente e intensifique-a. Depois que estiver bem forte e intensa, escolha um local do seu corpo e crie a âncora para guardar essa sensação (pode ser apertar sua mão, pontinha da orelha, mão no seu coração ou qualquer outra parte que queira). Faça uma pressão nesse local escolhido em seu corpo e, nesse momento, estará criando a âncora para usar e disparar toda vez que quiser trazer essa sensação novamente.
- Utilizar a linguagem positiva para reforçar as práticas de autocuidado e incentivar a mudança de hábitos. Exemplo: situação original com linguagem negativa: "Não posso fazer isso. É muito difícil". Situação reescrita com linguagem positiva: "Posso encontrar uma maneira de fazer isso. Vou me desafiar e buscar soluções". Ao reformular a declaração negativa em uma afirmação positiva, estamos modificando a maneira como percebemos a situação. Isso nos ajuda a encontrar possibilidades e motivação para enfrentar os desafios.
- Usar a técnica do modelo de excelência (modelagem) para identificar pessoas que se destacam em suas práticas de autocuidado e aprender com elas. Exemplo: pode escolher alguém que inspira você, buscar informações de como essa pessoa faz para ter aqueles resultados e, a partir daí, modelar comportamentos e características dessa pessoa para atingir resultados muito semelhantes.

Falando desses pontos, me recordo de outra situação que aconteceu em uma empresa em que eu fazia um trabalho com a liderança: um dos colaboradores não conseguia ver alternativas para desempenhar um resultado melhor nas suas próprias tarefas. Isso fazia que ele se cobrasse muito no dia a dia.

E mergulhando no que podia estar impedindo-o, percebemos que ele se comparava o tempo todo com os colegas de trabalho e não olhava para sua própria atuação. Essa atitude chamou muito minha atenção e começamos a explorar o assunto. Para surpresa dele mesmo, identificou que agia assim, pois, desde pequeno, seus pais viviam comparando-o com seus dois irmãos mais velhos e com outro primo que tinham excelentes resultados na escola.

Por ter aprendido a ser comparado pelos próprios pais, ele percebeu que fazia isso a vida toda, até aquele momento, como se precisasse estar sempre provando que tinha desempenho parecido com o outro.

Quando se deu conta disso, automaticamente pôde mudar esse significado, pois percebeu que não precisava provar nada a ninguém, medindo-se pelo outro, mas, sim, com seu desempenho; e, inevitavelmente, isso mudou seus resultados.

Seis meses depois, lembro-me de que ele me ligou e disse que havia assumido um cargo de liderança no setor, pois havia tido um desempenho que nunca demonstrara antes. Isso aconteceu quando ele destravou aquela comparação que fazia e passou a olhar para o que podia fazer a fim de aprimorar seu próprio desempenho.

Relatando esse caso, eu lhe pergunto: "Será que hoje em dia você olha com carinho para o que pode realizar de melhor, seja na vida profissional ou pessoal?".

No entanto, tudo isso, sem fazer comparação com o outro, e sim com o que você pode fazer um pouquinho diferente hoje do que fez ontem e assim sucessivamente. Esse caminho faz uma significativa melhora no cuidar de si mesmo nas diferentes áreas de sua vida. Além disso, existem alguns mitos sobre o autocuidado e que desejo desmistifica-los aqui. Eles impedem as pessoas de adotar essa prática necessária em suas vidas. São eles:

- Autocuidado é egoísta: cuidar de si mesmo não é egoísta.
- Autocuidado é caro: o autocuidado pode ser algo tão simples quanto tirar um tempo para si mesmo, e essas práticas são gratuitas ou muito baratas.

- Autocuidado é uma indulgência: o autocuidado é um exercício indispensável para garantir que você possa ser eficaz e produtivo em suas atividades diárias.
- Autocuidado é uma solução rápida: o autocuidado não é um passe de mágica. É uma mudança de atitude contínua que requer comprometimento e consistência para ser eficaz.
- Autocuidado é apenas para pessoas com problemas de saúde mental: o autocuidado é vital para todas as pessoas.

Reitero que o autocuidado é uma prática essencial para a saúde e o bem-estar geral e que não há nada de egoísta, caro ou indulgente em cuidar de si mesmo.

O autocuidado na evolução humana

Hoje, o autocuidado é mais importante do que nunca, pois estamos enfrentando desafios como estresse crônico, doenças crônicas e um estilo de vida cada vez mais sedentário.

Ao praticar o autocuidado, isso nos permite enfrentar desafios com mais resiliência e estar mais presentes e conectados conosco e com os outros.

Registro aqui alguns pontos fundamentais do autocuidado. Existem muitas coisas simples e poderosas que você pode fazer.

Aqui estão algumas ideias:

1. Respiração consciente: isso pode ajudar a acalmar sua mente e a reduzir o estresse.
2. Caminhada: ajuda a melhorar seu humor e aumentar a energia.
3. Beber água: ajuda a manter a pele saudável, aumentar a energia e melhorar a função cognitiva.
4. Exercício físico: pode ser tão simples quanto dançar em casa ou fazer uma caminhada na hora do almoço. O importante é mover o corpo e aumentar a frequência cardíaca.
5. Aprendizado de algo novo: pode ser uma ótima maneira de se desafiar e elevar a autoconfiança.
6. Meditação: reserve alguns minutos do seu dia para sentar-se em silêncio e focar na sua respiração, ou experimente meditações guiadas disponíveis na internet.
7. Sono: obtenha uma quantidade adequada de sono para ajudar a melhorar a saúde física e mental.

Essas são apenas algumas sugestões simples e poderosas para praticar o autocuidado. E lembre-se de que pequenas mudanças na sua rotina diária podem fazer uma grande diferença na sua saúde e bem-estar geral. E como digo em praticamente todos os eventos de que participo, o que pode ajudar a iniciar essa caminhada pelo autocuidado:

> *Ninguém muda ninguém, mas ninguém muda sem a ajuda de alguém!*
> EMERSON VAMONDES

Desejo felicidade e sucesso! Um grande abraço.

Referências

BROWN, B. *A coragem de ser imperfeito: como aceitar a própria vulnerabilidade, vencer a vergonha e despertar para a vida plena*. Rio de Janeiro: Sextante, 2012.

DUHIGG, C. *O poder do hábito: por que fazemos o que fazemos na vida e nos negócios*. São Paulo: Objetiva, 2012.

ELROD, H. *O milagre da manhã: o segredo para transformar sua vida (antes das 8 horas)*. Rio de Janeiro: BestSeller, 2016.

RICARD, M. *A arte da meditação*. Rio de Janeiro: Sextante, 2014.

TOLLE, E. *O poder do agora: um guia para a iluminação espiritual*. Rio de Janeiro: Sextante, 2004.

14

AUTOCONHECIMENTO

Neste capítulo, compartilho o pilar que vem transformando milhares de carreiras e vidas, a começar pela minha. Vou revelar a chave para o sucesso e o equilíbrio integral nos diferentes momentos da sua existência, além de ferramentas que ajudarão você a descobrir ouro em si mesmo. Com esta leitura, compreenderá qual é o passo fundamental a ser dado para viver de maneira autêntica, plena, feliz e saudável.

JOSIANE FIRMO

Josiane Firmo

Contatos
www.josianefirmo.com.br
josianefirmo@yahoo.com.br
Instagram: @coachjosianefirmo
Facebook: facebook.com/coachjosianefirmo
LinkedIn: Josiane Firmo
YouTube: JosianeFirmoConexaoCarreira
22 98179 0227

Antes de tudo, apaixonada por inspirar e desenvolver pessoas. Mãe de Pedro e Mateus, empreendedora do conhecimento com a nobre missão de ajudar os profissionais a serem felizes, saudáveis e reconhecidos no seu trabalho, a partir do autoconhecimento dos seus talentos e valores e da preparação para terem uma excelente performance nos processos seletivos. Psicóloga há 17 anos, pós-graduada em Psicoterapia Cognitivo-Comportamental e Gestão de RH, com experiência em empresas nacionais e multinacionais. Especialista em recolocação profissional, *master coach* e orientadora de carreira, analista comportamental, LinkedIn *creator* e mentora de LinkedIn. Com 15 anos de experiência em comunicação e mais de 30 anos com música, atua como palestrante e treinadora, utilizando metodologias vivenciais. Professora universitária e embaixadora de empresas de educação. Entusiasta de escrita, leitura e de trabalhos voluntários, especialmente no projeto social Heróis do Amor, do qual é cofundadora.

Seja qual for o desafio que esteja enfrentando, o autoconhecimento é essencial para vencê-lo. Por meio dessa viagem em direção a nossa consciência, aumentamos as possibilidades de termos maior satisfação e equilíbrio entre as áreas pessoal, profissional, de relacionamentos e de qualidade de vida.

Esteja você buscando seu primeiro emprego ou recolocação, em desenvolvimento, transição de carreira ou preparando-se para a aposentadoria, conhecer de forma mais aprofundada a si mesmo te ajudará a tomar decisões mais assertivas e fazer escolhas com mais segurança.

A máxima do filósofo Sócrates nunca foi tão discutida e necessária: "Conhece-te a ti mesmo". No entanto, conhecer exatamente o quê? Seus pontos fortes (talentos), pontos de melhoria (competências a desenvolver), seus valores (aquilo que é prioridade e inegociável para você), suas crenças (padrões de pensamento), seu propósito (a intenção positiva que há por trás das suas ações, o porquê você faz o que faz), sua missão de vida (a razão pela qual você veio ao mundo), o legado que deseja construir (a forma como quer ser lembrado), o que te motiva e faz feliz, o que você gosta ou não.

Se você está procurando um novo emprego, por exemplo, uma engrenagem que melhor se encaixe à sua estrutura, a quem você é, ao que carrega na sua essência e aos seus interesses de carreira, deve, primeiramente, entender as suas características. Lembre-se: todo sucesso passa pelo autoconhecimento.

Sempre oriento os clientes da minha mentoria de recolocação a darem o primeiro passo rumo ao emprego ideal, expandindo o autoconhecimento e isso é possível realizando uma análise comportamental. Outras abordagens, como a psicoterapia e o *coaching*, também cumprem importante papel nessa investigação de si mesmo.

É claro que, até nosso último dia de vida, evoluiremos nessa autoavaliação. Trata-se de um processo de melhoria contínua. Todavia, ao contarmos com ferramentas e metodologias fidedignas, conseguimos ter um ganho significativo e rápido sobre quem somos e o que faz sentido para nós.

Você deve estar se perguntando: e as competências técnicas? Não são importantes mais? Essas competências, também chamadas de *hard skills*, sempre serão relevantes. Elas são adquiridas por meio da formação acadêmica, de cursos, treinamentos e da própria prática do trabalho. Entretanto, a cada dia que passa, as competências comportamentais, conhecidas como *soft skills*, são mais valorizadas. Elas são exclusivamente humanas, são aquelas que as máquinas não podem substituir. E aqui está o grande segredo para sermos bem-sucedidos, para continuarmos tendo espaço dentro de um cenário altamente tecnológico e automatizado, para caminharmos conforme a nossa essência: antes de sermos bons profissionais, tecnicamente falando, precisamos aprender a ser excelentes humanos.

Entre as várias *soft skills*, temos a inteligência emocional como uma das que mais se destaca. Ela diz respeito a nossa capacidade de perceber as nossas emoções e as do outro para sabermos lidar com elas da melhor forma. Veja que esse autogerenciamento demanda autoconhecimento. Nesse sentido, o próprio conceito que trazemos como título desta obra, *Balanced skills* (Competências Equilibradas), depende do autoconhecimento como alicerce.

Certa vez, atendi um engenheiro com mais de 15 anos de experiência na área industrial. Ele tinha um forte desejo de se tornar líder, porém estava inseguro quanto às suas habilidades. Não faltavam evidências de que era admirado pelas pessoas da sua equipe e de outros setores. Exercia uma influência positiva, sabia ouvir de maneira interessada e orientar sobre as melhores estratégias; inclusive, era procurado pelos colegas por causa desses atributos. Mesmo assim, precisava ganhar autoconfiança e clareza quanto a seus talentos para deixar de ser um especialista e ocupar uma posição de liderança numa empresa na qual lhe dessem essa oportunidade.

Ao passar por um teste comportamental, teve a sensação de que uma cortina de fumaça estava se desfazendo na sua frente e pôde enxergar com nitidez o quanto a liderança estava impressa na sua personalidade naturalmente. Além disso, apresentou um perfil empático, flexível, com ótima capacidade de relacionamento interpessoal e de negociação. Assim, aumentou a confiança em si para buscar o trabalho que o conectasse com quem ele nasceu para ser: um líder inspirador. Hoje, está empregado numa das maiores empresas de tecnologia do mundo, fazendo aquilo que ama e entregando excelentes resultados.

Eu também vivi uma experiência há mais de dez anos, ao realizar um curso, quando o instrutor disse uma frase de Grace Hopper que me marcou profundamente e impulsionou meu autoconhecimento: "Um navio é seguro no porto, mas não é para isso que os navios foram construídos".

Se nos compararmos com esse navio, veremos que também podemos escolher ficar no cais, na zona de conforto, porém não é na comodidade que o extraordinário acontece. Podemos decidir deixar a nossa carreira estagnada, sentindo só a "marolinha" na beira da praia. Ou podemos ousar ir além, desbravar os mares, avançar para águas mais profundas onde contemplaremos um horizonte com infinitas possibilidades.

E sabe o que nos empodera para sairmos da inércia e atuarmos na nossa zona de potência? O autoconhecimento.

Lembro-me de que, ao fazer minha transição de carreira para tornar-me empreendedora do conhecimento, ministrei diversas palestras em universidades públicas e privadas, levando os acadêmicos a identificarem seus talentos para explorá-los e obterem um excelente desempenho na vida pessoal e profissional.

Ao trazer questões para que refletissem, eu fazia esse movimento de introspecção com eles, recordando até mesmo das brincadeiras da minha infância que me empolgavam. Logo, vinha à tona a imagem de quando eu dava aulinhas para os amigos da minha rua e apresentava programa de TV. A sensação foi tão boa e eu me energizei tanto com aquelas memórias e sentimentos, que pensei: se era algo que eu fazia de forma tão natural, se tudo aquilo me alegrava de tal maneira, por que não realizar atividades para empregar aquelas habilidades natas? Foi, então, que me lancei em vários desafios, como ser professora universitária e apresentadora do meu programa de TV, o Conexão & Carreira. Idealizei, produzi e entrevistei profissionais renomados em suas áreas, desde Marcos Piangers até o cantor Daniel. Que experiência!

Após mais de treze anos trabalhando com locução de rádio, agora estava na frente das câmeras.

Perguntas poderosas para se fazer e descobrir seus talentos

- O que eu faço bem, sem esforço e sinto prazer quando realizo?
- O que eu mais gosto de fazer no meu tempo livre?
- Quais são os três principais pontos fortes da minha personalidade?
- Que tipo de vivência faz meus olhos brilharem e meu coração pulsar mais forte?
- Quais atividades eu faria por horas sem ver o tempo passar?
- Quais são os temas que eu não me canso de aprender e conversar sobre eles?
- Quando estou numa livraria, quais setores sempre visito, quais assuntos sempre procuro?
- Quando estou na internet, o que costumo buscar simplesmente porque me sinto bem pesquisando sobre aquilo?
- Quais atividades eu faria por horas sem ver o tempo passar?
- Que tipos de objetos ou ambiente eu adoro ter ao meu redor?
- Para que as pessoas sempre me convidam?
- Pelo que as pessoas me agradecem, me reconhecem e me valorizam?

Nas respostas das questões acima, estarão seus talentos e eles te darão asas.

E por falar em voar alto, impossível não me lembrar de uma cliente que me procurou quando faltavam apenas três meses para ser jubilada de um curso superior por não ter entregado a monografia, embora tivesse cumprido todas as disciplinas.

Essa cliente encontrava-se extremamente desmotivada e julgava-se incapaz de dar conta do trabalho final. Sua autoestima estava muito baixa. Era uma moça jovem, que só usava roupas pretas, coque no cabelo, nenhum acessório ou maquiagem e estava obesa. Ela se escondia do mundo, pois se via como incompetente e desinteressante. Queria muito aquele diploma, especialmente para dar continuidade aos estudos no sul do país, onde sua família morava.

Ao realizar as sessões de *coaching*, foi olhando para o seu interior, conhecendo melhor quem realmente era, os talentos que possuía e a força tremenda que guardava em seu íntimo após superar tantas adversidades.

Ela começou a se arrumar e a se vestir com roupas coloridas, soltou o cabelo e até fez mechas azuis, dedicou-se à reeducação alimentar, iniciou atividades físicas, comprometeu-se com seu objetivo principal e entregou sua monografia. Passou na prova do curso que sonhava numa universidade no sul, voltou para o seio familiar e está construindo uma linda carreira.

O autoconhecimento trouxe uma transformação sistêmica na vida dessa *coachee*, levando-a ao autocuidado e ao empoderamento para mudar todas as realidades que a incomodavam. Conhecer suas fragilidades, suas crenças limitantes, bem como todo o potencial adormecido dentro de si, a estimulou a viver o que ela desejava.

Ela reconheceu seu valor! E, quando isso acontece conosco, não permitimos que nada nos impeça de ir além, nem mesmo nossos pensamentos.

É preciso coragem para mudarmos e flexibilidade para nos abrirmos ao novo, sem renunciarmos os nossos valores, pois são eles que devem guiar nossas atitudes e nossos comportamentos.

Conheça agora seus valores por meio da ferramenta a seguir.

Valor por trás da meta

Pegue papel e caneta e, após ler cada pergunta, anote a resposta que vem a sua mente.

Pense na meta mais importante que você tem hoje, seja a nível pessoal ou profissional.

- Imagine que você atingiu essa meta. O que você vai ganhar com isso?
- Agora, imagine que você conseguiu... (cite o ganho que você registrou na resposta anterior). O que mais vai ganhar?

- Imagine que você conseguiu... (cite o ganho da sua última resposta). O que mais você vai ganhar?

Os ganhos podem se repetir. Talvez o ganho que você colocou na primeira resposta, por exemplo, liberdade, pode se repetir nas respostas posteriores.

Vá fazendo essa mesma pergunta até que tenha listado em torno de quinze ganhos.

Se houver muitas repetições, a pergunta é: ao traçar sua meta (cite a meta que você lançou no início deste exercício), o que você mais quer é (cite o que se repetiu mais vezes)?

Faz sentido para você se eu afirmar que o valor por trás da sua meta é (cite o valor repetido)?

Se você escreveu diferentes ganhos nas respostas, faça uma escala de prioridades deles, de acordo com seus critérios. A partir dessa ferramenta, você descobrirá seu valor-guia, aquele que mais norteia suas ações.

O que você pode fazer ainda hoje para se aproximar ou potencializar esse valor?

Quando, de fato, você vai começar? Precisará de algum recurso?

Quanto tempo você vai dedicar ao cumprimento dessa tarefa?

Como você vai se lembrar desse compromisso que está assumindo consigo?

Inúmeras pessoas levam a vida sem compreender o propósito das suas atividades, os valores que dirigem suas decisões e os talentos que as tornam únicas e especiais. Não colocam suas prioridades no devido lugar, não param para pensar nos seus bloqueios interiores e acabam impactando negativamente sua saúde física e mental. Assim, "o tempo voa... escorre pelas mãos", sem que percebam que "a vida é belíssima, mas é brevíssima" e que é urgente se reconectarem com sua verdadeira essência para serem protagonistas da própria história.

Carl Jung afirmava que "quem olha para fora sonha, quem olha para dentro desperta". Falar a respeito do outro costuma ser mais fácil. Todavia, é primordial buscarmos desenvolver uma visão clara sobre nós, sem julgamentos e com disposição para crescermos.

Autoconhecimento e ação devem caminhar juntos. Não basta somente olhar para dentro de si, é necessário ter interesse genuíno de mudar o que for preciso e colocar-se em movimento para viver o extraordinário.

Você nasceu para brilhar!

Referência

GRAMIGNA, M. R. *Jogos de empresa e técnicas vivenciais*. 2. ed. São Paulo: Pearson Prentice Hall, 2007.

15

AUTORRESPEITO E AUTOCOMPAIXÃO

Neste capítulo, compartilho reflexões de como os temas autorrespeito e autocompaixão se inserem em um movimento que pode contribuir para que tenhamos uma vida plena e, porque não dizer, mais feliz. Minha intenção é provocar você, leitor(a), a fazer seu mergulho pessoal, refletindo sobre o significado que tem dado a essas duas palavras e o impacto disso em suas escolhas.

CLAUDIA SERRANO

Claudia Serrano

Contatos
www.arquiteturarh.com.br
claudia@arquiteturarh.com.br
Instagram: @serranoclaudia
LinkedIn: Claudia Serrano
11 99716 0547

Sou apaixonada pelo que faço e grata pelo que a vida tem me dado: uma filha linda; Valmir, meu companheiro; uma família com quem posso contar. Na vida profissional, tenho uma sociedade com Izabela e Marília e com a *Caminhos Vida Integral*, que compartilham o que acredito: que cada ser humano nasceu para florescer e chegar ao máximo do seu potencial. Tenho o privilégio de decidir com quem estar e o que fazer, aprendendo ainda mais a cada dia e em cada interação. Depois de fazer um mestrado em Gestão da Diversidade, só fortaleci o que penso sobre o ser humano: somos diversos sim e é isso que nos impulsiona e que nos permite fazer as melhores escolhas e sermos a nossa melhor versão a cada dia que passa. É isso que levo em cada treinamento e em cada aula nos cursos de pós e MBA da Fundação Dom Cabral, FIA e FAAP.

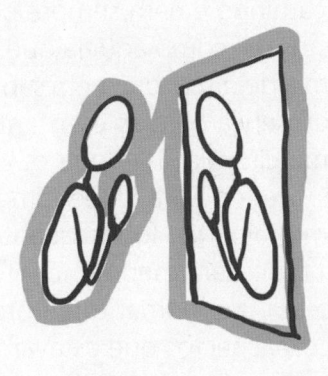

Falar sobre autorrespeito e autocompaixão é dar um mergulho na própria história e isso pode acontecer em várias fases da vida, mas existem momentos nos quais ele é muito mais profundo. No meu caso, ocorreu quando completei 60 anos, enquanto aguardava o embarque para um voo rumo a Fortaleza, onde eu daria aula para uma turma de pós-graduação.

Estava aproveitando o tempo fazendo algumas atividades no notebook quando ouvi: convidamos para o embarque as prioridades previstas por lei, pessoas idosas a partir dos 60 anos. As palavras idosas e 60 anos pareciam não combinar. Com essa idade, me sentia com toda a energia do mundo, cabeça cheia de ideias, muita vontade de realizar. De qualquer maneira, já que tinha conquistado uma etapa da vida na qual sou considerada "prioridade", me dirigi para a fila, sob o olhar de algumas pessoas que me viam como se eu fosse uma usurpadora de privilégios por conta de minha genética privilegiada. Entretanto, passei a prestar mais atenção no meu momento e nas mudanças que ele trazia para meu dia a dia. Era importante ajustar meu percurso, e essa atitude pressupõe ressignificar muito do que se pensa. Vamos construindo a nossa história a partir de uma caminhada que fortalece formas de ser que podem ser muito úteis em um instante, mas não serão mais em outro. No meu caso, oriunda de uma família de mulheres fortes, que seguram tudo, matam no peito e fazem o que precisa ser feito, cuidam da casa, do marido, dos filhos, dos pais e, de quebra, sobem na escada para pintar a casa, pendurar o quadro, carregar as compras. Cuidando de tudo e de todos.

Vamos trilhando o caminho e nem sempre prestamos atenção às chamadas que a vida nos dá, como aquela que tive aos 40 e poucos anos, quando uma hérnia de disco, que nem sabia que existia, cansou de me avisar de sua presença com as constantes dores nas costas, que resultaram em uma cirurgia. Tive que ouvir de minha filha: "É, mãe, você não para nunca e o Cara Lá de Cima fez isso". Uma frase e tanto, mas que não me calou tão fundo quanto deveria. Assim que fiquei bem, voltei com tudo para meu ritmo intenso.

Olho para tudo isso em um momento de profunda reflexão, que descortinou, aos poucos, aspectos que estavam relegados a um segundo plano e remetem às duas palavras deste capítulo: *autorrespeito* e *autocompaixão*.

Vamos à primeira. Segundo o dicionário, *autorrespeito* é o "respeito que alguém tem em relação a si mesmo. Apreço, atenção, consideração ou reverência que alguém tem por si próprio" (DICIONÁRIO, 2023).

Autorrespeito implica a capacidade de identificarmos nossas prioridades, sejam elas associadas à mente ou ao corpo. Quando mais jovens, podemos ignorá-las como os períodos necessários de descanso ou o cuidado que se concretiza por meio de atividades físicas e acompanhamento médico. Para alguém que adora o que faz como eu, negligenciar esses aspectos é fácil. Trabalho em primeiro lugar.

Ironicamente, sempre dei exemplos do valor do autoconhecimento e da autoconsciência (discutidos nos capítulos de Josiane e Ana Clara) para mudança de comportamento. Você sabe da importância de praticar atividade física e vira sócio(a) mantenedor de academia. Paga o plano anual e vai dois meses, quem sabe. Ora, venho de uma trupe de mulheres longevas e tenho o desejo de envelhecer bem. Deveria ter levado isso do saber para a consciência, certo?

Quantas vezes colocamos outras necessidades à frente das nossas? Quantas vezes o tempo aparece como uma "desculpa verdadeira". Sim, é fato que ele é menor do que tudo o que temos para fazer, mas ele não pode se tornar a desculpa recorrente para não respeitarmos nossas prioridades. Disse sim para aquela reunião bem na hora de ir para a academia? Pensou que hoje trabalhou muito e está cansada(o) demais para ir se exercitar? Disse não para você e não honrou o que realmente importa. Isso pode acontecer de vez em quando, mas já parou para observar que podemos tornar isso algo recorrente? É uma observação que pode levar para a expansão da autoconsciência que, por sua vez, amplia nosso autoconhecimento e nos faz sair do "cabeção" e ir para o coração. Cabeção? Explico: usamos todas as justificativas racionais para o que fazemos, sem parar para sentir verdadeiramente o impacto dessas ações nos nossos desejos e limites.

Qual é a voz que impulsiona você?

Eric Berne (1995), pai da teoria da Análise Transacional, defende que nós desenvolvemos um "Argumento de Vida", um modo fixo de agir, característico de cada pessoa nas mais variadas situações, destacando-se em uma das cinco categorias de impulsores:

- **Seja perfeito:** perfeccionista, exigente, expressão severa.
- **Seja forte:** não demonstra emoções, extremamente responsável, puxa para si as responsabilidades e não pede ajuda.
- **Seja apressado:** inquieto, sempre pensando no que deve fazer em seguida, quer terminar tudo imediatamente.
- **Seja agradável:** sente-se responsável por fazer os outros se sentirem bem, precisa da aprovação dos outros, não sabe dizer "não".
- **Seja esforçado:** está sempre achando dificuldades, não termina as coisas e está sempre se esforçando sem obter muito resultado.

Pelo meu relato anterior, já deu para entender que o **seja forte** fala alto comigo, tendo como parceiro de coro o **seja agradável**. Quando em equilíbrio formam uma boa dupla mas, quando se apresentam com muita força, acabam gerando vulnerabilidades.

Sentir-se querido, fazer parte é importante, mas não pode impedir que nosso eu genuíno imponha os limites indispensáveis para que nos posicionemos de maneira consciente diante do que é melhor para nós e para aqueles que estão em nosso entorno. Se agradar os outros passa a ser prioridade, acabamos por ignorar nossas necessidades.

Pare e reflita: qual é o jogo que você tem praticado na vida? Ele estabelece uma relação ganha-ganha?

Onde entra a autocompaixão nessa equação?

A palavra compaixão vem do latim *compassio*, que significa "o ato de partilhar o sofrimento de outra pessoa". Isso é importante para que possamos estabelecer relacionamentos empáticos.

> *A compaixão (assim como outras características positivas) é uma qualidade inata e sua expressão através da bondade é algo completamente natural. Tudo é uma questão de cultivar o que temos de melhor e conter nossas tendências destrutivas...*
> (JINPA, 2016)

Compaixão é um olhar para fora, enquanto a autocompaixão é um olhar para dentro. Está associada à resiliência emocional. Permite aceitarmos a nossa natureza humana imperfeita e nos ajuda a controlar a voz de nosso "juiz interior", que pode assumir um forte tom de crítica. Por isso, é essencial encontrar o equilíbrio para que essa autocrítica seja benefício e não peso.

Mas, em uma sociedade intensa e competitiva como a nossa, nem sempre é tão simples praticar a autocompaixão. Ela precisa estar associada à autoconfiança para que usemos o autorrespeito, de modo a mantermos o controle de nossa vida, a partir de uma visão positiva de nossas fortalezas e vulnerabilidades.

Os benefícios para a saúde mental e física que advêm da autocompaixão nos permitem cuidar melhor de nós e dos outros. Isso me faz lembrar das recomendações de segurança a bordo: quando uma intercorrência faz cair a máscara de oxigênio, devemos colocar primeiro a nossa para depois auxiliarmos os outros. Se não cuidarmos de nós, como poderemos cuidar dos outros?

Autocompaixão não é autocomplacência, autopiedade ou autogratificação

> *Nada é tão difícil quanto não se enganar a si próprio.*
> LUDWIG WITTGENSTEIN

Todo mundo já deve ter se justificado por algo que deveria realizar e não fez. Tudo bem, mas o olhar é se essa dinâmica aparece de maneira recorrente, levando a fragilizar a sustentação de uma ideia, ter um viés perceptivo que nos coloca à parte do que deveríamos priorizar para concretizar nossa intenção. Passamos a viver na expectativa, à espera do que gostaríamos que acontecesse e que não está no nosso espaço de governabilidade, ficando confortavelmente em posição de autopiedade.

Joe Dispenza, autor do best-seller *Quebrando o hábito de ser você mesmo* (2019), nos provoca sobre quanto podemos coibir a mudança pela forma como criamos diferentes estados de ser. Uma experiência cria uma reação emocional que pode se transformar em humor, depois em temperamento e, por fim, molda um traço de personalidade. Memorizamos reações emocionais e respondemos em função delas, por conta das conexões sinápticas de nosso cérebro, e criamos sempre a mesma realidade.

Sentir pena de si mesmo é, como diz uma das palhaças do Doutores da Alegria, ficar umbigado, que é o caminho para a "ruminação" que Susan David ilustra em seu livro *Agilidade Emocional* (2018). Entramos em um redemoinho mental que nos impede de ter um posicionamento mais saudável e produtivo.

Autocompaixão também não é o mesmo que autogratificação. Pode até ser que, em algum momento, decidamos nos dar um mimo, um agrado. Mas essa atitude não deve se tornar um "tapa-buraco" que nos esquiva de lidar com o que verdadeiramente incomoda.

A autocompaixão remete à compreensão, à aceitação sem julgamento. Por isso também permite que não nos torturemos se, em algum momento, cedemos a um impulso e nos afogamos no agrado de uma barra de chocolate depois de trabalhar muito.

Permanecer em relações desequilibradas ou abusivas, assumindo a culpa por não estar dando certo; estar desconfortável com o próprio corpo, entupindo-se de comida ou entrando em dietas rigorosas; negligenciar necessidades básicas, como sono; colocar-se em uma posição de menos valia, sem valorizar o talento e a capacidade (síndrome do impostor) são indícios da falta de autocompaixão que levam à ausência de autorrespeito.

Autorrespeito e autocompaixão vs. maturidade

Em uma sociedade que valoriza a juventude, a beleza, o processo de envelhecimento pode ser complexo, mas também muito libertador. Não há uma chave mágica que leve a aceitar de bate-pronto muitas mudanças que acontecem: aquela roupa na qual nunca mais vou entrar, as marcas do tempo que vejo no espelho, as mudanças corporais que me impõem limites. Se antes ministrava três dias de treinamento e duas noites de aula tranquilamente, agora tenho que me respeitar e entender que esse ritmo não é mais possível.

É necessário não ter receio de demonstrar nossas vulnerabilidades, de pedir ajuda, de colocar limites (primeiro em nós) sem sentir medo, sem ficar com o orgulho ferido. Orgulho é uma falsa proteção disfarçada de força, que nos torna relutantes em procurar apoio.

É fundamental mudar a forma como lidamos com o relógio biológico para adequar nosso jeito de lidar com o tempo marcado pelas horas do dia. Aprendi que posso fazer uma pausa à tarde para um chá sem fazer nada e que isso não é um luxo, mas o produto de uma conquista que os anos vão nos dando.

Como nos ensina a Antroposofia, a cada setênio, há uma nova forma de caminhar. Novas habilidades que também nascem com a maturidade.

> *Cada setênio traz um convite para uma ressignificação e a cada crise vivenciada, uma oportunidade. Cabe a nós escolhermos como atravessaremos nossa jornada. Brigar e resistir é um caminho e contemplar as mudanças e fluir com elas também é.*
> ANDRESSA MIIASHIRO

Esteja bem consigo mesmo(a) e, sobretudo, faça mais do que deixa você feliz.

> *Há um tempo em que é preciso abandonar as roupas usadas, que já têm a forma do nosso corpo, e esquecer os nossos caminhos, que nos levam sempre aos mesmos lugares. É o tempo da travessia: e, se não ousarmos fazê-la, teremos ficado, para sempre, à margem de nós mesmos.*
> FERNANDO TEIXEIRA DE ANDRADE

Referências

BERNE, E. *Os jogos da vida. Análise transacional e o relacionamento entre as pessoas.* Barueri: Nobel, 1995.

DAVID, S. *Agilidade emocional.* São Paulo: Cultrix, 2018.

DICIONÁRIO on-line da língua portuguesa. Disponível em: <https://www.dicio.com.br>. Acesso em: 29 abr. de 2023.

DISPENZA, J. *Quebrando o hábito de ser você mesmo.* Porto Alegre: Citadel Grupo Editorial, 2019.

JINPA, T. *Um coração sem medo: porque a compaixão é o segredo mais bem guardado da felicidade.* São Paulo: Sextante, 2016.

SAGE, C. *Como praticar o autocuidado: cultive o bem-estar e a felicidade de dentro para fora.* Edição do Kindle, 2023.

16

AUTOCONSCIÊNCIA

Uma pessoa autoconsciente dos seus processos psíquicos, emocionais, cognitivos e comportamentais é capaz de tomar as decisões mais acertadas e perceber se suas ações estão alinhadas com seus princípios, valores e aspirações. Autoconsciência é a arte de conhecer a si mesmo e de ser autêntico, entendendo qual é o impacto disso no mundo. Desenvolvê-la só depende de você!

ANA CLARA BITTENCOURT

Ana Clara Bittencourt

Contatos
www.focoebemestar.com
anaclara@focoebemestar.com
LinkedIn: Ana Clara Bittencourt
Instagram: @focoebem.estar
24 98829 5107

Curiosa, festeira, criativa, estudiosa, sensível, amiga dos amigos, estratégica e buscadora de resultados. Essa sou eu! Apaixonada por pessoas e pelos processos que conduzem ao florescimento humano. Psicóloga, especialista em felicidade e bem-estar, MBA em gestão de pessoas, palestrante e *master player*. Coautora de livros na área da psicologia positiva e do livro *Soft skills: habilidades do futuro para o profissional do agora*, publicado pela Literare Books International. *Founder* do Instituto Foco & Bem-Estar, que tem a missão de ajudar as pessoas a manejarem seus infortúnios emocionais e psicológicos, oportunizando o aprendizado de estratégias para o desenvolvimento pleno de competências sociocomportamentais, talentos, pontos fortes e forças pessoais, pois acredito no potencial das pessoas para atingirem resultados extraordinários.

*Conhece-te a ti mesmo e conhecerás o
universo e os deuses.*
SÓCRATES

Em termos de desenvolvimento profissional, certamente você já ouviu falar sobre as *hard skills* e as *soft skills*, mas agora chegou a vez de conhecer as *inner skills*. No mundo cheio de complexidades e transformações, olhar para dentro de si é uma chave poderosa para abrir as portas para seu crescimento pessoal e também na carreira. Neste capítulo, abordarei a *inner skill* autoconsciência com exemplos de *cases* da minha história de vida e lhes apresentarei uma excelente estratégia para desenvolvê-la.

Inicio relatando, brevemente, como a autoconsciência faz parte da minha vida desde a infância. Desde que me reconheço como pessoa, possuo facilidade para fazer reflexões. Quando criança já gostava de passar tempos pensando na vida, nos acontecimentos e nas pessoas. Questionadora, muito curiosa e introspectiva, buscava entender os vários porquês da existência. Refletia bastante sobre mim mesma – emoções que sentia e o que gostava de fazer.

Comecei a empreender por volta dos 12 anos de idade, utilizando minhas habilidades manuais, e, no ensino médio, fazia trabalhos de pintura em tecidos para vender. Empreendia, mas de maneira desorganizada, não conseguia trabalhar com estoque de materiais, tudo o que recebia gastava me descapitalizando. Não conseguia ser a empreendedora que desejava. Além da inexperiência no mundo dos negócios, não possuía autoconsciência apurada. Era necessário ser mais consciente quanto ao processo. E fui em busca desse aprendizado.

Existem diferenças significativas entre consciência e autoconsciência. Enquanto a consciência se refere à visão clara e racional do que é certo e errado e amplia a percepção sobre nossas atitudes, a autoconsciência está relacionada à capacidade de se autoconhecer – mergulhar em si mesmo para agir de maneira mais adequada e para ter comportamentos socialmente mais competentes.

As *inner skills* estão relacionadas às habilidades interiores dos indivíduos – às competências intrapessoais, ou seja, aquelas nas quais o indivíduo tem o olhar voltado para dentro de si. É uma habilidade intrapessoal atemporal que funciona como um fio condutor para o entendimento mais profundo do indivíduo sobre si mesmo. Há milênios, filósofos e grandes pensadores viam a autoconsciência como uma conquista ou realização que trazia liberdade, saúde mental e felicidade, pois acreditavam que ela era a base para o processo da autorreflexão e do autoconhecimento.

É a autoconsciência que possibilita o despertar do sujeito para mundo, pois por meio dela nossa intenção de interação se transforma e possibilita a construção do nosso *self*. Nesta troca entre o mundo interno e o externo, vai se formando a base para qualquer pessoa se autoconhecer melhor e agir de modo competente.

A maioria de pessoas acredita que "é como é" e ponto final. Porém, digo a você, querido leitor, prezada leitora, que não somos imutáveis e nosso *self* vai se aprimorando ao longo da nossa jornada; logo, a mudança sempre é possível, desde que tenhamos abertura para ela. Portanto, acredito que o processo de mudança se dê, principalmente, a partir da autoconsciência e do exame delicado sobre nossos aspectos mais profundos: psique, emoções, desejos, pensamentos e comportamentos. Veja, a seguir, como esta poderosa *inner skill* me ajudou a alcançar o sucesso profissional.

A transformação pela autoconsciência

A falta dessa *inner skill* me trouxe efeitos danosos: falta de foco, impulsividade, reatividade negativa, preocupação excessiva, ansiedade, entre outros aspectos. Conscientemente fui modificando e expandindo, cada vez mais, a compreensão sobre mim mesma. Conseguir evoluir na tomada de consciência me ajudou a fortalecer a autoconsciência.

Ainda bem que a evolução é possível, ufa! Com o passar dos tempos, fui fortalecendo o hábito da reflexão profunda e encontrando maneiras de me sair melhor nas situações diárias. Passei a usar o raciocínio e as ideias para me guiarem na descoberta de estratégias e saídas para as minhas dificuldades, planejando melhor as ações. Tudo isso pensando, refletindo, me auto-observando e me autoanalisando. Aliás, o raciocínio e a ideação são *skills* importantes no processo de aprimoramento da autoconsciência, por isso convido o leitor para ler meu capítulo "Raciocínio e ideação", no livro *Soft skills: habilidades do futuro para o profissional do agora* (2021), no qual abordo o processo de desenvolvimento do raciocínio e da ideação.

Nem sempre foi fácil, mas cheguei até aqui! Tenho tido um crescimento pessoal e profissional realizador e acredito que a autoconsciência esteja sendo um bom guia para este caminhar e florescer. Ao perceber os estímulos internos (emoções, cognições, aspirações, valores, sonhos, desejos e competências) e conciliá-los com o mundo externo (acontecimentos, adversidades, família, social e trabalho), certamente, foi possível potencializar outras competências além da autoconsciência, que se dá justamente nesta interação e funciona como um vetor para o sucesso tanto na vida pessoal quanto na profissional.

Veja que interessante! A estrutura do sistema cognitivo é composta pela autoconsciência objetiva (o foco nos estímulos externos) e subjetiva (no mundo interno). Além disso, existem dois tipos de autoconsciência: a autoconsciência pública, que se divide em consciência do estilo (saber os próprios padrões comportamentais e seus efeitos no ambiente) e consciência da aparência (apresentação física para os outros e a autoimagem). Já a autoconsciência privada é formada por dois aspectos: autoreflexão (pensar sobre o *self*) e consciência de estado interno (sentimentos e estado psíquico).

A essa altura você deve estar se perguntando: mas de que adianta entender tudo isso? Minha resposta é: para você compreender melhor como esta *inner skill*, de fato, pode ser um guia para seu sucesso na vida. O poder da autoconsciência se mostra nos benefícios dela como base para o desenvolvimento de outras habilidades sociais, a exemplo da atitude positiva, da autoapresentação positiva, da assertividade e da atitude de crescimento. Algumas dessas *soft skills* estão descritas brilhantemente no segundo volume desta coleção.

O processo se dá ao fazermos a junção dos estímulos externos e internos, refinando nossa percepção sobre nós mesmos e como devemos nos portar socialmente, colocando-nos no mundo de maneira autêntica, única e, ao mesmo tempo, diferenciada e transformadora. Permite-nos desfrutar de inúmeros benefícios: compreensão mais ampla sobre o *self*, maior domínio dos processos cognitivos, autocontrole emocional, aumento de foco, resiliência, empoderamento, tomada de decisão, ideias originais e criativas e muito mais.

Estar mais focada em mim mesma foi um ponto decisivo em minha vida, pois conquistei a liberdade de ser mais autêntica comigo mesma e alcancei vitórias muito especiais. O processo da autoconsciência fica, a cada dia, ainda mais aguçado em mim. Entendi com mais propriedade a diferença entre a autoconsciência saudável e funcional ligada à mudança do *mindset* (DWECK, 2017) e a mentalidade de crescimento (ANTUNES, 2021) das reflexões disfuncionais e crenças negativas nas quais, milhares de vezes, me embrenhei.

A partir do mergulho mais profundo em mim mesma fui me tornando uma pessoa com mais clareza mental sobre meu funcionamento no mundo e compreendendo também melhor as pessoas à minha volta. E não para por aí, não! Essa *skill* me tornou mais competente também para cuidar dos meus filhos e para ultrapassar vários momentos de adversidades com problemas de saúde do meu esposo, que enfrentou problemas cardíacos graves e um câncer. Impulsiona-me, até hoje, no amadurecimento como mulher para lidar melhor com todas as fases da minha trajetória.

Ao me comprometer, verdadeiramente, com este mergulho, venho criando maior conexão também com meu corpo e, com a prática do Pilates, tenho cuidado melhor da minha saúde física. Cuidar do corpo com autorrespeito e autocompaixão é um importante aspecto ligado à autoconsciência, pois ajuda no fortalecimento da autoestima. Você poderá aprender mais sobre autorrespeito e autocompaixão neste livro, no capítulo da querida coautora Claudia Serrano.

Autoconsciência e inteligência emocional

A autoconsciência leva ao aprimoramento da inteligência emocional e ajuda você a se encaixar e funcionar dentro da sua família, da comunidade, de um grupo ou de uma equipe organizacional, tendo melhor desempenho. Aliás, os líderes têm precisado aprimorar estas duas *skills* tão exigidas pelo mundo do trabalho atual, não é mesmo?

Entendida como parte integral da inteligência emocional e dos estados cerebrais ligados ao desempenho ótimo, a autoconsciência é a chave para a empatia nas relações no ambiente de trabalho e funciona como um filtro autorregulador dos estados emocionais positivos e negativos, ajustando nossos comportamentos ao mundo em que vivemos e às pessoas com as quais nos relacionamos. Veja, a seguir, como desenvolver a autoconsciência com um exercício superpoderoso que irá ajudar você a fazer essa conexão profunda consigo mesmo.

Autoconsciência como ponte de projeção para resultados extraordinários

Como psicóloga, não poderia deixar de lhe falar que existem estratégias e técnicas para desenvolver a *inner skill* autoconsciência. Coloque a estratégia a seguir agora mesmo em prática.

"*Autofeedback* projetivo" – estratégia utilizada para facilitar e ampliar a percepção das pessoas sobre várias fases e áreas da vida. Trata-se de perguntas que projetam o ser humano a refletir sobre a percepção que ele tem sobre si mesmo e, também, como as pessoas o veem, sendo parentes, amigos, conhecidos, pessoas do mesmo nível hierárquico e subordinados. As perguntas poderosas são feitas levando em conta a infância, a adolescência, a juventude e a vida adulta e sobre a visão que a própria pessoa possui de si mesma, da vida, dos outros, sobre seu futuro e como se mostra socialmente. Veja exemplos de perguntas a serem feitas nos diversos campos:

- **Pessoal –** qual é a visão que você tem de si mesmo; das outras pessoas, da vida e do futuro, e das fases da sua vida? Como sente que foi seu desenvolvimento?
- **Interpessoal –** como acredita que as pessoas do seu convívio (pais/cônjuge/filhos/sobrinhos/primos/netos, amigos e filhos de amigos) descreveriam você como pessoa?

- **Profissional** – como acha que seu líder e/ou seus subordinados, ou pessoas que trabalham num nível ou departamento hierárquico superior e inferior a você o veem?
- **Espiritual** – o que é espiritualidade, universalidade e filosofia para você?
- **Social** – como acredita que as pessoas com as quais você se relaciona no cotidiano o veem agindo?

Quais são seus pontos fortes, talentos, forças pessoais e *soft skills*? Quais são suas fraquezas e pontos de melhorias?

Faça esse exercício e fará preciosas descobertas sobre si mesmo. Como pode ver, a *inner skill* autoconsciência funciona como um grande guarda-chuva que abre inúmeras possibilidades para seu crescimento pessoal e profissional.

Concluindo

A autoconsciência é um dos primeiros componentes do autoconceito a emergir. Essa poderosa *inner skill* é um aspecto central do *self*, tornando-se entrelaçada no tecido de quem você é. Ela é a chave que abre a porta de entrada para seu mundo interior, é o fio de conexão consigo mesmo e, ao mesmo tempo, com o exterior. Fonte alimentadora de uma autoestima saudável e bem desenvolvida, funciona como uma âncora e serve de apoio para a alavancagem na realização dos seus sonhos e para o sucesso tanto na vida pessoal quanto na carreira.

Desenvolvê-la só depende de você! Permita-se a autodescoberta e seja feliz.

Referências

ANTUNES, L. *Soft skills: habilidades do futuro para o profissional do agora*. São Paulo: Literare Books International, 2021.

DWECK, C. S. *Mindset: a nova psicologia do sucesso*. São Paulo: Objetiva, 2017.

17

AMOR AO APRENDIZADO

Neste capítulo, vamos, juntos, conversar sobre uma das interessantes *inner skills*: "amor ao aprendizado". Uma habilidade que todos nós somos capazes de desenvolver e que pode nos trazer ainda mais felicidade. Antes de cobrar o melhor dos outros, dê o melhor de si.

GIANE CAMARGO

Giane Camargo

Contatos
giane_f_camargo@hotmail.com
LinkedIn: Giane Camargo
11 99422 8066

Filha de Sebastião e Dona Cida. Mãe do menino Caio e dos *pets* Luna e Mel e esposa do João Rodrigo. Seu lazer é estar com a família, curtindo seu lar, viajando e estudando. Consultora de Empresas e Mentora de Carreira, com especialidade em transformação cultural e gestão de projetos. Pós-graduada em Psicologia Organizacional e Graduada em Administração e Marketing. Fundou a Reagi, consultoria organizacional que nasceu para apoiar organizações e seus profissionais a agirem alinhados a um propósito e a serem agentes transformadores. É também sócia-fundadora da Coesus, um *hub* de especialistas em desenvolvimento humano e organizacional. Idealizadora e fundadora do clube de leitura Reagi, iniciativa para manter o cérebro saudável, conectar pessoas e manter o foco no amor ao aprendizado.

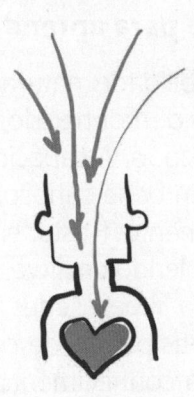

Que bom encontrar com você aqui! Vou lhe contar algo pessoal, escrever sempre foi um grande desejo. Sempre gostei de redigir, mas acreditava que não o fazia muito bem. Aliás, continuo no processo de aprendizagem. Por isso me desafiei a entregar para você conhecimentos valiosos sobre o tema de amar o aprendizado uma habilidade que pode levá-lo a lugares e situações que jamais imaginou conhecer. Acima de tudo, pode lhe trazer uma felicidade imensa, como essa que estou sentindo ao escrever para você.

Vamos começar por compreender o que significa aprendizagem: o processo pelo qual os conhecimentos, habilidades, comportamentos e valores são adquiridos ou modificados, resultado de algum estudo, experiência, formação, raciocínio e observação. Por meio dela, podemos evoluir em diversas áreas. Então, se compreendemos que aprender é tudo de bom, como então desenvolver essa capacidade de amar o aprendizado, de se entregar, de manter um ritmo contínuo nesse processo?

Quando se fala em aprender, não há como negar que um fator importante é a atitude de dar o primeiro passo, sair da zona de conforto na qual nosso corpo sempre busca permanecer, pois tudo nos parece familiar. "Atitude" tem raízes latinas e a mesma origem que "aptidão" (*aptus*), que quer dizer "adequado, apropriado ou a qualidade de ser bom para um propósito". Em Psicologia, encontramos a definição de Carl Jung para o termo como uma "disponibilidade da psique para agir ou reagir de uma determinada maneira". O amor ao aprendizado é ter atitude para reconhecer que não saberemos tudo.

Giane Camargo

Exercite a curiosidade para aprender

A curiosidade é a habilidade natural e inata em ver ou querer descobrir algo até então desconhecido, que motiva a exploração, a investigação e o aprendizado. A capacidade de exercitar o amor ao aprendizado está em manter-se curioso, se automotivar e despertar o interesse pelo conhecimento. É estar em busca do saber contínuo e de modos diferentes, seja lendo um livro, indo a um festival de música, um concerto, assistindo a filmes, séries, indo a exposições, ouvindo podcasts, viajando e participando de conversas e debates... Não é simplesmente buscar um conhecimento técnico ou uma formação; é exercer a habilidade de estar disponível e aberto para se encontrar com o novo e que não tenha relação somente com seu trabalho ou com suas competências correlatas. Tem a ver com a capacidade de mover-se a fim de absorver uma informação nova e, a partir dela, transformá-la em conhecimentos.

Liberte-se das amarras antigas e, muitas vezes, inexistentes

Há pouco tempo, surgiu-me a oportunidade de ministrar aulas para turmas de MBA; desafio que exigiu muita coragem para aceitar, curiosidade para pesquisar e humildade para aprender. Contatei colegas e expus minhas necessidades. Ouvi as sugestões, fui aprendendo, revisando e construindo os conteúdos.

Já ouviram dizer que "santo de casa não faz milagre"? No começo, tive dificuldade de aplicar o plano de aula. Mas segui adiante e fui aprendendo com o novo processo e com os alunos. Aqui reforço: não desista perante os desafios, muitas vezes a imagem do "cavalo preso com corrente na cadeira de plástico" é tão recorrente que nos esquecemos de olhar outras perspectivas. A Neurociência ensina que nosso cérebro reage diante de nosso corpo. Então, quando se deparar com alguma dificuldade, procure movimentar-se: levante, tome um ar, uma água e, se possível, caminhe ou corra. Volte revigorado e jamais desanime e não deixe que o medo ou a vergonha o imobilizem.

Desaprender para reaprender

Amar o aprendizado consiste em reconhecer a importância do desaprender para o reaprender. Quantos ensinamentos, quantos certificados já não fazem mais sentidos há tempos! E está tudo bem. Reconhecer essa necessidade é primordial. Liberte-se da crença de que sabemos de tudo. Aliás, o que aprendemos hoje pode ser modificado algum dia. Por exemplo, modelos de lideranças corporativas e educação aos filhos que não cabem mais no mundo atual. Não é moda, é sobrevivência! As conexões permitiram um avanço exponencial do ser humano. As informações não estão somente disponíveis para um grupo seleto de pessoas. Por isso todos temos, praticamente, as mesmas chances e oportunidades em aprender; e desapegar das ideias antigas é necessário para desenvolver a capacidade do amor ao aprendizado. Experimente e prove das emoções que um novo conhecimento pode oferecer.

Permita-se voltar a ser criança

Todos fomos crianças, mas como adultos nos consideramos capazes de resolver todos os desafios. Acreditamos ser mais sábios, por isso esquecemos algo de muito valor que elas carregam e não está relacionado com a sabedoria. Repare em uma criança de 4 anos, veja a vastidão que é o seu coração e a sua visão. Ela visualiza infinitas possibilidades sem limites. Busca. Arrisca-se. Prova. Esse é o momento fantástico do processo de amor ao aprendizado. Ela está inteiramente voltada para o que evitamos e nos tornamos bloqueados, frustrados, com medo, com receio do que vão pensar de mim.

Aos 40 anos, uma mãe queria voltar a praticar esporte. Então, se inscreveu no *muay thai*. Alguém lhe perguntou: "Nossa, você sempre praticou?". Respondeu que não e que está aprendendo aos poucos, o que tem lhe proporcionado muita felicidade. Amor ao aprendizado se conecta com a satisfação de adquirir conhecimentos e realizar sonhos.

Você nunca irá tropeçar no inesperado se ficar
somente com o que é familiar.
ED CATMUL

Não tenha medo do novo

Eu poderia trazer a vocês exemplos do corporativo, são mais de duas décadas trabalhando com transformação cultural, porém desenvolver amor ao aprendizado é aprender de diversas formas e explorar outros caminhos. Então, para ilustrar, apresento a história interessante de um filme infantil: *Os Croods* (2013), produzido pela DreamWorks, conta a história de uma família que vivia na caverna, mas por um fenômeno natural precisou sair dela. O pai critica as mudanças. Para ele, tudo o que é novo é ruim e perigoso. Mas o que acontece no desenrolar do enredo mostra o contrário, e que é preciso aprender que o novo e as transformações fazem parte da natureza humana. Quando se ama aprender, tudo se torna mais prazeroso e confirmamos como somos capazes de fazer coisas novas, basta nos deixar levar pelo amor ao aprendizado. E se não der certo? Recomece. O fracasso também nos faz evoluir.

Assuma suas vulnerabilidades e se desafie

Já adulta, eu não cultivava o hábito para a leitura. Tinha dificuldade de me concentrar. Ficava empolgada com as pessoas que diziam "devorar" um livro. Pensava como conseguiam e o que fazem de tão diferente. Temos aprendido que, quando estamos num momento de transformação – fase vulnerável, é quando também exercitamos o autoconhecimento. Num momento de grande reviravolta, li uma frase que me tocou profundamente: "O que nós sabemos tem importância, mas quem nós somos importa muito mais". Foi quando reconheci atitudes que precisavam mudar. Eu tinha de buscar quem realmente queria ser.

Até que, durante uma noite maldormida, levantei altas horas da madrugada e comecei um capítulo diferente. Fiz uma lista de livros que gostaria de ler e coloquei como meta a leitura de um título por mês. Divulguei nas redes sociais e convidei pessoas a estarem comigo no desafio. Recebi aceites e a saga na leitura virou uma meta colaborativa.

O Clube de Leitura: grupo pelo qual tenho muito respeito e amor. Juntas, caminham pessoas que compartilham o mesmo objetivo de vida: ler para aprender, para cuidar da saúde mental, do cérebro, expandir a consciência e manter uma conexão saudável, de respeito e apoio mútuo. Vidas impactadas pelo hábito da leitura, pelo incentivo em buscar a transformação pessoal, por exercitar o amor ao aprendizado.

Como sei que muitos têm a dificuldade no hábito da leitura, vou passar algumas dicas:

- Comece com livros de poucas páginas.
- Busque por temas que tenha mais interesse.
- Se prefere livro físico, vá passear numa livraria.
- Há pessoas que estão se dando bem com dispositivo digital.
- Uma questão importante para todos os tipos de aprendizado: ter uma meta, um desafio, isso realmente nos move. Existem aplicativos gratuitos nos quais você registra o livro que vai ler, faz um teste para conhecer o seu ritmo de leitura, e ele exibe quantas páginas por dia precisará ler para atingir o objetivo.
- Use a técnica pomodoro. Por exemplo: vou ler 30 minutos por dia, o que der, durante sete dias seguidos: cronômetro ligado, escolha aquele melhor lugar e horário e siga em frente. Se cumprir sete dias seguidos, você aumentará suas chances de criar o hábito da leitura.
- Música instrumental, de preferência clássica, estimula a concentração. Coloque o fone e comece!
- E, por fim, faça uma resenha da sua leitura. Separe os temas e os resuma. Se puder compartilhar com alguém, melhor, pois enriquecerá ainda mais o conhecimento adquirido.

Vamos, então, para a última parte deste capítulo, com um tema atual e necessário: **ame o aprendizado e transforme sua carreira**.

Foi-se o tempo em que sonhávamos em ingressar numa grande empresa para depositar todo o nosso futuro, todas as esperanças num cargo reconhecido e uma aposentadoria garantida. A ideia principal era iniciar com um cargo e salário relativamente baixos e, aos poucos, ir em busca do crescimento, utilizando o modelo tradicional: o plano de carreira. Modelo que ainda vigora em muitas empresas, o qual já vem demonstrando sua perda de valor. O mundo mudou; logo, exige de nós alteração no comportamento. Além disso, as novas gerações de profissionais querem exercer maior liberdade de escolha, provar novas habilidades, além de desejarem maior relevância em seus trabalhos.

Carreira, termo original do latim, era um caminho pré-traçado pelos carros e que virou uma expressão na era industrial para representar a trajetória dos profissionais. Atualmente, com a chegada da era das conexões, o conhecimento e os relacionamentos ganharam novo significado, dando espaço para a metáfora de "ser como água", ou seja, adaptar-se como água, assim como "Proteu", um dos primeiros deuses gregos associados aos rios e corpos oceânicos, filho de Posídon e Fenícia. Surgiu o nome para a carreira proteana, permitindo às pessoas gerirem profissões, em uma alusão à metamorfose. Sejamos como a água que flui, sejamos profissionais que buscam uma carreira líquida, de modo que possamos nos adaptar a diferentes tipos de profissões se bem queremos, ou a visarmos nosso aprimoramento em determinadas competências. A carreira fluida, líquida ou proteana sugere que sejamos donos da nossa própria carreira, e isso é protagonismo, é você identificar as necessidades e possibilidades de desenvolvimento e agir. É exercitar puramente a habilidade do amor ao aprendizado. Três sugestões: questione-se quanto a como aprimorar determinada habilidade em vez de se perguntar como obter um cargo; reconheça as próprias vulnerabilidades e aceite-as para, então, avançar: isso é humildade. E não espere a motivação vir até você; exercite a "automotivação". Você aprenderá sobre essa *Inner skill* no capítulo de Marcelo Elias.

O mundo vai continuar se transformando, e precisamos aprender sempre. Assuma e diga "não sei, mas procurarei saber"; é a maior prova de **amor ao aprendizado**.

Deixo, por fim, recomendações:

- Livre-se da vaidade: nunca saberemos tudo.
- Seja humilde: aceite que é preciso desaprender e reaprender.
- Ouse: busque conhecimentos além do óbvio.
- Esqueça as críticas: seja gentil consigo.
- Prove o novo, ele não é ruim.

Referências

ATITUDE. *In*: *Wikipédia enciclopédia livre*. Disponível em: <https://pt.wikipedia.org/wiki/Atitude>. Acesso em: 08 ago. de 2023.

BROWN, B. *A coragem de ser imperfeito*. Rio de Janeiro: Sextante, 2016.

CATMUL, Ed. *Criatividade* S.A. Rio de Janeiro: Rocco, 2014.

CURIOSIDADE. *In*: *Wikipédia enciclopédia livre*. Disponível em: <https://pt.wikipedia.org/wiki/Curiosidade>. Acesso em: 08 ago. de 2023.

DeMICCO, K. *Os Croods*. DreamWorks, 2013.

NOR, B. Carreiras líquidas. *Você RH*. Grupo Abril: Edição 8.

18

AUTOMOTIVAÇÃO

Neste capítulo, vamos refletir sobre a necessidade da automotivação, uma *inner skill* necessária para a vida e a carreira, e sobre como encontrar motivação interna para alcançar seus objetivos pessoais e profissionais. Com dicas práticas e exemplos reais, você vai perceber que não devemos esperar a motivação vir até nós e vai descobrir como gerar a própria motivação e alcançar grandes conquistas.

MARCELO DE ELIAS

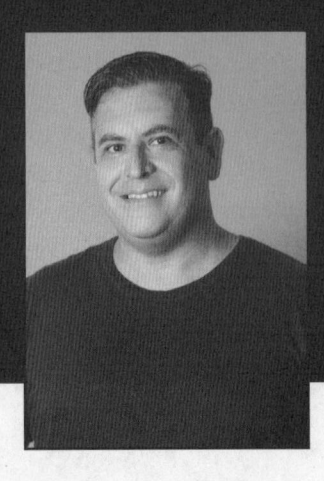

Marcelo de Elias

Contatos
www.marcelodeelias.com.br
contato@marcelodeelias.com.br
Instagram: @marcelodeelias
LinkedIn: Marcelo de Elias
youtube.com/@marcelodeelias

Marcelo de Elias é casado com a Mara e pai do Zen e da Zoe, dois felinos resgatados do abandono. Seu lazer é a música. É vocalista de uma banda de rock que toca canções dos anos 1980. É o pioneiro, no país, na pesquisa e produção de conteúdo sobre *inner skills*, algo que faz desde 2018. Fundador da Universidade da Mudança. Atua como palestrante em várias empresas, eventos e congressos. Professor da FGV e da Fundação Dom Cabral. Mestre em Inovação e *Design Thinking*, com MBAs pela FGV e pela USP e pós-graduação pela PUC. Graduado em Administração. Formação internacional pela Universidade de Tampa, na Flórida/EUA. Experiência como executivo de recursos humanos, empreendedor e empresário. Atua como conselheiro em empresas e instituições.

O que fazer quando a situação não é favorável?

Existem pessoas que esperam que os fatores externos ou outras pessoas deem um empurrão para que elas cheguem em seus objetivos. É claro que, se tivermos as situações e contextos favoráveis, será mais fácil nos mobilizar para a concretização de um sonho, bater uma meta, realizar um objetivo ou fazer uma mudança significativa na vida. Contudo, nem sempre é assim. Há muitas ocasiões em que nem sempre as coisas acontecem da maneira que desejamos e, se esperarmos que tudo esteja a nosso favor para nos movimentarmos, certamente deixaremos de construir os melhores resultados.

Precisamos assumir esse fato: não podemos ficar esperando que o contexto seja totalmente positivo para que a gente faça o que deve ser feito.

É aí que entra a automotivação, que é a capacidade de manter-se motivado sem depender de que as situações estejam plenamente favoráveis. É a habilidade de motivar a si mesmo para alcançar objetivos e executar tarefas. Ela nos mantém em movimento quando as circunstâncias ficam difíceis e nos ajuda a lidar com as adversidades que encontramos ao longo do caminho. Se estamos automotivados, nos tornamos mais focados, determinados, proativos e produtivos.

Quando comecei a pesquisar e escrever sobre *inner skills*, identifiquei que ela é essencial para a existência de até mesmo outras habilidades, pois serve de alicerce.

Há quem entenda a automotivação como sinônimo de força de vontade, mas não se limita apenas a isso. A força de vontade é a capacidade de se concentrar em uma tarefa e seguir em frente, mesmo quando há obstáculos. Portanto, representa uma parte da automotivação, que envolve uma visão mais ampla e profunda.

Em seu livro *Melhor do que antes*, a escritora norte-americana Gretchen Rubin (2015) diz que "a automotivação não é sobre forçar a si mesmo a fazer algo que não quer. É sobre encontrar a motivação interna para fazer o que você sabe que é importante para você". A ideia é essa. Se algo tem valor, a força de realizar deve ser independente das situações e contextos.

Pessoas automotivadas enfrentam desafios com determinação e positividade e não deixam o medo de falhar inibir suas ações. Elas entendem o erro como parte do processo de desenvolvimento. Vem daí a forte relação dessa *inner skill* com outra: o amor ao aprendizado (leia, neste livro, o texto da Giane Franco de Camargo).

Não temos dúvidas de que a automotivação é um fator crucial para o sucesso em qualquer área de atuação. No entanto, é importante entender que ela não é algo que pode ser mantido permanentemente em alta.

Haverá momentos em que a motivação estará baixa, e isso é perfeitamente normal. As causas podem ser diversas, a exemplo da falta de resultados concretos, problemas pessoais ou simplesmente o cansaço físico e mental.

Em seu livro *O poder dos 5 segundos* (ou *A regra dos 5 segundos*, em outras edições), Mel Robbins (2019), uma escritora e conhecida estrela da CNN dos Estados Unidos, afirmou que "a automotivação é como um músculo – quanto mais você a exercita, mais forte ela se torna. Quanto mais você se motiva, mais fácil fica se motivar".

Vem de dentro ou de fora?

A automotivação é um processo complexo e multifacetado que desempenha um papel fundamental no comportamento humano.

Para entendê-la, vamos analisar um possível conceito de "motivação". Ela é a vontade ou o impulso que leva a pessoa a agir de determinada maneira, seja para alcançar um objetivo, satisfazer uma necessidade ou para experimentar algo positivo.

Em 2013, fiz um curso no qual, em uma das aulas, o professor César Bullara, doutor em filosofia, apresentou algumas ideias interessantes. Relembrando o que aprendi e escrevendo de acordo com a minha interpretação, existem três tipos de motivação que são definidos de acordo com a origem. Um deles é motivação extrínseca, que é impulsionada por fatores externos, como reconhecimento, *status* ou pressão social. Ela é estimulada pelas recompensas ou punições externas, em vez de uma conexão emocional intrínseca com a atividade em questão. Pode ser eficaz em curto prazo, mas não é tão duradoura quanto a motivação intrínseca, já que ela pode ser interrompida quando os incentivos externos são retirados.

Lembro-me de um colega que trabalhou na mesma empresa que eu. Era uma revenda comercial. Ele era o campeão de vendas, estava sempre animado para ganhar prêmios e aumentar suas comissões e se esforçava muito para isso.

Em um determinado momento da carreira, vislumbrou a oportunidade de ser promovido após a aposentadoria de um gerente. Para isso, dedicou-se muito para ser reconhecido como o potencial sucessor. Apesar de seus esforços, não conquistou o cargo. Isso foi o suficiente para sentir-se desmotivado, deixando de ser o batedor de metas e sendo demitido mais tarde. Esse é um caso da dependência da motivação extrínseca, ou seja, da necessidade de reconhecimento ou da expectativa de que ele aconteceria. Além disso, ele não soube lidar com a frustração, um sintoma comum de baixa automotivação.

Outra raiz que impulsiona as atitudes é a motivação intrínseca. Ela vem, literalmente, de dentro de cada indivíduo, sem depender de influências externas.

É alimentada por um forte desejo de alcançar alguma coisa significativa. A motivação intrínseca é geralmente mais forte e duradoura do que a extrínseca, pois é baseada em uma conexão emocional profunda com o objetivo desejado.

Tenho um lazer pessoal que muito me agrada: sou vocalista de uma banda de rock que toca música dos anos 1980. Nessa jornada de muitos anos como músico amador, conheci vários músicos profissionais extremamente talentosos, mas pouco reconhecidos.

João era um deles. Sua qualidade musical como cantor, instrumentista e compositor era surpreendente. Era muito melhor que vários artistas famosos e milionários, porém vivia de pequenos shows em bares pouco conhecidos, onde trocava sua arte por pratos de comida ou, então, fazia apresentações nas esquinas das cidades, recebendo doações daqueles que colocavam algumas moedas em sua caixinha de papelão.

Certa vez, conversando com João, falei que achava um absurdo várias pessoas sem talento serem bem-sucedidas musicalmente enquanto ele vivia sem o reconhecimento merecido. Foi quando ele me disse: "A música é um dom que recebi e essa arte precisa ser levada adiante. Meu prazer é fazer pessoas mais felizes e nenhum dinheiro do mundo pagaria isso".

Sim, esse é um exemplo de alguém motivado intrinsecamente. Mas também poderíamos enquadrar no conceito a seguir, se preferir.

A motivação transcendente é um tipo especial de motivação que se concentra na busca de significado, propósito e conexão com algo maior do que o próprio eu. É firmada em valores mais elevados, como espiritualidade, altruísmo ou serviço à humanidade.

A motivação transcendente é uma fonte poderosa de realização pessoal, pois está conectada com algo maior do que as preocupações individualistas.

Agnes Gonxha Bojaxhiu nasceu em 1910, na cidade que, atualmente, é a capital da Macedônia do Norte. Talvez você a conheça pelo seu nome religioso: Madre Teresa de Calcutá. É atribuída a ela uma fala bastante inspiradora. Dizem que um homem muito rico e poderoso, ao vê-la cuidando de alguns doentes, comentou, admirado, que não faria aquilo nem que lhe pagassem muito dinheiro. Foi quando ela respondeu: "O senhor não daria banho em um leproso nem por um milhão de dólares? Eu também não! Só por amor se pode dar banho em um leproso".

Eu creio que essa é a mais poderosa das motivações.

Ao analisar os três tipos, você vai perceber que, na essência, a motivação é sempre de dentro para fora. Isso quer dizer que, mesmo que fatores externos possam estimular nosso entusiasmo e engajamento, tudo depende do seu interior. Em última instância, até mesmo a motivação extrínseca vai depender da interpretação e do julgamento do indivíduo com base em seus valores e crenças.

A automotivação pode fazer uso desses três vieses impulsionadores, mas ela será mais forte e sustentável se as raízes motivacionais forem intrínsecas e transcendentes.

Como ter mais automotivação?

A fim de servir de apoio para o desenvolvimento da automotivação, apresento, a seguir, algumas dicas que vão ajudar você a ampliar essa *inner skill*.

Tenha uma visão de futuro e uma missão clara para sua existência: essas podem ser poderosas ferramentas para a automotivação, pois nos oferecem um propósito mais amplo para nossa existência e nos ajudam a superar adversidades.

É imprescindível lembrar que essa criação não deve ser passiva, mas, sim, um processo ativo. Para alcançar uma vida plena e se manter motivado, é preciso encontrar algo que nos impulsione e nos mantenha famintos por novas conquistas, criando e fortalecendo constantemente nosso propósito pessoal.

A ação é o melhor caminho para despertar a automotivação: a automotivação é alcançada por meio da ação, e não o contrário. Muitas vezes, a indecisão nos impede de agir, mas apenas a ação pode acender o impulso necessário para alcançar nossos objetivos.

Quando entendemos que a ação é o principal mecanismo para a automotivação, somos capazes de agir livremente e concretizar nossos sonhos. Somente o fogo acende outro fogo.

Simplificar as coisas ajuda a manter a automotivação: alcançar a simplicidade em meio às nossas vidas tumultuadas e caóticas é um processo constante de eliminação do que não é prioritário. Desapegue-se dos excessos e tente ter uma vida mais leve e simples, isso vai ajudar você a se concentrar no que é essencial.

A falta de clareza e o excesso de complexidade acabam sugando a motivação. Simplificar a vida pode ajudar a manter o foco e aumentar a automotivação.

Cuidado com as amizades tóxicas: as pessoas com quem interagimos têm um grande impacto em nossas vidas, mesmo que sejamos automotivados e não dependamos de situações favoráveis para estar engajados.

É fundamental evitar amigos que sugam nossa energia e passar mais tempo com pessoas que nos incentivam. Conversar com pessoas negativas pode nos fazer sentir sem esperança, enquanto o entusiasmo é contagiante e nos auxilia a enxergar oportunidades na vida.

Questione a si mesmo quando tiver pensamentos pessimistas: embora todos possam ter pensamentos negativos de vez em quando, os otimistas possuem a habilidade de questioná-los e argumentar a favor de uma visão positiva. Pergunte-se: "Por que eu acho que vai dar errado?" ou então "O que me faz acreditar que não sou capaz?". Essa atitude permite que eles vislumbrem as possibilidades e se baseiem em fatos para refutar seus pensamentos pessimistas. Em vez de se deixar levar pela negatividade, o otimismo abre portas para a expansão de ideias e novas oportunidades.

Conclusão

Seguem algumas recomendações finais que também ajudarão você a desenvolver a automotivação:

- Tenha metas claras, específicas e realistas.
- Visualize mentalmente e imagine-se alcançando seus objetivos, como se já tivessem ocorrido.
- Cultive hábitos saudáveis para ter mais energia (exercícios físicos, alimentação e sono adequados).
- Faça uma boa gestão do tempo e seja organizado.
- Aprenda a lidar com a frustração e o insucesso.
- Acredite em si mesmo e tenha confiança em suas capacidades.
- Estabeleça metas e prazos realistas para que possa trabalhar para atingi-las. Isso o ajudará a manter o foco e a trabalhar de maneira eficiente.
- Faça uma pausa quando necessário e volte para as tarefas com mais energia.

A automotivação é o combustível que nos impulsiona a ir além das limitações e superar as adversidades. É a chave que abre as portas da realização de nossos sonhos.

Cuide dessa sua força. Abraços! #boramudar

Referências

ROBBINS, M. *O poder dos 5 segundos*. São Paulo: Astral Cultural, 2019.

RUBIN, G. *Melhor do que antes*. Rio de Janeiro: Fontanar, 2015.

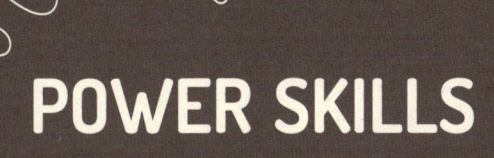

POWER SKILLS

Olá!

Bem-vindo às *Power skills*, que irão ajudá-lo a despertar seu potencial máximo, aumentando sua capacidade de ser competente para solucionar problemas, engajar a equipe e potencializar tudo aquilo que conhece e sabe por meio de soluções para o dia a dia. Elas se referem ao conjunto de habilidades que vão diferenciar um grande talento de um profissional comum. Essas *skills* irão apoiá-lo na união e na integração dos conhecimentos e potencializarão o conhecimento técnico do indivíduo.

Iniciamos pela dupla de *skills* "Abertura para o novo" e "Mentalidade de abundância", abrindo espaço para novas perspectivas criativas e inovadoras, iniciando o processo de diferenciação em relação aos profissionais mais tradicionais.

Na sequência, vamos conhecer o "Pensamento analítico" e a "Gestão de conflitos e crises", que nos abrem para um olhar mais consistente e poderoso da realidade, aumentando a capacidade de navegarmos em um mundo cada vez mais complexo e caótico.

Já as *skills* de "Inspirar para inovar" e "Espírito de dono" proporcionam uma visão mais ampla no sentido de consolidar os avanços atingidos, trazendo sustentabilidade para os resultados obtidos.

Por fim, o "Pensamento nexialista" e o "O poder de vender", *skills* que possibilitam a ampliação das perspectivas em relação aos resultados que esperamos alcançar. Afinal, é preciso saber vender ideias e gerar as conexões necessárias para a resolução de problemas e desafios do dia a dia.

Boa leitura!

Lucedile Antunes e Cesar Caminha

19

ABERTURA PARA O NOVO

A "abertura para o novo" pode ajudar você a ter sucesso em sua carreira e na vida pessoal, porque permite que seja flexível e adaptável às mudanças, a novos cenários e às situações inesperadas, aprendendo com novas experiências, desenvolvendo novas perspectivas, tendo novas ideias e, a partir da sua adaptação, atingindo todo o seu potencial. Boa leitura!

JULIANA ZAN

Juliana Zan

Contato
linktr.ee/rhaizdesenvolvimento

Mãe do Pedro, do João e da Cecilia, palestrante, professora, mentora, *coach*, consultora, apaixonada por mudar o *status quo*, pelo desenvolvimento humano e organizacional, pela transformação cultural, inovação e diversidade. Fundadora da RHaiz Desenvolvimento, uma consultoria de Recursos Humanos e Inovação, com a missão de nutrir as mentes para o agora, ajudando as pessoas, os líderes e as empresas a alcançarem novos patamares, auxiliando na criação do futuro de um jeito melhor. Eterna estudante, formada em Administração, Ciências Contábeis, pós-graduada em Marketing, em *Compliance* e Controles Internos e mestranda de Curso Profissional de Empreendedorismo. Executiva com mais de 20 anos de experiência em liderança de equipes e projetos diversos. No início da carreira, atuou na gestão do ramo hoteleiro, eventos, área de *compliance* e controles internos, migrando, posteriormente, para gestão de capital humano, área pela qual se apaixonou e que tem um potencial incrível de impactar pessoas.

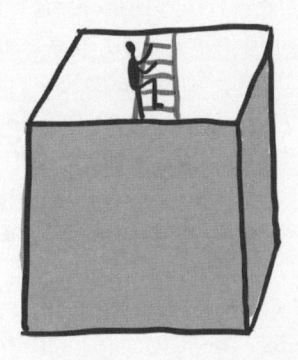

Por que abertura para o novo?

Aprender a ser aberto para o novo é uma das competências mais importantes para se ter sucesso em um mundo cada vez mais complexo e em constante mudança. Isso envolve estar disposto a experimentar algo diferente, aprender com as próprias experiências, com experiências dos outros e adaptar-se às situações.

A abertura e a adaptação ao novo é uma característica fundamental para a sobrevivência de animais e seres humanos. É a capacidade de ajustar-se a um ambiente em transformação e de adequar-se às condições que surgem.

Os animais são um exemplo clássico disso. Ao longo da história evolutiva, muitos aprimoraram habilidades para sobreviver em ambientes hostis e instáveis. Por exemplo, os camaleões podem mudar de cor para se camuflar e evitar serem vistos pelos predadores. Já animais que vivem em climas frios, como os ursos polares, desenvolveram espessas camadas de pele ou pelos para se protegerem do frio e da desidratação.

Para nós, seres humanos, não poderia ser diferente. Entender o cenário, estar aberto ao novo, encarar novas vivências e adaptar-se é igualmente importante. Somos capazes de aprender técnicas para nos adaptarmos às condições e aos desafios que surgem, como foi na invenção da roda e do fogo, o que permitiu que nossos antepassados se adaptassem a diferentes ambientes e se tornassem mais eficientes na caça, na agricultura e na construção.

Richard Barrett (2017) é um dos principais influenciadores mundiais no campo da cultura e ele comentou que a adaptação e a evolução nunca foram exercícios de longo prazo. Sempre foi um aprendizado que emerge, ainda que a predileção e a facilidade de adaptação estejam no cerne de toda evolução e transformação bem-sucedidas.

Hoje, a capacidade de se ajustar é ainda mais complexa, especialmente diante das rápidas mudanças que estamos vivendo. Aqueles que são capazes de enxergá-las, estarem abertos a elas e se adequarem rapidamente têm mais chances de sobreviver e prosperar.

Ademais, é um processo de autoconhecimento e de transformação interna. A pesquisadora e psicóloga Carol Dweck (2017), conhecida pelo seu trabalho sobre mentalidade, estudou diversas pessoas em um de seus livros, como cientistas, artistas, atletas e CEOs, e concluiu que não tinham nada de humanoides executando movimentos ensaiados, mas que eram indivíduos em pleno desabrochar de sua individualidade e potencialidade. Mencionou ainda que, quando você se abre para o novo, para o crescimento, você se torna mais você, e não menos.

Abra-se para o novo e transforme-se em sua melhor versão

É por aqui que começo. Hoje, sou uma profissional de Recursos Humanos e já me sentei numa cadeira executiva dessa área, mas minha jornada não foi programada para tal caminho.

De uma forma bem resumida, gostaria de dividir que escolhi, lá no passado, uma carreira dentro do ramo hoteleiro, mas por ser inquieta e questionadora do *status quo* sempre procurava o próximo passo profissional. Diante disso, experimentei várias áreas dentro da hotelaria, desde as mais estratégicas até as mais operacionais e, ao vivenciar a área financeira, utilizei a experiência adquirida para fazer uma transição de carreira e acabei migrando para a auditoria. Essa mudança foi usada como "trampolim" para eu poder sair de um mundo corporativo, em que estava, para um Novo Mundo.

Acontece que, durante a jornada, conheci pessoas especiais que me convidaram para trocar de empresa e fui para a área de *Compliance*, responsável pela conformidade da empresa às leis, às normas de órgãos regulamentadores e às regras internas. E, justamente por isso, uma das atividades consistia em disseminar o Código de Ética da Organização, quando acabo me apaixonando pela nova atividade e área. E esse foi um passo decisivo para eu entender que o universo de desenvolvimento e comportamento humano e da empresa mexia bastante com o meu "Eu".

Além dessa fase de autodescobrimento de meus interesses, o proveitoso foi vivenciar situações com as lideranças que tive e que marcaram minha carreira e vida. Isso porque trabalhei com um gestor que, numa conversa despretensiosa, me perguntou que tipo de área eu gostaria de experimentar exceto aquela. Respondi que tinha interesse por Marketing e Recursos Humanos e, se um dia as portas se abrissem para essas direções, talvez mergulhasse com muita vontade.

Acredito na sincronicidade do universo, e a empresa onde eu atuava encontrava-se num momento de crise, com dificuldade financeira, estrutural e cultural, e precisaria passar por um processo de mudança profunda. E, quando menos esperava, a gestora deste meu gestor acabou assumindo novas áreas, inclusive a área de RH e me convidou para essa transição de carreira novamente. Sempre encarei desafios como oportunidade de aprendizado e, sem pestanejar, lá estava eu!

Mergulhei no mundo de RH. Estudei de tudo um pouco, me aprofundei em muitos temas e, com uma equipe bastante engajada, começamos a fazer história naquela organização, desde criar estrutura que não havia, implantar boas iniciativas, trabalhar programas de desenvolvimento humano e organizacional a, finalmente, desempenhar o objetivo da área, ou seja, cuidar dos colaboradores, sem nunca deixar de olhar o negócio. Foi um processo intenso, rico e lindo. Construímos muitas coisas importantes e, diante disso, passamos a receber o reconhecimento dos colaboradores. Investi 14 anos da minha vida nesta empresa, e realmente foi um tempo de desafios e aprendizados diários.

Quando você tem uma mentalidade de crescimento, de abertura para o novo, de adaptabilidade, o que você faz, de fato, nunca é igual, é sempre uma descoberta. E por isso me apaixonei pela nova carreira e reconheci, finalmente, o que queria como minha profissão.

Sempre estive aberta às possibilidades, olhando-as com uma perspectiva positiva e, ao vivenciar o novo, sempre fui muito curiosa e estudiosa. Se você reler a minibiografia, poderá ver minhas diversas formações, porque, a cada trajeto da vida profissional, fui me especializando e estudando cada vez mais. Se eu contasse quais cursos faziam parte do meu currículo, sem um contexto, talvez você pensasse que sou uma pessoa sem nenhum foco. Contudo, quando relato minha jornada e as etapas profissionais que fui vivendo, você entende absolutamente por que toda aquela formação faz parte da minha história e até começa a achar que faz sentido.

E é aqui que trago um pensamento importante: acredito que o planejamento profissional de uma pessoa pode seguir dois caminhos distintos. Primeiro, que é a forma estruturada e linear, na qual você tem a clareza de onde quer chegar, por isso tem um autoconhecimento sobre si, sobre seus interesses e o que move seu coração, para planejar, correr atrás de todos os passos que o farão chegar lá, de um modo minimamente planejado. Ou, como caminho alternativo, de maneira não estruturada e não linear, em que as oportunidades vão aparecendo, você vai se autodescobrindo, também seus interesses. Vai abraçando todas as oportunidades que surgirem e mergulhando nelas para ser sua melhor versão diante das circunstâncias boas ou adversas, ou seja, dançando conforme a música.

É importante mencionar que dançar conforme a música é extremamente poderoso, mas não pode ser sem um objetivo final. Todos temos nosso processo de autoconhecimento, que é diferente para cada um, inclusive o momento em que isso ocorre, mas ter a clareza e entendimento de aonde se quer chegar ou onde seu coração bate mais forte, direciona você a fazer escolhas que o levam mais próximo desse lugar.

Hoje, fiz outra alteração, mas não de carreira, foi no formato do trabalho, diante das mudanças que o mundo nos convidou para enxergar pós-pandemia.

Troquei de cidade, abri uma consultoria de Recursos Humanos e Inovação para ajudar as organizações que querem investir em práticas de desenvolvimento e de gestão de pessoas, levando o conhecimento e experiência que adquiri durante todos esses anos.

Saí de uma cadeira confortável, com salário mensal, bônus e benefícios para ser autônoma, independente, porém dona do meu próprio tempo. Uma disrupção enorme e um formato nunca vivido por mim, isto é, continuo no meu propósito de transformar pessoas e empresas, com abertura para o novo, me adaptando e aprendendo sempre! E vale comentar que me sinto muitíssimo realizada com minha carreira, minha jornada e com meus aprendizados.

Como abrir-se para o novo?

Reitero: a abertura para o novo é primordial para enfrentar os desafios que a vida nos apresenta. Seja mudando de emprego, de cidade ou de relacionamento, saber lidar com isso é uma habilidade vital e que pode ser desenvolvida.

Oportunamente, compartilho dicas e *insights* práticos que foram essenciais para que tudo isso funcionasse:

• Desenvolva mentalidade de crescimento. Isso significa que é preciso manter-se disposto a aprender e evoluir, mesmo quando as coisas parecem difíceis. Encare os desafios como oportunidades de aprendizado e desenvolvimento pessoal. Esse ponto, inclusive, foi apresentado no capítulo da Daniela Calaes: "Quando você enxerga o mundo sob a ótica do copo cheio, você estará mais preparado para encontrar soluções para os problemas que surgem em seu caminho, aproveitando o universo de possibilidades que a vida lhe oferece".

• Mantenha o espírito inquieto e questionador. Isso significa estar sempre aberto às ideias e às perspectivas. Não se acomode com o que já sabe e busque sempre outras fontes de informação e conhecimento. Fale com o mundo, que o mundo falará com você.

• Use as oportunidades e situações como ponte de transição. É indispensável enxergar as oportunidades e situações não como destino, mas, sim, como uma ponte de transição para algo novo. Encare cada fase de sua vida como um estágio e tire o máximo de proveito, antes de acabar. O estágio tem curto tempo de duração e conduzirá você para algo maior e melhor. Isso traz leveza!

• Tente tornar o processo de adaptação o mais leve e divertido possível. Encontre maneiras de se divertir enquanto se adapta às novas situações e ambientes. Aproxime-se de pessoas e tenha momentos de pausas com elas; afinal, o aprendizado está no dia a dia, na vivência e não na entrega final.

• Conhecer a si mesmo é uma das chaves para se adequar. É básico entender seus pontos fortes e fracos, seus interesses, seus valores e suas metas de vida. Isso ajudará você a tomar decisões mais conscientes e assertivas. Ah, e tudo bem se a clareza vier ao longo da jornada da vida.

- Construa rede de networking, de contatos profissionais e pessoais que possam auxiliá-lo e que aportem valor. Participe de eventos e grupos relacionados aos seus interesses e áreas de atuação. Se não os tem, crie-os!
- Estude sempre. Dedique tempo para se atualizar sobre as tendências e novidades em sua área de atuação ou do departamento ao lado. Não busque só conhecimento daquilo que já sabe, vislumbre os horizontes de conhecimentos, porque é na variedade de conteúdo que os "cliques" são feitos.
- Arrisque-se. A coragem não é a ausência de medo, mas, sim, a capacidade de aventurar-se mesmo diante do medo, ou seja, "vá com medo mesmo!". Caso contrário, você sempre se perguntará o que teria acontecido se tivesse tido coragem de tentar.
- Seja humilde diante do novo. Para aprender, temos que reconhecer que sempre seremos aprendizes diante de novas situações e está tudo bem, porque ainda há uma longa jornada de aprendizado.

Essas são algumas dicas práticas para desenvolver a habilidade de abertura para o novo. Lembre-se de que se adaptar pode ser um processo desafiador, mas também pode ser mágico e uma grande oportunidade para aprender, crescer, evoluir, prosperar e viver seu propósito.

O mundo se abre para você, quando você se abre para o mundo, permitindo que possibilidades e experiências enriqueçam sua trajetória.

Aproveite!

Com carinho,

Juliana Zan

Referências

BARRETT, R. *A Organização dirigida por valores*. Rio de Janeiro: Alta Books, 2017.

DWECK, C. *Mindset, a nova psicologia do sucesso*. São Paulo: Objetiva, 2017.

20

MENTALIDADE DE ABUNDÂNCIA

Neste capítulo, compartilho dicas para desenvolver uma mentalidade de abundância, que nos impulsiona na direção de sonhos e metas. Ao compreendermos que a verdadeira prosperidade é alcançada quando fazemos a diferença com o que já temos, experimentamos sentimentos de plenitude e felicidade que não dependem do externo e, sim, daquilo que somos capazes de estabelecer dentro de nós mesmos.

DANIELA CALAES

Daniela Calaes

Contatos
daniela.calaes@gmail.com
LinkedIn: Daniela Calaes

Mãe do Leonardo e do Rafael, esposa do Adriano, sou apaixonada pelo desenvolvimento humano e pelo poder que a tecnologia tem de criar um mundo de possibilidades para melhorar a vida das pessoas, da sociedade e das organizações. Tenho grande orgulho de ter sido coautora do livro *Soft skills – competências essenciais para os novos tempos*, conectando-me a um propósito genuíno de contribuir para o crescimento pessoal e profissional de milhares de pessoas. Executiva com mais de 20 anos de experiência nas áreas de tecnologia e operações, ao longo da minha jornada, tenho tido a oportunidade de liderar importantes transformações em grandes multinacionais, como IBM, Telefónica|Vivo, Serasa Experian, Atos e TransUnion, bem como na *startup* Oiti. Sou graduada em Processamento de Dados pela PUC-RJ, possuo MBA em Negócios pela FGV, pós-graduação em Gestão de Projetos pela George Washington University e certificação PMP pelo PMI.

O paradigma da escassez e da abundância

Vivemos num mundo onde crescemos condicionados ao paradigma da escassez, acreditando que os recursos são finitos e que não há o suficiente para todos. Desde os primórdios, a humanidade é forjada para acumular coisas com o instinto de sobrevivência. A crença de que não temos o bastante e de que não podemos ficar sem acaba por contaminar o inconsciente coletivo, criando um comportamento e uma cultura de que é necessário acumular cada vez mais para não faltar. Esse *mindset* dá origem a desigualdades sociais, conflitos, guerras, hiperconcorrências e sentimentos de medo, insegurança, ansiedade e infelicidade.

Quando a escassez toma conta da nossa mente, bloqueia todo e qualquer fluxo de abundância, afetando nossa capacidade cognitiva e de tomada de decisão. O foco passa a ser apenas no resultado final, sem conseguir valorizar o grande presente, que é o percurso, nem enxergar o passado com gratidão pelos aprendizados e experiências vividas. Assim, não se consegue construir um futuro de realização, pois a felicidade é projetada naquilo que não se tem e as frustrações são recorrentes.

Do lado oposto à mentalidade de escassez, está a de abundância. Enquanto uma nos paralisa, a outra nos projeta e impulsiona na direção dos nossos sonhos e metas. O paradigma da abundância acredita que há o suficiente para todos desfrutarem de uma vida plena e próspera e visualiza um mundo de oportunidades, mesmo diante das mais complexas situações, gerando mais confiança e positividade.

No livro *Abundância*, Peter Diamandis e Steven Kotler (2019) trazem uma injeção de otimismo ao analisarem como o progresso de diferentes tecnologias disruptivas e de crescimento exponencial, como inteligência artificial, robótica, manufatura digital, nanomateriais, biologia sintética, dentre outras, permitirá que, nas próximas duas décadas, tenhamos ganhos maiores que nos dois últimos séculos. Logo, a abundância universal estará ao alcance de todos, suprindo as necessidades de cada habitante do planeta, não no sentido de proporcionar uma vida de luxo, mas, sim, de possibilidades. É este *mindset* que também permitirá que as organizações sejam resilientes, aprendam com erros e com outras empresas de sucesso, inovem e cresçam na Era Exponencial.

Com a maturidade e a experiência, vamos aprendendo que não temos controle de quase nada que acontece com a gente, mas que podemos escolher nossas atitudes em relação aos desafios que a vida nos apresenta. Tanto no âmbito pessoal quanto profissional, a forma como enxergamos as situações ou como reagimos a elas pode nos impulsionar na direção dos nossos objetivos ou nos bloquear. Daí a importância de treinarmos a mente para elevarmos a nossa consciência e criarmos uma mentalidade de abundância.

Ao entendermos como focar nossa energia e atenção para aonde queremos ir, tendo clareza do que queremos alcançar, o Universo irá conspirar para que nossa visão se concretize. Para isso, não basta apenas visualizar, e sim sentir na alma o desejo se tornando realidade; afinal, o que emanamos para o Universo é o que volta para nós. Se você almeja a tão sonhada promoção, não se limite, empodere-se! Vibre nesse sentido com pensamentos e atitudes positivas. Projete-se para esse novo lugar, comece a assumir as responsabilidades e papéis antes mesmo de tê-los formalmente. A recompensa virá. Como escreveu Juliana Zan, no seu capítulo, quando temos uma mentalidade de crescimento e abertura para o novo, tudo é encarado como uma descoberta e a coragem nos move na direção correta.

Todos nós vivemos uma constante batalha entre o *mindset* de abundância e o de escassez. A seguir, compartilho práticas que tenho adotado para desenvolver uma mentalidade de abundância.

Busque autoconhecimento

Invista no autoconhecimento para descobrir comportamentos e padrões de escassez que precisam ser mudados. Identifique as crenças limitantes que estão impedindo você de receber a abundância que almeja. Quem possui esse *mindset* normalmente o reflete em todos os campos da vida, sempre havendo o sentimento de que nunca tem o que julga merecer ou precisar (dinheiro, bens materiais, tempo, recursos, equipe, amigos, amor), reconhecendo somente o que não está disponível. Pensamentos dominantes: "Eu não tenho, eu não consigo, eu não posso, eu não sou". O foco está sempre na falta, nos obstáculos e nas limitações, gerando uma paralisia. Muitas pessoas se agarram a empregos ou relacionamentos ruins por acharem que não vão conseguir outros.

A mentalidade de escassez está muito presente nas mulheres que sofrem com a síndrome da impostora, achando que nunca são boas o bastante e que não possuem as *skills* necessárias para assumirem determinados cargos e funções. Assim, acabam se autossabotando e perdendo oportunidades.

Pratique a gratidão e viva o momento presente

Há diversos estudos que comprovam que a gratidão é uma das principais formas de promover a saúde mental, física e bem-estar, além de ser uma maneira poderosa de conexão com nossa alma e de liberação do fluxo da abundância. Pratique-a diariamente pelo que você tem no momento presente (tirando o foco daquilo que lhe falta), seja pela família, pelo teto, pela noite de sono, pela comida, pela saúde, por um projeto concluído ou simplesmente por acordar. Sinta-se abençoado. Seja grato também pelas dificuldades que você enfrentou ou está enfrentando, pois são uma grande fonte de aprendizado e experiência que a vida nos proporciona para nos preparar para um próximo estágio de evolução. É sobre valorizar o que somos e o que conquistamos e entender que nós recebemos do Universo exatamente o que precisamos.

Aprenda a criar um mundo de possibilidades com o que está disponível no agora e construa, assim, um futuro abundante. Pratico, com meus filhos e marido, o momento da gratidão nas orações diárias, quando cada um faz uma lista pelo que é grato no dia.

Seja generoso

Generosidade é compartilhar genuinamente o que você tem com os outros, não apenas bens materiais, mas experiências, conhecimentos, tempo, amor. Coloque-se a serviço dos outros. Faça um trabalho voluntário, atue como mentor. Quanto mais você doa, mais o universo devolve e em uma proporção ainda maior; afinal, compartilhar é multiplicar e tornar abundante.

Não acumule o que já não faz sentido. Doe roupas, sapatos e tudo aquilo que não usa mais. Todo final de ano, faço um ritual em família e separamos diversos objetos em bom estado para doação. Provocamos uma limpeza, movemos a energia, fazemos o bem e nos sentimos mais felizes.

Seja prosperidade na vida das pessoas para que estas desfrutem também da sua presença no mundo. Faça a diferença!

Na mesma proporção, esteja aberto para receber, inclusive ajuda. Só conseguimos receber do Universo aquilo que aceitamos.

Conecte-se com a natureza

Tirar a escassez de dentro de nós é observar que a fartura está em todo lugar. Esteja perto da natureza e se conecte com a energia do Criador. Quando nos conectamos, vivemos e materializamos a abundância. Aprecie o belo, o canto dos pássaros, o aroma das flores, o sabor das frutas, o barulho do vento e o pôr do sol, pois a natureza possui uma frequência natural de abundância e prosperidade. Crie o hábito de apreciar algo em sua vida por alguns minutos a cada dia. Aproveite cada minuto! Priorize e valorize esses momentos.

Crie oportunidades ganha-ganha

Tanto na vida pessoal quanto profissional, crie oportunidades que gerem benefícios para todas as partes, em vez de agir com o pensamento de que, para um ganhar, o outro deve perder. Esteja aberto para entender a necessidade dos semelhantes. Cultive a humildade, a generosidade e a flexibilidade para abrir mão dos seus desejos, quando for necessário, para satisfazer os de outras pessoas. Em vez de tentar vencer em uma discussão, busque o consenso. Em vez de competir, coopere. Na hora de fechar um contrato, procure condições que sejam benéficas para ambas as partes. Se você gosta de viajar para a montanha e seu cônjuge para a praia, divida as férias em dois trechos ou negocie uma viagem para cada lugar. Quando todos ganham, a abundância se multiplica.

Evite comparações e cerque-se de pessoas com mentalidade de abundância

No mundo atual, principalmente com as redes sociais, é quase inevitável compararmos nossa vida com a dos outros e, assim, caímos quase sempre na armadilha de colocar a nossa atenção no que eles têm a mais do que nós e, consequentemente, focar naquilo que não possuímos. Valorize sua história (que é única), suas capacidades, suas competências e o que você já alcançou. Direcione sua mente para as inúmeras oportunidades que ainda estão por vir, reconhecendo todo o seu potencial e talento. Além disso, prefira estar perto de pessoas com *mindset* de abundância, que vibrem nessa direção e sejam capazes de inspirar e contagiar a todos com sua energia e olhar positivo sobre a vida. Passe mais tempo ao lado delas, leia e ouça histórias de sucesso, aprenda por meio de exemplos. Vibre com o sucesso dos seus amigos, colegas de trabalho e familiares. Seja seletivo com os conteúdos que você consome e com o que alimenta a sua mente. Afaste-se de quem não lhe faz bem.

Busque seu propósito e assuma as rédeas da sua vida

Quando estamos conectados ao nosso propósito, a nossa mente foca e a abundância flui. Busque fazer aquilo que gosta. Tenha ambição com propósito e aproveite a jornada completa. Fuja da posição de vítima e assuma a responsabilidade por tomar as ações para mudar as situações que não lhe agradam. Não podemos controlar tudo, mas podemos escolher nossas atitudes em relação ao que a vida nos proporciona. Em vez de pensar que algo ruim está acontecendo COM você, enxergue que está acontecendo PARA você, não como uma punição, e sim como parte de um processo evolutivo na sua trajetória. Temos o poder de decidir com que pensamentos, sentimentos e atitudes desejamos alimentar nossa vida.

Treine sua mente para enxergar o mundo de possibilidades

Treine diariamente a sua mente para enxergar as oportunidades em vez das limitações. Se você estiver sentindo falta de dinheiro, foque em alternativas criativas para ganhar mais dinheiro. Se o cliente tem um orçamento limitado para o projeto, analise o que de valor é possível entregar com o orçamento aprovado; ou, se não há equipe suficiente para concluir todo o projeto, avalie o que é possível ser entregue com quem está disponível.

Quando você enxerga o mundo sob a ótica do copo meio cheio, estará mais preparado para encontrar as soluções para os desafios que surgem no meio do caminho, aproveitando o mundo de possibilidades que a vida lhe oferece.

Considerações finais

A luta constante para obter mais do que já possuímos ou o que não temos nos afasta do verdadeiro significado da abundância, que é sobretudo um estado mental, emocional e físico de equilíbrio, bem-estar, respeito, aceitação, amor, paz e realização.

Quando passamos a entender que a abundância está muito mais relacionada a um estado interior e a um sentimento de que dispomos do que precisamos naquele momento, geramos um estado de consciência que nos permite apreciar o presente e entender que somente sendo felizes hoje poderemos alcançar a felicidade amanhã. Passamos a ser gratos pelo que conquistamos e, assim, abrimos as portas da prosperidade.

Compreendemos que a verdadeira prosperidade vem quando fazemos a diferença com aquilo que já temos, gerando um sentimento de plenitude que não depende de nada externo, e sim daquilo que somos capazes de estabelecer dentro de nós.

Desejo que você escolha tomar ações para desenvolver uma mentalidade de abundância e, assim, encontre, no interior de si mesmo, a verdadeira plenitude e felicidade.

> *A lei da mente é implacável. O que você pensa, você cria; o que você sente, você atrai; o que você acredita torna-se realidade.*
> BUDA

Referências

CHOPRA, D. *Abundance: The Inner Path to Wealth*. Harmony, 2022.

DIAMANDIS, P. H.; KOTLER, S. *Abundância – o futuro é melhor do que você imagina*. Rio de Janeiro: Alta Books, 2019.

21

PENSAMENTO ANALÍTICO

Vou te contar, neste capítulo, como uma pessoa intuitiva e emotiva, como eu, coloca em prática essa habilidade tão racional e essencial para enxergar a realidade com clareza. É com esses olhos bem abertos que você consegue tomar melhores decisões, construir as próprias opiniões e ser relevante em um mundo em que a banalidade é a grande armadilha.

THAÍS SARTOLETO

Thaís Sartoleto

Contatos
thais.sartoleto@gmail.com
LinkedIn: Thaís Sartoleto

Meu enteado me perguntou esses dias com o que eu trabalho, e eu disse a ele que sou professora de adultos. Acredito que esta seja a melhor definição para quem sou profissionalmente: crio e faço acontecer espaços de aprendizagem para adultos dentro das empresas em que atuo. No jargão empresarial, sou uma profissional de educação corporativa. Além disso, sou aquela pessoa curiosa, que quer saber o motivo de tudo. Essa é minha principal motivação para estudar. E, claro, meu jeito de aprender está bem longe de ser linear. Sou um caos por dentro! Produtivo, porém. Bacharel em Letras e Administração, pós-graduada em Neurociências e Comportamento, tenho especialização em diversos instrumentos de análise do comportamento humano. Minha busca é, essencialmente, entender o ser humano no ambiente de trabalho, ao qual dedicamos a maior parte de nossa vida.

Pensamento analítico, eu?

"O que eu faço bem?". Pedi a meus amigos que me respondessem a essa pergunta em uma rede social outro dia. A maioria das respostas girava em torno de duas habilidades: comunicação e organização de ideias. Fiquei surpresa com a segunda, já que me vejo como uma pessoa desorganizada, caótica e não linear. Comecei a pensar nos motivos concretos, nas evidências que levaram as pessoas a enxergarem isso em mim, em vez de mencionarem minhas habilidades culinárias, por exemplo. Decidi investigar e recebi comentários como: "Você organiza as ideias de maneira clara e fácil de entender"; "Seu pensamento é coerente"; "Você consegue expressar opiniões fortes sem machucar as pessoas"; "Você tem facilidade em conectar conceitos abstratos de modo prático".

Você deve estar se perguntando por que estou compartilhando isso contigo, e eu vou te responder: isso me surpreendeu, pois nunca foi natural para mim ter esse tipo de habilidade. Portanto, se eu pude aprender a ter um pensamento analítico, isso significa que qualquer pessoa pode aprender também e, mais do que isso, pode fazer isso tão bem a ponto de ser notada.

Agora, vou te contar um pouco sobre o que eu entendo por pensamento analítico, compartilhar minha experiência pessoal e, principalmente, te dar algumas dicas cruciais sobre esse assunto. Vamos lá.

A definição

Adoro começar pela definição. Também adoro procurar coisas no Google. Se você fizer como eu, vai colocar "pensamento analítico" no Google e verá surgir mais de 4 milhões de referências na tela. Uma dessas referências é bem recente, pois, em seu último boletim sobre o Futuro do Trabalho (2023), o Fórum Econômico Mundial elencou "Pensamento Analítico" como a primeira habilidade mais importante para ter sucesso no mundo atual do trabalho. Isso já me convence de cara a prestar atenção neste ponto cada vez mais, pois esta é uma conclusão tirada a partir da análise de uma amostra de peso: 803 empresas, 27 mercados/indústrias, em 45 economias diferentes.

Bom, voltemos à definição: pedi ajuda também ao ChatGPT, e ele me trouxe algo que, a meu ver, fez bastante sentido: "O pensamento analítico é a habilidade de decompor um problema ou situação complexa em partes menores e mais gerenciáveis, para entendê-las com mais clareza e identificar as relações entre elas. Ele envolve a capacidade de identificar e analisar informações relevantes, comparar e contrastar diferentes perspectivas e pontos de vista, além e formar conclusões baseadas em evidências sólidas". Sendo assim, vamos explorar em quatro passos como colocar esse jeito de agir em prática.

Primeiro passo: dividir em partes

Como bem disse a inteligência artificial logo acima, a primeira coisa a fazer é dividir algo grande em partes para assim poder analisar cada parte. Isso é mais fácil de imaginar quando estamos falando de algo tangível como uma pizza, certo? Imagine uma pizza. Você consegue comê-la inteira? Uma daquelas que temos em São Paulo, com 35 centímetros de diâmetro? Certamente não, então a solução é dividi-la em oito pedaços, migrar um desses pedaços para o seu prato e dividi-la novamente em pequenos bocados que caibam na sua boca.

Aplique o mesmo pensamento para um problema a ser resolvido no trabalho. Imagine a seguinte situação: você está em busca de um estagiário para a sua área e encontra o candidato perfeito. Além de boa atitude e de atender aos requisitos, ele ainda traz experiência prática na sua área. Você o contrata. Assim que ele inicia as atividades, você descobre que ele tem um emprego CLT no contraturno.

Agora me responda: isso é um problema?

Para conseguir resolver, podemos começar dividindo esta questão em partes. Algo como:

1. O que diz a lei do estágio a respeito de carga horária?
2. Ainda sobre a lei do estágio, existe impedimento de ter um emprego CLT e um contrato de estágio concomitante? E o contrário?
3. Existe uma empresa intermediando este contrato de estágio? Qual é a experiência prévia deles em casos como este?
4. O que a empresa em que você trabalha pensa a respeito de conflito de interesses neste caso?

Percebeu que, ao dividir a situação em apenas quatro partes, já é possível enxergar diversos caminhos a serem trilhados?

Segundo passo: tirar da cabeça e colocar no papel

Nosso cérebro é muito bom em fazer conexões, porém não é tão eficiente em armazenar informações. Por isso, sugiro como segundo passo: transcreva a ideia da sua mente para o papel, computador ou qualquer forma gráfica que permita visualizar todas as informações.

Existem várias maneiras de fazer isso, e certamente você encontrará muitas ideias interessantes ao pesquisar mais sobre "Pensamento Visual" (inclusive, há um capítulo dedicado a esse tema no segundo livro desta série *Soft skills* – habilidades do futuro para o profissional de agora).

Terceiro passo: tome distância e escolha uma trilha a seguir

Quando você se afasta, consegue enxergar mais coisas e ter uma perspectiva quanto ao todo. Fisicamente, ao se afastar de uma paisagem, você aumenta seu campo de visão. Metaforicamente, também.

Neste contexto do pensamento analítico, quando você se afasta e visualiza todas as partes que mapeou de uma situação, é bem possível que tente instintivamente "resolver" o quebra-cabeça que está à sua frente, buscando encontrar um padrão ou uma solução. E é exatamente aqui que surgem suas hipóteses.

No meu penúltimo ano de faculdade, tive uma experiência que moldou minha forma de olhar para a realidade: tive a oportunidade de fazer parte de um projeto de iniciação científica. A metodologia científica nos ajuda a estabelecer as partes e a conectá-las para formar o todo.

Na época, escolhi tratar do tema mais "quente" do momento – Geração Y. O primeiro desafio foi delimitar o objetivo do projeto dentre tantos caminhos pelos quais esse tema poderia ser explorado. Depois, os objetivos específicos. Com base em um problema principal, delimitar a hipótese a ser testada foi o próximo passo. Por fim, quais conceitos dariam sustentação a essa hipótese e como ela seria provada.

O objetivo do projeto foi entender os principais elementos (conhecimentos, habilidades e atitudes preferenciais) que determinam o comportamento dos indivíduos considerados pertencentes à Geração Y no ambiente de trabalho, e verificar se esse padrão de comportamento corresponde àquele que as empresas buscam nos profissionais classificados como "talentos". A hipótese era que sim, correspondem. Escolhi três conceitos principais para poder explorar o tema: o que significa "geração", o que significa "competência", a busca atual das competências ideais pelas empresas e o conceito de tipo ideal. Essa revisão teórica gerou um questionário e um roteiro de entrevistas, e assim foi feita a verificação da hipótese na prática.

Para mim, este é um exemplo de sistematização de um tema que poderia ter caído na armadilha de ser leviano. Então, tomar distância é, de certa forma, ter em mente um caminho a trilhar – seja uma metodologia ou um padrão de pensamento – que possibilite racionalizar o assunto.

Voltando ao quebra-cabeça: é como espalhar todas as peças na mesa e escolher qual estratégia irá utilizar para montá-lo (eu sempre escolho começar pelos quatro cantos e, depois, montar a borda).

O último passo: tomar decisões

O pensamento analítico aqui abre caminho para a próxima habilidade essencial: a resolução de problemas. Com o resultado desses três passos, você chega munido de informações suficientes para escolher um caminho a seguir, tomar uma decisão ou formar uma opinião.

Lembra-se do caso do estagiário? Este é o momento de decidir se o fato de ele ter uma segunda atividade é um problema e, a partir daí, agir. O próximo capítulo deste livro aborda o tema "Gestão de conflitos e crises", ou seja, exatamente o último passo após a análise de uma situação.

Dicas de ouro: cuidado!

Vou deixar para você algumas dicas que acredito serem muito importantes ao colocar em prática o pensamento analítico. Sabe aquele tipo de coisa que a gente coloca no *post-it* para não esquecer? Pois bem:

• Primeira dica de ouro: saiba diferenciar fatos de opiniões.

Como uma câmera captaria determinada situação? Isso é um fato. Nós temos a tendência de tirar conclusões a partir de qualquer fato que presenciamos, e isso é um degrau a mais da escada da percepção. No pensamento analítico, a opinião vem muito depois da observação dos fatos, justamente para que você não caia na armadilha do viés inconsciente.

A metodologia da "comunicação não violenta" explora com brilhantismo como separar fatos de julgamentos; vale a leitura aprofundada.

• Segunda dica de ouro: conheça seus dois sistemas de funcionamento mental e saiba trabalhar com as sugestões de cada um.

Em seu livro *Rápido e devagar, duas formas de pensar*, o premiado nobel Daniel Kahneman (2012) utiliza esta simplificação didática para explicar o funcionamento do nosso cérebro: Sistema 1 e Sistema 2. O primeiro é rápido, instintivo e está sempre em alerta. O segundo é devagar, analítico e trabalha verificando as sugestões que o Sistema 1 traz.

Um exemplo bobo: esses dias vi um carro sem o para-choque traseiro, de modo que a tampa do tanque de combustível estava desprotegida e uma pequena mangueira estava visível bem ao lado dela. Quando vi, imediatamente pensei: esta mangueira deve levar o combustível para o motor. Meu sistema 2 analisou esta sugestão do sistema 1 e trouxe: não pode ser, por dois motivos:

1. A mangueira de combustível não seria mais fina que o bocal da bomba que abastece, isso entupiria ou transbordaria o sistema.
2. Não seria seguro manter combustível em um local tão externo do carro, suscetível a batidas, a aquecimento, e, portanto, explosões.

Eu não sei nada sobre carros. Mas veja como mesmo assim fui capaz de trabalhar com a hipótese sugerida pelo meu sistema rápido e com as argumentações do sistema devagar.

Saiba reconhecer esse diálogo acontecendo em sua mente e terá muito subsídio para pensar analiticamente.

- Terceira dica de ouro: não caia na tentação de focar demais nas partes e esquecer o todo.

Meu médico, o dr. Sylvio, é um grande contador de histórias. Ele já viu muitos pacientes em seus 86 anos de vida, e me marcou um caso que me contou sobre um paciente que chegou para ele com complicações de uma cirurgia desnecessária no ombro, visto que o problema do paciente era postural.

Segundo ele, isso aconteceu porque quem indicou e realizou a cirurgia focou somente no ombro e não na pessoa inteira que estava ali se queixando de uma dor contínua naquela parte do corpo.

Entende o que quero dizer? O perigo de colocar um hiperfoco nas partes é esquecer o todo, o objetivo final, o principal problema a ser tratado. E isso, certamente, gerará novos problemas.

E agora, um convite:

Escolha um problema que está enfrentando agora, em seu dia a dia. Aplique o que aprendeu neste capítulo. Tenho certeza de que você terá novos caminhos de resolução após pensar de modo mais analítico a respeito dele, seja ele qual for.

Referências

ANTUNES, L.; SPADOTO, M. *Soft skills: habilidades do futuro para o profissional do agora*, 2. ed. São Paulo: Literare Books International, 2021.

KAHNEMAN, D. *Rápido e devagar: duas formas de pensar.* São Paulo: Objetiva, 2012.

ROSENBERG, M. B. *Comunicação não violenta: técnicas para aprimorar relacionamentos pessoais e profissionais.* São Paulo: Ágora, 2006.

WEFORUM. *The Future of Jobs Report 2023*, abril 2023. Disponível em: <https://www.weforum.org/reports/the-future-of-jobs-report-2023/in-full/4-skills-outlook/>. Acesso em: 07 jun. de 2023.

22
___

GESTÃO DE CONFLITOS E CRISES

Se o mundo estiver em guerra com você, a batalha poderá ser tolerável, mas, se você estiver em guerra consigo mesmo, será insuportável. Sem debater com seus inimigos internos, é quase impossível não construir guerras psíquicas ou sobreviver a elas.
AUGUSTO CURY

ERILEUZA MENDES

Erileuza Mendes

Contatos
www.esmdesenvolvimento.com.br
erileuzamendes@gmail.com
Instagram: @erimendes.esm
LinkedIn: Eri Mendes
11 94907 9133

Fascina-me, na vida, o desafio de criar estratégias funcionais que gerem mudança nos comportamentos das pessoas. Também gosto de aprender observando o outro, principalmente minhas filhas, Daniela e Heloísa. Uso o bom humor em momentos adversos da vida, porque isso traz, no mínimo, leveza. Sou psicóloga e pedagoga de formação; *coach* credenciada pela International Coaching Federation (ICF), com *master practitioner* em PNL e certificação em Mediação de Conflitos; e fundadora da ESM Desenvolvimento, empresa colaborativa criada para apoiar o desenvolvimento de líderes e o treinamento de equipes. Minhas especialidades são em mentoria de liderança e em mudança de cultura organizacional. Atuo há 20 anos nessa área e sinto-me privilegiada por trabalhar com o que amo fazer.

Gestão de conflito

> *O conflito não é entre o bem e o mal,
> mas entre o conhecimento e a ignorância.*
> BUDA

O conflito é fruto das percepções e posições divergentes sobre fatos e atitudes conectados com nossas expectativas, nossos valores e nossos interesses pessoais e profissionais.

Não é possível criar relações interpessoais totalmente consensuais. Cada pessoa tem uma originalidade e vivencia experiências e circunstâncias existenciais únicas. Por maiores que sejam a afinidade e o afeto numa relação, algum ponto será naturalmente divergente. Logo, o conflito deveria ser encarado de maneira positiva, porque é um fenômeno inerente à condição humana.

A grande questão é que, ao nos envolvermos num conflito, não temos uma "receita de bolo" que mostre rapidamente quais medidas são indicadas para lidarmos bem com a situação. Sem a consciência de que o conflito é natural nas relações, tendemos a partir para o embate ou a deixar um conflito velado ou silencioso.

À medida que aumentamos o autoconhecimento, ampliamos nossa capacidade de perceber que, apesar de termos impulsos para buscar satisfazer nossas necessidades, nós vivemos o mesmo dilema: o que fazer para compreender melhor o outro e lidar bem com os conflitos, evitando consequências desastrosas?

Erileuza Mendes

Casos reais

1º. Certa vez, atendi um executivo de banco que havia sido demitido. Ele dizia que teve um conflito com um cliente e que agiu de acordo com os procedimentos do banco. Esse cliente fez reclamações nos canais disponíveis, incluindo órgãos de apoio ao consumidor, o que, segundo o executivo, resultou em sua demissão. A raiva que ele sentia do cliente e a indignação com o banco cegavam-no, a ponto de ele ter dificuldade para respirar enquanto me contava. Ele não conseguia perceber sua parte naquela situação.

2º. Um escritório de arquitetura chamou-me para a mediação de conflito entre sócios. O terceiro sócio conquistara uma rede de hotéis, e esse cliente pediria um projeto inovador para os quartos de luxo. Haviam três ideias boas, porém, sem consenso e sócios irredutíveis. Apesar de existir conflito, encontrei pessoas dispostas a conversar, porque enxergavam um propósito comum. Durante as rodadas de conversa, notei que os sócios controlavam o tom de voz e se esforçavam para fazer perguntas exploradoras. Eles foram negociando, flexibilizaram alguns pontos e chegaram a um razoável consenso.

Habilidades humanas *(soft skills)*

Quem busca conflito em tudo é porque vive em guerra dentro de si.
MARCELLO THADEU

A raiva, a indignação, o medo e o ego inflado criam condições favoráveis para conflitos dentro e fora de nós. Por isso, é muito importante que nos aprofundemos no autoconhecimento e que saibamos usar as habilidades humanas para resolver, minimizar ou evitar conflitos desnecessários. Algumas delas são:

• **Comunicação** (disposição, abertura e intencionalidade positiva) – A comunicação, num conflito, não deve ser apenas para promover o diálogo, mas também para criar abertura a fim de que obtenhamos mais dados e disposição para compreender que as pessoas têm necessidades e estilos de comunicação diferentes dos nossos, porém complementares a esses. É preciso cuidar do

nosso jeito de falar e ter vontade de achar, minimamente, um ponto de convergência.
- **Escuta ativa** (disponibilidade e interesse) – A escuta ativa não se trata apenas de ouvir, mas envolve disponibilidade para entender o ponto de vista do outro e a causa de um problema. As pessoas precisam aprender a perguntar, em vez de sempre querer dar respostas. Perguntar demonstra interesse.
- **Gestão emocional** – É a capacidade de autocontrole em momentos críticos. As emoções manifestam-se em nós quando menos esperamos. Cabe-nos perceber nossos limites e acionar rapidamente as habilidades humanas que já tenhamos desenvolvido. Precisamos conhecer nossos principais gatilhos emocionais, aqueles que fazem que percamos o equilíbrio (por exemplo, alguém que grita ou nega o que disse, expressões de deboche etc.) e saber como reagimos a esses estímulos. Depois de identificarmos nosso padrão de comportamento, temos condições de criar alguma estratégia para agir diferente. A gestão emocional exige treino, e a forma mais eficaz de treinar é quando a situação ocorre, ou seja, na prática.
- **Pensamento analítico** (abordado no capítulo anterior) – É uma maneira cautelosa e dedutiva de lidar com o conflito, pela qual a análise de dados, fatos e a lógica (distantes da emoção) atuam juntas para uma boa tomada de decisão. Quando se une esta *soft skill* à flexibilidade, aumentam-se as condições de viabilizar uma solução colaborativa.

Gestão de crise

Em momentos de crise, só a imaginação é mais importante que o conhecimento.
ALBERT EINSTEIN

Quando os indivíduos não usam oportunamente seus conhecimentos técnicos para fazer a gestão nem habilidades humanas para analisar o caso e liderar no cenário em que o conflito está instalado, este pode evoluir, tomar grandes proporções e transformar-se numa crise.

Crise é uma mudança brusca ou importante no desenvolvimento de qualquer tipo de evento, e sua definição depende do contexto em que ela ocorre. Na área da saúde, crise é a evolução do quadro de uma doença, levando o paciente a um estado grave ou a uma cirurgia inesperada. Uma crise econômica caracteriza-se pela redução do crescimento econômico de um país e pode causar impactos de grande volume, entre eles o desemprego. No contexto das organizações, sobretudo relativamente a situações que envolvam líderes e equipes, uma crise traz vários desafios. Exemplos:

- Como liderar numa crise?
- Como engajar pessoas em momentos de incerteza e de clima de tensão?
- Qual é a importância do líder perante uma crise?

Os líderes confrontam-se com inúmeros cenários de crise: pandemias, guerras, questões políticas, mercado instável, concorrência etc. Uma crise pode ameaçar seriamente a estabilidade, a segurança, entre outros. O líder, perante uma situação imprevista, precisa dar respostas rápidas e efetivas para minimizar seus efeitos negativos.

O conflito não resolvido numa equipe ou entre áreas pode criar tensão, desmotivação e retrabalho; reduzir a produtividade; elevar a saída de pessoas-chave. Isso pode prejudicar o funcionamento da empresa e o desempenho da equipe, além de gerar impactos numa esfera maior da organização.

Outro caso real

Recentemente, presenciei, durante uma reunião, discussão calorosa entre dois gerentes de áreas diferentes. Um defendia rápida alteração num produto, pois esta facilitaria as vendas e o alcance das metas. O outro argumentava que não era possível alterá-lo rapidamente, porque isso acarretaria mudança no sistema e, provavelmente, aumento no custo do produto. Como nenhum deles estava disposto a ceder, cada um acionou seu diretor. Esses diretores tinham relação interpessoal de atrito, o conflito cresceu e chegou ao presidente. Coube a um presidente lidar com a crise das relações interpessoais e, no final, um dos líderes pediu demissão.

Desafios

Uma crise poderá ocorrer em diferentes níveis, e o líder deverá administrá-la. Cito três desafios:

1. Crise intrapessoal – ocorre quando um indivíduo experimenta conflitos pessoais (problemas no relacionamento amoroso, diagnóstico médico, incertezas quanto à sua carreira, dificuldades financeiras etc). Uma crise dessas pode afetar seu desempenho, bem como o clima e a relação no ambiente de trabalho. É importante que o líder seja capaz de reconhecer os sinais desse tipo de crise e que converse para esclarecer, apoiar e, se for o caso, orientar a busca por um profissional especializado.

2. Crise interpessoal – ocorre quando há conflitos, tensões ou problemas nas relações de um indivíduo na mesma equipe ou com outro departamento, podendo ser de naturezas variadas: briga entre sócios, competição doentia, confronto, fofoca, falta de visão sistêmica etc. A causa pode estar em diversos fatores, entre eles: as diferenças culturais, falhas de comunicação, falta de empatia, expectativas silenciosas e comportamentos inesperados. Esse tipo de crise pode afetar negativamente a dinâmica da equipe, assim como impactar a motivação das pessoas e a produtividade de todos. É essencial que o líder perceba o que está acontecendo e promova rodadas de conversa com a equipe, esclarecendo os pontos cegos da relação e garantindo que todos tenham vez e voz. Ele precisa estabelecer um ambiente seguro, a confiança e ressaltar a importância do trabalho em equipe e da colaboração para alcançar objetivos estratégicos.

3. Crise organizacional – ocorre quando uma organização enfrenta dificuldades (desafios de mercado, de novas tecnologias; problemas financeiros, de gestão, de relacionamento com os colaboradores e/ou clientes etc.) para manter suas operações ou atingir resultados esperados. Os efeitos de uma crise dessas podem afetar a saúde e a longevidade da organização. Um líder eficaz, durante uma crise organizacional, deve ser capaz de suportar a tensão, identificar rapidamente o problema, reunir outros tomadores de decisão e adotar medidas efetivas para controlar a crise. Também deve se comunicar de modo claro e transparente com os *stakeholders*, para que compreendam a natureza do problema e as providências tomadas para resolvê-lo e para que se consiga apoio.

O que não fazer num contexto de crise

• **Ignorar a crise** – um líder não pode fechar os olhos para a realidade nem fingir que não existe crise, principalmente se tiver informações suficientes para ficar alerta. Ele deve ter prontidão para solucionar, encarar ajustes e mudanças, suspender processos e métodos antigos e se unir com a equipe.
• **Fugir da conversa ou não ser transparente na comunicação** – em uma comunicação honesta, o líder deve estar vulnerável o suficiente para dizer que pode não ter as respostas corretas no momento. Ele não pode fazer de conta que está tudo bem ou que tem tudo planejado. Não desenvolver uma comunicação transparente é pôr a imagem e a reputação da área ou da empresa em risco.
• **Não parar para criar um planejamento** – numa crise, o líder não deve deixar de lado o planejamento. Esta exige plano de ação com medidas emergenciais e às vezes de longo prazo, tanto em termos financeiros quanto em recursos humanos, porque sobreviver à crise é essencial. Depois de fazer o planejamento, estabelecendo objetivos e estratégias, o líder deve promover uma comunicação abrangente com a equipe e definir o papel de cada integrante.

> *Quando você fala, está apenas repetindo aquilo que você já sabe. Mas, se você escuta, então pode aprender algo novo.*
> DALAI LAMA

Referências

ANTUNES, L. (Coord.). *Soft skills: competências essenciais para os novos tempos.* vol. 1. São Paulo: Literare Books International, 2020.

PATTERSON, K. et al. *Conversas decisivas: técnicas para argumentar, persuadir e assumir o controle nos momentos que definem sua carreira.* São Paulo: Leya, 2012.

23

INSPIRAR PARA INOVAR

Se você ainda acredita no plano de carreira de antigamente, está na hora de rever seus conceitos. Estabilidade e previsibilidade são palavras que não combinam com os dias atuais. Por outro lado, há muitas oportunidades em um mercado de trabalho dinâmico e ágil. Nesse mundo de incertezas, a única certeza é o poder da inspiração e da inovação para pensar diferente e buscar resultados melhores.

SERGIO POVOA

Sergio Povoa

Contatos
sergio@kunturconsultoria.com
Instagram: @sergiopov
Facebook: Sergio Povoa
LinkedIn: Sergio Povoa

Graduado em Administração pela UGF, possui MBAs em Recursos Humanos pela Fundação Getulio Vargas (FGV) e Executivo pela Fundação Dom Cabral. Conta com mais de 30 anos de experiência no mercado, tendo ocupado cargos de gestão e diretoria em companhias como Grupo Pão de Açúcar, J. Macedo, GE, Unilever, Netshoes e OLX. Atualmente, está à frente da área de Gente & Gestão da Jamef, além de ser conselheiro, *coach* e mentor. O executivo acumula, ainda, *expertise* em projetos estratégicos de transformação cultural.

Com tantas tecnologias que saltam aos nossos olhos, é sedutora a ideia de reduzir o significado da palavra inovação a plataformas, algoritmos ou *chatbots* que fazem maravilhas on-line. No entanto, basta conferir no dicionário a amplitude desse termo, que se tornou cada vez mais decisivo em nossas carreiras, para logo mudar de ideia. Inovação é, sim, criar algo e muitas vezes com potencial disruptivo, mas também pode ser a prática de renovar um produto ou serviço existente ou, então, aplicar melhorias em processos não necessariamente digitais.

Inovação pode ser tecnológica, incremental, aberta, criativa... Há uma série de possibilidades. Selecionei um exemplo dessa última categoria, a criatividade, para mostrar como a "mágica" pode ser criada apenas a partir de uma nova perspectiva. Na área da saúde, sabendo do enorme desconforto que é a realização de exames de ressonância magnética ou tomografia computadorizada para crianças, empresas tiveram a ideia de redesenhar a experiência dentro daqueles tubos frios e desconfortáveis para que os pequeninos pudessem se divertir (ou sofrer menos) durante o exame. Resultado: paisagens lúdicas foram criadas para gerar interação; e um processo que era penoso passou a ser mais agradável.

Ideias assim existem aos montes, inclusive nos ambientes corporativos. Outro dia, por exemplo, soube de uma iniciativa de uma empresa que precisava disseminar as políticas de *compliance* e incentivar o registro de denúncias de assédio no local de trabalho. Como não havia orçamento para implementar sistemas digitais de recebimento dos relatos, a diretoria teve uma ideia genial: instalou uma caixa dentro dos banheiros para que as pessoas pudessem escrever em papéis e depositar anonimamente suas queixas, de maneira eficiente e sem represálias. Inovação das boas, concorda?

Também tenho um exemplo próprio para compartilhar. Na época em que liderava a área de RH de uma grande empresa de *e-commerce*, fui desafiado a pensar "fora da caixa" para repaginar o processo de *feedbacks* aos colaboradores, considerado antiquado à época. Como sempre ocorre em processos inovadores, parti, portanto, de um incômodo que deveria ser endereçado. No primeiro momento, não tinha caminhos validados nem respostas definitivas para dar, então propus uma rodada de *brainstorming* (geração de ideias) com todo o time de Recursos Humanos.

Os primeiros passos dessa trilha rumo à inovação não foram simples, pois várias pessoas estavam inseguras em contribuir. Para encorajá-las, compartilhei provocações reflexivas e exemplos inspiradores na tentativa de incentivar a criatividade. Fiz questão de ressaltar que aquele era um processo sem julgamentos, em que todo mundo deveria se sentir livre para colaborar. Mesmo assim, boa parte do time ficou incomodada com a necessidade de sair da "zona de conforto", mas seguimos em frente. Na rodada seguinte de discussões, as ideias começaram a sair e, aos poucos, foram incrementadas. Ao final, de maneira colaborativa, conseguimos implantar um sistema de *feedbacks* mais organizado, eficiente e que acabou virando referência para o mercado.

Todos esses casos revelam a importância de pensar diferente (não à toa essa expressão poderosa se tornou o *slogan* da Apple). Pensar diferente é ter a humildade de entender que nem toda inovação precisa ser disruptiva, como foram a energia elétrica, a internet, o computador ou o celular. Ela pode ser pontual se tiver as condições necessárias para resolver o problema a que se propõe. O caminho é começar pequeno, pesquisar, estudar possibilidades, conversar e ouvir para só então buscar ideias que funcionem para aquela dor comercial existente. Contudo, devo dizer que essa é só uma parte do caminho para inovar – talvez a mais longa, é verdade. Como diz o ditado, inovar pode ser 99% de esforço, mas necessita de ao menos de 1% de inspiração.

O caminho da inspiração

Vamos combinar: ninguém pensa diferente se não tiver inspiração, concorda? Vejo essa como uma via de mão dupla no ambiente corporativo: por um lado, é essencial que as pessoas estejam dispostas a agregar valor com ideias que vão além do dia a dia e que possam efetivamente se transformar em *insights* valiosos para o negócio. Porém, acredito que as organizações também têm uma grande parcela de responsabilidade na proposição de estímulos para que isso aconteça na prática.

Vamos por partes, primeiro contextualizando o lado dos colaboradores: existem vários fatores que podem desestimular uma pessoa a colaborar no cotidiano da empresa, e um deles está relacionado à procrastinação – essa palavra que diz muito sobre maus hábitos que cultivamos ao longo da vida. Sabia que a sensação tentadora de deixar para depois não é apenas uma escolha de momento ou algo inofensivo? O ato de adiar tarefas provoca impactos profundos que afetam o equilíbrio de que tanto precisamos para viver bem neste mundo tão agitado.

A Psicologia ajuda a explicar. Sabemos que a decisão de adiar uma tarefa desagradável ou trabalhosa oferece o prazer imediato de priorizar coisas agradáveis, como assistir a filmes, conversar com amigos ou simplesmente passar um tempo no Instagram. O problema é que a "conta" chega, e, pior, com consequências emocionais: ao final do dia, na hora do relaxamento indispensável para cuidar da saúde, bate aquela sensação de culpa e até vergonha pela quebra de compromisso consigo mesmo.

Como quebrar esse ciclo que pode se tornar vicioso e impedir que as pessoas inovem no trabalho? Tenho a oferecer dois tipos de respostas, uma simples e outra mais complexa. Começo pela simples: aceitando que os problemas não desaparecem sozinhos e que todas as escolhas têm consequências – por mais que pensemos às vezes que elas podem ser jogadas para debaixo do tapete. Parece óbvio, mas não é. Mesmo quando não escolhemos, estamos fazendo uma opção: nesse caso, eximindo-nos da responsabilidade de tomar uma decisão que certamente terá impactos em nossas vidas.

Antes de partir para a resposta complexa, gostaria de compartilhar a minha visão sobre o tema aplicada à carreira. Em todos os trabalhos que tive, sempre busquei entender a necessidade de realizar tarefas de que não gostava tanto justamente porque precisava fazer escolhas. Ora, se determinada demanda está relacionada ao seu escopo de atuação e você não quer dar conta dela, só há duas possibilidades: aceitar ou recusar; e arcar com as consequências que, nesse caso, pode ser a demissão. O que não dá é para ficar "em cima do muro" e ir para o trabalho com mau humor ou descontar a frustração nos colegas.

Gosto de usar o início da minha carreira como exemplo porque aprendi muito, especialmente com as primeiras funções que exerci. Quando era faxineiro, o primeiro trabalho que tive, corria para fazer as tarefas de limpeza a fim de aproveitar o tempo livre para aprender outras coisas. Foi assim que comecei a vislumbrar novas oportunidades profissionais, desenvolvi interesse por outras áreas e percebi que tinha aptidão para projetos que antes não passavam pela minha cabeça. Acho que essa dica funciona para todo mundo: se você tem um trabalho a fazer, faça-o, e da melhor forma possível. Não gosta do que faz? Invista o tempo livre após as entregas na busca do que vai fazer você feliz.

Agora, depois desse contexto pessoal, vou retomar a resposta mais complexa para a questão da procrastinação, e ela tem a ver com a mudança de hábitos. Não há neste mundo alguém capaz de fazer tudo ao mesmo tempo, por isso estabelecer metas difíceis de alcançar é um dos primeiros gatilhos a serem evitados. Não tem segredo: objetivos precisam ter início, meio e fim; e a melhor forma de andar por essa estrada é aos poucos, com organização, regularidade e disciplina. Portanto, antes de prometer o mundo a si mesmo – e se cobrar por isso – comece pequeno, planejando o dia seguinte: que tal listar de 5 a 10 tarefas viáveis? Foque nelas para depois partir para outros desafios.

Tudo isso tem a ver com inovação, inspiração e se conecta com mais uma palavra que eu gostaria de adicionar a essa reflexão: o protagonismo, para assumir o controle sobre as rédeas da própria carreira. Quem valoriza o *networking* e investe no aprimoramento das competências e na marca pessoal está inovando e em constante transformação porque entende que a construção de uma carreira leva tempo. Sobre isso, certa vez, estabeleci no meu perfil do LinkedIn uma analogia entre a carreira e uma maratona de 100 metros ao perceber o interesse das pessoas no crescimento rápido profissional, com reconhecimento na velocidade da luz e salários meteóricos, sendo que essa é uma visão imediatista a ser evitada.

É claro que é saudável ter "sangue nos olhos", buscar desenvolvimento contínuo, querer fazer acontecer e deixar uma marca positiva, mas tudo a seu tempo: a paciência é um ingrediente fundamental em planos de longo prazo. É a paciência que permite um olhar mais pragmático da carreira, ou seja, a capacidade de estabelecer metas de curto, médio e longo prazos e cumpri-las adequadamente. Esse tipo de pensamento traz consistência para a trajetória profissional.

O lado das empresas

O outro lado dessa história da inovação e da inspiração envolve a responsabilidade das empresas com uma gestão humanizada. Nos discursos corporativos, fala-se muito que pessoas não são números e há empresas que até dizem, em seus textos de missão, visão e valores, ser "apaixonadas por gente". Será que essa preocupação é mesmo genuína? Usando como base os episódios de demissões em massa que marcaram os anos de 2022 e 2023, tendo a achar que ainda há muito o que evoluir, pois vi muitos relatos que contrariam o manual das boas práticas na hora do desligamento – por exemplo, cortes feitos por e-mail e de maneira abrupta.

Como implementar uma gestão humanizada no dia a dia e criar um ambiente que favoreça a inovação e a inspiração? Sem dúvidas, começando pelo topo. Esse deve ser um desejo da alta liderança. Melhor ainda se for feito de maneira orgânica, como parte da cultura organizacional, sem que seja necessário criar uma estratégia específica – e artificial – para isso. Líderes humanizados carregam o respeito pelo outro em seu DNA e trazem consigo uma generosidade que se desdobra até os patamares mais baixos da pirâmide organizacional.

Quem me conhece sabe quanto valorizo o bom ambiente corporativo. Costumo dizer que o meu sonho, como executivo da área de Gente, é que as empresas evoluam a ponto de não adoecer as pessoas, porque, infelizmente, isso ainda acontece. Para que isso não aconteça, algumas características comuns a empresas com gestão humanizada são: escuta ativa, atenção à diversidade, construção de um ambiente de trabalho saudável, clareza nos *feedbacks* e tudo o que puder ser feito para que as pessoas estejam confortáveis para entregar sua melhor *performance* possível e que, ao mesmo tempo, tenham qualidade de vida.

Aos leitores, as minhas dicas são voltadas para o entendimento de que vivemos um mundo dinâmico, ágil, volátil e extremamente competitivo no qual os escopos de trabalho não são mais organizados em caixinhas e os cargos oferecem uma visão limitada do que pode ser conquistado dentro das organizações. É o que falam por aí: "Você é muito mais do que o seu cargo". Isso porque vivemos um mundo em que a qualquer momento pode surgir uma nova ferramenta, como o ChatGPT, por exemplo, o *chatbot* que escreve textos em tempo real, capaz de transformar radicalmente indústrias inteiras.

Como sou otimista em relação ao avanço da tecnologia, penso que o "pulo do gato" na carreira está em saber se posicionar nesse contexto de trabalho que requer inspiração e inovação constantemente. Na prática, significa dizer que as pessoas precisam buscar ser criativas, ter pensamento crítico, fazer leituras complexas de onde estão e para aonde querem ir e repensar o tempo todo como utilizar suas habilidades – técnicas e emocionais – para gerar valor ao negócio do qual elas fazem parte. Como disse Albert Einstein, "o verdadeiro sinal de inteligência não é o conhecimento, mas a capacidade de imaginar".

24

ESPÍRITO DE DONO

Se você quer se destacar e alcançar o sucesso na sua empresa, não basta fazer apenas o que é esperado e dentro do seu *job description*. É preciso adotar atitudes de dono. Isso significa ter uma mentalidade que lhe permita assumir a responsabilidade pelo sucesso da empresa como um todo, e não apenas pelo próprio trabalho. Este capítulo traz valiosas experiências que certamente irão ajudá-lo a desenvolver essa *power skill*.

DAVID FRATEL

David Fratel

Contatos
www.maua.com.br
david.fratel@maua.br
11 97272 9885

Casado com uma mulher incrível chamada Maria do Carmo, a quem deve muito por ter construído tão bem as suas vidas e ter trazido ao mundo os pimpolhos Gabriel e David Júnior, e esses trouxeram à nossa família Betinhas e Gê, duas flores raras. Engenheiro civil, com 40 anos de experiência no gerenciamento e execução de obras. Atualmente é diretor-executivo de Engenharia do Grupo Kallas, coordenador e professor do curso de pós-graduação (especialização) em Gerenciamento de Obras do Instituto Mauá de Tecnologia, Conselheiro da Fiesp e do Sinduscon-SP (Suplente), além de árbitro do Centro de Resolução de Conflitos GLIP (USP – Universidade de São Paulo). Participar das publicações da série *Soft skills* tem me possibilitado praticar preciosos exercícios de muita reflexão, aprendizado e crescimento pessoal.

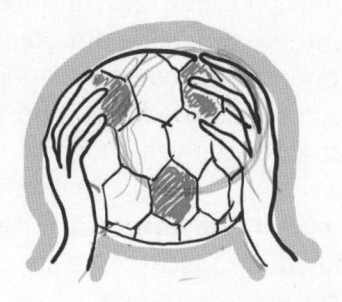

Em nossas casas, o que sentimos quando os nossos filhos, principalmente na adolescência, tomam longos banhos quentes, esquecem luzes ligadas, deixam computadores ativos e sem uso efetivo, não aproveitam os altos investimentos em cursos que lhes ofertamos? Acende em nós a atenção quanto ao desperdício e à agressão ao meio ambiente. Nas nossas empresas, quando empregados, não deveria ser diferente. Mas (infelizmente) é.

Sempre fui o primeiro a chegar à empresa, mas, raramente, o último a sair. Sou um profissional que cultiva hábitos diurnos e aproveito intensamente cada minuto do meu dia. Reservo as noites para me dedicar a dar aulas, **aprender coisas novas,** estar com minha família e **confraternizar**. Nesse meu hábito de chegar cedo, sempre vivenciei exemplos de desperdício e desordem: computadores ligados, luzes acesas, máquinas de café ainda funcionando, sistema de ar-condicionado individual das salas ligado (mesmo com o escritório vazio), desorganização generalizada nas mesas de trabalho, mesas de reunião ainda com xícaras e copos sujos, dentre outras barbáries. Mas não ficava por aí. Presenciava colegas de trabalho que não assumiam a **responsabilidade pelo sucesso da empresa, não agiam com proatividade para encontrar soluções e melhorias de processos**, principalmente quando elas exigiam esforços extras, ou extrapolavam a sua área de responsabilidade direta. Era hora de agir. Como executivo, estudei uma oportunidade de mudar aquela triste realidade.

Idealizei um projeto de conscientização, envolvendo todos os nossos colaboradores de escritório, que tinha um objetivo muito maior do que o de resolver pequenas situações do cotidiano. Pretendia despertar, nos colegas, outras habilidades comportamentais e levá-los a desenvolver e tomar verdadeiras atitudes de dono, **com espírito colaborativo**, nas suas atividades, e, por fim, alcançar o **perfeito alinhamento com a cultura da empresa**. "Empresas de dono" nos oferecem uma oportunidade única nesse sentido e, por isso, vou compartilhar com vocês essa passagem.

Dividi o time do escritório em três grupos heterogêneos (por exemplo, instrução, área de atuação e/ou posição hierárquica); afinal, **lidar com a diversidade e interagir com diferentes pessoas e áreas da empresa** também fazia parte do aprendizado. Cada grupo ficou responsável por um determinado conjunto de despesas gerais e administrativas (em inglês, *General & Administrative Expense* – G&A): O grupo AMBIENTE ("A") passou a acompanhar o consumo de energia elétrica, o grupo BIODIVERSIDADE ("B") tinha olhos para o gasto de água e esgoto, enquanto o grupo CONSERVAÇÃO ("C") focou no uso de utensílios plásticos, impressões, tintas de impressoras, materiais de limpeza e higiene, consumo de café e outros itens afins. A meta era reduzir os consumos do conjunto de despesas elencado, em relação à média dos últimos 12 (doze) meses, nos 12 (doze) meses subsequentes ao início oficial da campanha. Cabia a cada grupo apresentar um plano de ação, aprová-lo junto a um comitê estrategicamente criado e implementá-lo. As economias apuradas, ao final da campanha, seriam aferidas. À equipe vencedora, distribuiríamos, como bonificação, e em cotas iguais, 30% das economias. A soma das economias dos três grupos também seria distribuída, e 10% do resultado (desde que os três grupos apresentassem resultados positivos) seria dividido entre todos os que participaram da campanha. A prática da **autogestão** era necessária para que os grupos tomassem as próprias decisões e direcionamentos.

Iniciei uma revolução sem ter a menor percepção de como aquilo tocaria profundamente o coração e a consciência dos colaboradores, num primeiro instante estimulados pela futura gratificação, mas havia algo muito maior que gostaríamos de alcançar: despertar as atitudes de dono de um modo contagiante.

As premissas do programa pautavam-se na necessidade de manter o devido conforto no ambiente de trabalho, garantia de salários compatíveis com o mercado, bem como os benefícios previstos, além de uma rotina diária controlada, administrando prioridades e atividades de acordo com o tempo da jornada, permitindo dispor de momentos com a família, de descanso, lazer, atividades esportivas e outras. Ou seja, a manutenção das necessidades básicas foi um dos pilares.

A probabilidade de os grupos alcançarem os objetivos mensuráveis propostos traria responsabilidade, o desejo de permanecer, além da certeza de condições seguras no trabalho e estabilidade de emprego. Em paralelo, o programa trazia a necessidade de lidar bem com as mudanças que estariam por acontecer e, por meio de uma comunicação adequada, evitar atritos internos. Todos passaram a perceber, ainda mais, **a importância do interagir socialmente para trabalhar em formação de time e desfrutar da sensação plena de pertencimento empresarial. A estima seria obtida pelo reconhecimento, pela possibilidade de sonhar alto, pela autoridade e oportunidade de trilhar por aqueles caminhos.** Em síntese, uma chance de **realização**.

O pertencimento empresarial, pelo colaborador, intrinsecamente ligado ao verdadeiro espírito de dono, seria traduzido no sentimento de ele **se sentir parte de um todo** e **ser bem aceito** por aqueles com quem estava se relacionando.

Como evento preparatório, para que as equipes elaborassem seus planos de ação, sugerimos a todos que fosse feita uma pesquisa sobre a história da empresa, utilizando-se de diversas fontes, para que sua evolução, ao longo dos anos, fosse compreendida plenamente. Os resultados da pesquisa foram compartilhados com todos. Isso nos ajudou a **confirmar uma cultura corporativa** forte e coesa, em torno de atitudes de dono.

Os grupos prepararam e apresentaram seus planos de ação. Houve algumas sugestões de alteração, em torno de um debate técnico. Os planos foram revisados e, finalmente, aprovados. Os jogos começaram!

O grupo "A" usou, de maneira perspicaz, o poder da **inspiração para inovar. Pensou diferente** e **buscou novas tecnologias** na "geração distribuída" e no "mercado livre" de energia elétrica, como forma **criativa** de reduzir os custos das tarifas de consumo. Essa equipe, praticando técnicas de **resolução de problemas**, propôs os estudos, ofereceu-se para **implementar um projeto** piloto de geração fotovoltaica de energia, **experimentando novas técnicas e processos**. A referida ação propiciou a aquisição de conhecimentos práticos valiosos que também passaram a se refletir nos negócios e na projeção do grupo. Em paralelo, campanhas de conscientização quanto ao uso racional de energia elétrica foram veiculadas.

O grupo "B" resolveu **escutar ativamente** os colaboradores do escritório, sobre o uso racional da água. Avaliou sugestões e ideias. Esse comportamento certamente colaborou para que a empresa progredisse ainda mais com o auxílio de soluções criativas em um mercado tão competitivo. O grupo se desenvolveu por ter **aprendido ativamente** racionais formas de consumo. Percebemos também que **os integrantes do grupo demonstraram interesse por outras áreas da organização, que não as suas, construíram relacionamentos e abriram espaço para aprimorar novas habilidades,** o que os ajudou a abrir portas para novas oportunidades dentro da organização. O **trabalho colaborativo** representou, naquela ocasião, a mola propulsora de toda a transformação que estava por vir.

O grupo "C" enfrentou desafios para propor um plano de ação sobre a redução de consumo de materiais de escritório. Havia, então, uma fragilidade. Novas atitudes mexiam com a educação doméstica recebida, de modo distinto, sobre cada um. Diante disso, o caminho escolhido e trilhado foi no sentido de **despertar o olhar curioso para as métricas e metas**. O grupo enumerou metas de consumo, fez que as pessoas entendessem em que ponto estávamos, melhorias foram propostas e, assim, o gol foi marcado. A atitude de todos, ao aceitar as metas e atingir os objetivos, foi muito valorizada pela diretoria da empresa, simplesmente porque as pessoas participaram das reuniões, entenderam as métricas propostas e, como essas estavam relacionadas com os objetivos da campanha, fizeram perguntas, propuseram mudanças e soluções e, principalmente, acompanharam os resultados. Tudo foi feito pela **antifragilidade**.

Durante os doze meses que se passaram, os colaboradores **receberam críticas de maneira positiva e *feedbacks***, tão necessários ao sucesso do programa, quando todos tiveram a real oportunidade de **se tornar um membro valioso do grupo** e um **colaborador**

fundamental para o êxito do programa. A crítica é um bom ponto de partida e, se bem trabalhada, melhorará a nossa performance e a da empresa. As críticas devem ser escutadas com bastante atenção, entendidas de onde estão vindo e como podem ajudar a melhorar. Os dados e informações obtidos foram úteis para compreender o fundamento. Foram propostas e instauradas medidas de ajuste.

Ao final do experimento, os resultados foram surpreendentes. A **inteligência emocional** protagonizou o aparo das arestas. De fato, presenciamos a alteração de hábitos pessoais e procedimentos operacionais da empresa. O grupo AMBIENTE, por uma pequena margem, foi declarado vencedor. No entanto, todos ganharam porque os três grupos apresentaram soluções importantes e resultados significativos dentro dos seus objetivos. Mas o ganho maior não foi a bonificação. Os colaboradores tiveram uma oportunidade, sem precedentes, de praticar diversas técnicas que nos fizeram, à época, tomar verdadeiras atitudes de dono e, com isso, todos cresceram e levaram os ensinamentos para a vida pessoal. A empresa também foi vencedora. Passou a ter colaboradores mais **comprometidos, proativos e protagonistas**, com ações que conduziram a soluções inteligentes, inovadoras, de fácil implementação e grandes resultados. Ganhou vários donos, no melhor dos sentidos!

Ter espírito de dono o ajudará a explorar o melhor de você, colaborará para sua competência ao propor soluções e resolver problemas de maneira inovadora e inspiradora. É uma habilidade que tornará você um profissional diferenciado e engajado. Classifica-se como uma *power skill*, particularmente importante em um mundo em constante mudança, em que a tecnologia e a automação estão alterando rapidamente o mercado de trabalho. Mas como alcançar isso? A experiência relatada destacou, propositadamente, diversas alternativas de comportamento. Outras podem ser citadas: **participe de eventos corporativos e, assim, absorva valores importantes da empresa, com confiança e engajamento. Comprometa-se, entregue-se, envolva-se, seja responsável e busque responsabilização. Posicione-se, mostre quem é você, desobrigue-se a agradar a todos, faça o que é certo. Saiba dizer "não" e não se abata com os erros (aprenda com eles). Pratique sua capacidade analítica, use as formas de falar e escrever o mais corretamente**

possível, regule o tom de voz, dispa-se de preconceitos, construa parcerias estratégicas dentro e fora da organização, saiba gerir crises, seja transparente e companheiro, apesar da hierarquia.

Quando você assume atitudes de dono, é visto como alguém confiável e capaz de liderar equipes e projetos com sucesso. Seus colegas assim o reconhecem? Não espere que alguém lhe dê permissão para assumir esse papel. **Tome a iniciativa e inspire sua equipe a trabalhar com você para alcançar grandes resultados.** A empresa precisa de líderes como você. Assuma essa responsabilidade e mostre o seu potencial. Está disposto a isso? Eu estou tentando, de modo resiliente há exatos quarenta anos de trabalho, no mercado da Construção Civil. Ser dono não deve ser fácil... Boa sorte!

25

PENSAMENTO NEXIALISTA

Neste capítulo, aprenderemos sobre o pensamento nexialista, uma competência que nos permite abordar, de maneira sistêmica, os problemas complexos com os quais o mundo atual nos desafia, mostrando-nos a importância do estabelecimento de conexões de valor com profissionais de outras áreas – muitas vezes, aparentemente desconexas da nossa área de conhecimento – para, juntos, estabelecermos a solução mais adequada.

JOSÉ CARLOS DE SOUZA JR.

José Carlos de Souza Jr.

Contatos
www.maua.br
jcarlos@maua.br
jcarlos@ieee.org
LinkedIn: José Carlos de Souza Jr
Lattes: lattes.cnpq.br/0108626756702152

Pai, marido, educador, empreendedor e eterno aprendiz. Acredita no balanço entre Ciência (explicação), Filosofia (entendimento) e Arte (humanização) para conhecer melhor suas limitações e defeitos, base para uma possível evolução. Defende o desenvolvimento da visão nexialista (competência para se estabelecer conexões de valor) como diferencial do profissional, cidadão e indivíduo.

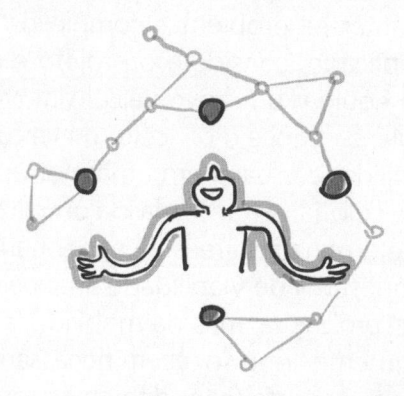

Como educador do ensino superior, alguns aspectos me incomodaram por bastante tempo, a maior parte deles em decorrência da aplicação dos conceitos de segmentação e normatização de processos originados na revolução industrial.

Neste caminho, segmentamos nossa abordagem educacional, isolando cursos, séries e disciplinas. Empacotamos nossa formação em níveis estanques (fundamental, médio, superior e pós-graduação). No ensino superior, se estratificou o ser humano (profissional, cidadão e indivíduo), cometendo-se o erro de se focar apenas no profissional – as instituições, por muitas vezes, se eximiram do desenvolvimento integral, pouco contribuindo para a formação do cidadão e do indivíduo.

Dicotomias foram estabelecidas: teoria e prática – vida acadêmica e vida profissional – generalista e especialista, para citar algumas. Essa abordagem trouxe ganhos quando de sua implantação. A segmentação permitiu a gestão mais eficiente de cada etapa, profissionais se especializaram e se estruturou um padrão para a formação. Uma perspectiva que serviu para o mundo de problemas complicados que tínhamos, mas não para o presente, que nos desafia com questões cada vez mais complexas.

Note que há uma grande diferença entre problemas complicados e complexos. Quanto ao primeiro, temos desafios que exigem conhecimentos específicos de algumas áreas, enquanto nos complexos os obstáculos só podem ser superados com a conexão de diversos saberes – múltiplas áreas de conhecimento têm de trabalhar em conjunto para suplantar os problemas complexos. Como exemplo de um desafio complicado, considere o projeto e a construção do motor elétrico para equipar um novo veículo movido por baterias; como desafio complexo, amplie o conceito de veículo e reflita sobre a resolução da mobilidade urbana em uma metrópole. No caso do motor elétrico (o veículo já extrapolaria o complicado), o conhecimento técnico de determinadas áreas da engenharia e ciências aplicadas, bem como questões de viabilidade financeira e usabilidade, tendem a resolver o problema; mas na mobilidade urbana, há uma vastidão de conhecimentos que se fazem necessários: vários são os possíveis modais de transporte (com diferentes formas de energia); o urbanismo impacta diretamente; a cultura e a psicologia humana podem invalidar uma solução técnica que se julgava excelente; avanços da TI e seus respectivos "Aplicativos" podem rapidamente alterar como as pessoas se movem pela cidade; aspectos ambientais são prioritários; e devemos ainda fechar economicamente a solução. É impossível determinar todas as variáveis (o que por si só é característica da complexidade).

As tecnologias digitais também estão presentes na educação e, adequadamente empregadas, possibilitam que as instituições de ensino mais "atuais" ofereçam jornadas que respeitem cada indivíduo e suas características. Observe que optei por "atuais" e não "modernas", pois o segundo termo poderia enfatizar a tecnologia em detrimento do "modo de pensar", e é no modo de pensar (*mindset*) que está a essência da transformação.

Antes de abordar o Nexialismo, retomemos a dicotomia generalista vs. especialista. Por muito tempo, essa foi uma dúvida para as instituições de ensino (para muitas, ainda é) e para aquele que dedicava seu tempo e recursos ao estudo, mas não faz sentido conceber as duas posições como mutuamente exclusivas, pois existe um universo de possibilidades de formação entre os dois extremos. Entendê-las como excludentes é retornar à proposta de Henry Ford, na qual você tinha um carro preto ou não tinha carro. É o extremo do digital, com somente "0" ou "1", quando na verdade vivemos um mundo analógico cuja tecnologia digital adequadamente utilizada propicia uma enorme gama de formações entre o generalista e o especialista, que será reflexo da experiência e dos interesses de cada um.

Tanto o profissional de formação generalista como o especialista são essenciais na abordagem e na resolução de problemas complexos; e não é nesse aspecto que temos a definição do profissional que realmente trará alto impacto positivo para a sociedade. Esteja ele em qualquer ponto do espectro entre o generalista e o especialista, a diferença se dará no fato de trazer incorporada em si uma forma *nexialista* de abordar e resolver os problemas complexos. Ressalto que não se trata de uma terceira figura (contraposta ao generalista ou especialista), mas, sim, de um modo de pensar, uma questão de *mindset*.

O termo tem em sua etimologia a palavra em latim *nexus*, que significa "conexão/ligação" e foi cunhado pelo escritor de ficção científica canadense Alfred Elton van Vogt (1912-2000) em seu livro de 1950, intitulado *The Voyage of the Space Beagle* (2009). Para compreendermos o contexto, o livro relata uma expedição intergaláctica (lembre-se de que, em 1950, ainda faltavam 19 anos para o homem pousar na Lua). A tripulação é composta por generalistas e especialistas das mais diversas áreas do conhecimento, e a cada um ou dois capítulos surge um problema "complexo" para ser superado. Nesse ponto, aparece o protagonista Dr. Elliott Grosvenor, que tem por característica a identificação das competências generalistas e especialistas dos tripulantes, que devem ser reunidas para a superação do desafio, integrando os detentores desses conhecimentos em equipes que efetivamente solucionam o problema. Por essa competência, Elliott é adjetivado como "nexialista", aquele que faz as conexões e cria o ambiente para que elas operem adequadamente. Podemos entender como alternativa ao Nexialismo a pessoa com o domínio profundo de várias áreas do conhecimento (polímata). Peter Burke (2019), em seu livro *The Polymath*, ilustra muito bem o conceito de polímata na figura de Leonardo Da Vinci (1452-1519) e nos mostra que pessoas com essa capacidade são cada vez mais raras. Com o aumento exponencial do conhecimento humano, torna-se premente que as conexões entre pessoas de áreas de conhecimento complementares e a aplicação da visão sistêmica sejam o caminho para a superação dos obstáculos complexos.

Ao cruzar com o termo cunhado por van Vogt, entendi que o profissional que reconhece a importância de realizar conexões e cria o adequado ambiente para que elas progridam será aquele com maior probabilidade de causar impactos positivos na sociedade.

Por serem poucas as fontes bibliográficas sobre o Nexialismo, procurei estudar uma maneira de verificar sua operação como ferramenta na abordagem da complexidade. Retirando-se o fato de *Beagle* ser o nome do navio em que Charles R. Darwin (1809-1882) realizou a expedição que culminou na publicação de sua famosa obra *A origem das espécies*, de 1859, pouco há de científico no livro de van Vogt. Procurando analisar a presença do Nexialismo em momentos considerados de grande impacto na História, optei por retornar ao ponto de manifestação da vida para descobrir se haveria nele a presença de algum vestígio. Lembremos que a vida, além de incontestavelmente inovadora, é um empreendimento com mais de um bilhão de anos. Focando nas teorias evolucionistas e sem o rigor de um especialista na área, o estudo da manifestação da vida trouxe-me provas da presença do Nexialismo por meio de três pontos:

- **Carbono** – toda forma de vida sobre a qual temos conhecimento possui como base o elemento químico carbono. Mas qual é o motivo para a vida tê-lo escolhido como elemento-base? O carbono, com seus quatro elétrons livres na camada de valência (tetravalente), permite que este realize conexões com outros elementos, principalmente as conexões duplas e triplas, que dão origem às complexas estruturas moleculares que suportam a vida. Recordemos o CHONPS – **C**arbono, **H**idrogênio, **O**xigênio, **N**itrogênio, Fósforo (**P**) e Enxofre (**S**) – lista dos elementos elementares da vida, encabeçada pelo Carbono. Ele é o grande nexialista da tabela periódica. O equivalente ao protagonista "Elliott" do livro de van Vogt. Enfatizo que não precisamos ser todos "carbono", você pode ser um ultraespecialista (um raro elemento na tabela periódica), mas o fato de ter o entendimento nexialista o levará a enxergar que, se conectando em um carbono, suas possibilidades de se combinar com outros elementos, e assim causar maior impacto positivo, serão ampliadas. A importância das conexões pode ser verificada no processo de vendas descrito por Juliano Antunes neste volume.
- **Meio líquido** – o estabelecimento de conexões possui pouco valor sem a existência de um ambiente (meio) no qual prosperem e atinjam o nível de maturidade exigido para a resolução dos

desafios complexos. É ponto comum nas principais teorias evolucionistas que a vida apresenta sua manifestação no meio líquido (água, mares, sopa vital...). Qual é o motivo de a vida ter escolhido o meio líquido e não o sólido ou o gasoso? Abordando metaforicamente esse ponto, entendo que, no meio sólido, as conexões já estão fortemente estabelecidas, o que torna muito difícil o surgimento de novas estruturas. Temos aqui a ordem perfeita, o que os gregos denominavam por cosmos. É o que ocorre em muitas grandes organizações, nas quais as regras já estão tão arraigadas que não há espaço para a inovação. Quando uma abordagem nova é proposta, existe uma resistência muito grande, pois sempre foi feito do mesmo jeito.

No outro extremo do espectro (oposto à ordem), temos o caos, o meio gasoso (a palavra "gás" foi cunhada no século XVII pelo químico holandês J. H. van Helmont a partir do latim *chaos*). Nele, dada a liberdade de movimento, as possibilidades de novas conexões são ampliadas, mas falta a "viscosidade" necessária para que tais conexões evoluam e se tornem estruturas complexas perenes. No meio gasoso, o empreendedorismo não encontra o suporte necessário. Podemos comparar, sem generalizar, com certos ambientes de inovação com bar, jogos, sofás... Onde muitas conexões ocorrem no *happy hour*, mas, posteriormente, cada um retorna para sua sala (para seu cotidiano) e as conexões não prosperam.

O meio líquido nada mais é que o meio-termo, um ambiente que permite que novas conexões ocorram (inovação) e estabelece as condições estruturais para que evoluam e se tornem perenes (empreendedorismo). Como profissionais e líderes nexialistas, devemos manter nossas mentes e ambientes em estado líquido, fomentando que novas conexões ocorram e evoluam.

O possível adjacente

O terceiro ponto que me chamou a atenção, quando do estudo do Nexialismo, foi o conceito estabelecido pelo biologista teórico Stuart Kauffman (1996), conhecido como *The Adjacent Possible* (O Possível Adjacente). Fazendo uma leitura livre, podemos entender este conceito como: "Nunca limite sua visão sobre uma tecnologia pelos atuais problemas que ela resolve, mas se mantenha atento às possibilidades que ela abre". Quando se fala em IA, Data Science, Blockchain..., temos aplicações hoje em curso, mas o verdadeiro desafio está em vislumbrar e implementar (especialmente em áreas aparentemente não correlacionadas) as novas oportunidades que se abrem com este ferramental.

Resumo o Nexialismo como a competência de se estabelecer conexões de valor.

Nesse sentido, devemos:

1. Ter ciência de nossos pontos fortes e fracos (*hard* e *soft skills*), conectando-nos com (ou conectando em torno de nós) pessoas com competências complementares e diversas (carbono).
2. Manter nossa mente aberta às ideias e propostas que inicialmente nos parecem ir contra o que sempre fizemos, mas sem abandonar o senso crítico de análise e de uma estruturação flexível de nossos passos (meio líquido).
3. Entender tecnologias emergentes de uma forma mais ampla, não se limitando às tecnologias ditas digitais (pode ser uma nova proposta de gestão, um novo conceito da psicologia humana, um novo medicamento.) E estar atentos às oportunidades não explícitas que se abrem, independentemente da área em que atuamos.

Referências

BURKE, P. *The Polymath*. Wiley, 2019.

KAUFFMAN, S. A. *At Home in the Universe*. Oxford Univ. Press, 1996.

VAN VOGT, A. E. *The Voyage of the Space Beagle*. Tom Doherty Associates, 2009.

26

O PODER DE VENDER

A venda começa no momento em que decidimos convencer alguém daquilo em que acreditamos. Nós não conseguimos vender algo se nós mesmos não confiamos no que estamos oferecendo. Aqui, vou explorar um pouco a nossa capacidade inata de vender algo, quando realmente nos dispomos a exercer essa atividade. A competência de ser um vendedor é sua capacidade de persuadir alguém a comprar uma ideia ou um projeto.

JULIANO ANTUNES

Juliano Antunes

Contatos
www.uliving.com.br
juliano@uliving.com.br
LinkedIn: Juliano Antunes

Empreendedor, casado, apaixonado, pai de dois filhos lindos, atencioso, preocupado e extremamente ético. Sou fundador da Uliving, a primeira empresa de residência estudantil do Brasil, com uma história de resiliência e de convencimento de investidores para um negócio inovador. Apaixonado por gente, comunicativo, sentimental e muito empático. Graduado em Engenharia Civil, com especializações em Gestão de Negócios, Gerenciamento de Projetos e Direito Imobiliário e com uma trajetória em grandes empresas, mas sempre inquieto e buscando criar algo que fizesse a diferença. Amo ajudar pessoas, vê-las crescer e se tornarem seres humanos melhores. Ao participar do processo e contribuir, tenho uma felicidade e um senso de realização enormes.

O que é vender?

Um dia desses, acompanhei a visita de uma pessoa do nosso time comercial ao lado de um potencial cliente. Ele fez a demonstração muito bem-feita, explicou tudo e tirou todas as dúvidas. Só restou um ponto muito importante: fechar a venda (no caso, a locação do apartamento). Ou seja, não adianta saber tudo sobre o produto ou serviço se não há um fechamento do ciclo. Faltou a habilidade de finalizar a venda, demonstrando autoconfiança. A concretização do negócio é fundamental e se, temos confiança de que estamos oferecendo algo que cumpre os requisitos do cliente, não existe medo ou receio de concluir o fechamento.

Todos nós somos vendedores. A todo instante precisamos comercializar algo. Essa venda pode ser algo que estamos oferecendo por um valor definido, mas também pode ser uma ideia, um conceito, uma opinião ou até mesmo um sonho. Saber vender é uma habilidade crucial em diversos aspectos da vida, seja no mundo dos negócios, seja nas relações pessoais. O poder de saber vender, além de ajudar a conquistar objetivos pessoais e profissionais, pode melhorar a comunicação e construir relacionamentos mais saudáveis e produtivos.

Vender significa convencer outra pessoa que ela precisa do que você está representando, que aquilo lhe trará benefícios e irá suprir suas necessidades. Isso requer algumas habilidades essenciais: persuasão, imaginação, empatia e pensamento crítico.

A persuasão somente é possível se nós entendermos os objetivos e aspirações da outra parte. Para isso, é necessário um entendimento prévio do contexto, das necessidades e das expectativas do outro lado.

Ao apresentar algo para convencer alguém, não podemos simplesmente colocar nossa opinião, pois a maneira que pensamos não será necessariamente a mesma do outro. Precisamos entender o contexto, analisar a situação e, sobretudo, conhecer nosso ouvinte.

Também é indispensável demonstrar que você domina aquele assunto, que sabe muito bem o que está vendendo. Sem ser convincente, não vai conseguir conquistar seu futuro cliente.

A imaginação é algo que devemos sempre instigar, chamando a outra pessoa para visualizar aquilo que queremos demonstrar. Vejam o poder destas palavras: "Imagine isso". Aí você traz a pessoa para sua realidade e a conecta com aquilo que está procurando demonstrar.

Aqui trago um exemplo da vida real, quando estava tentando convencer meu filho de 4 anos a terminar o almoço dele, que tinha verduras e legumes. Eu lhe disse: "Imagine só você comendo isso e ficando mais forte e saudável. Você vai ficar maior, superforte e parecido com o super-homem". Depois dessa fala, algo mágico aconteceu, pois usei a imaginação para me conectar com ele. Esse é o poder que precisamos usar como estratégia de convencimento, fazendo que o outro acredite que aquilo realmente fará a diferença para ele e que, portanto, é bom adquirir ou acatar a ideia.

Vamos usar aqui um exemplo de alguém que quer alugar um apartamento. Essa pessoa está chegando à cidade, não conhece nada e já lhe forneceu várias informações do que está buscando.

Vou me colocar no lugar dela, me imaginar na mesma situação. Consigo visualizar suas dores, quais são suas necessidades principais e o que realmente ela está buscando. Com isso em mente, não vou oferecer nada que seja diferente do que ela procura. Vou demonstrar que entendo perfeitamente do que ela necessita e me conectar com ela de um modo mais profundo, porque quero mostrar que sou a pessoa ideal para ajudá-la a resolver seu problema. Isso é ser empático. Se eu tentar vender algo diferente do que ela imagina, nada vai acontecer e perderei essa conexão rapidamente.

E sabe quando você está tentando convencer alguém sobre algum assunto ou até mesmo sobre os benefícios do que está vendendo?

Aí o outro começa a fazer perguntas que você nunca imaginava e acaba ficando sem reação? A preparação para isso se chama pensamento crítico. Você se coloca do outro lado, imagina o que poderia ser a reação dele e quais perguntas poderiam ser feitas e se prepara para aquela situação, tendo as respostas de maneira organizada e coerente, trazendo seu ouvinte para o seu lado, colocando-o na sua mesma linha de pensamento, com argumentos válidos e convincentes.

Aqui entra também sua habilidade de se conectar com diferentes assuntos, fazer paralelos que criem uma conexão com o ouvinte. Se você está preparado e tem uma visão generalista a respeito dos temas, certamente terá argumentos muito mais fortes para ajudar na venda. No capítulo do colega José Carlos de Souza, ele fala sobre Nexialismo, no qual resume com maestria esse conceito como a "competência para se estabelecer conexões de valor" e explora de maneira profunda a correlação entre as distintas habilidades de cada um.

O bom ouvinte

Uma pessoa com capacidade de vender ideias ouve mais do que fala. Parece um paradoxo, mas é muito verdadeiro. Quem sabe ouvir se torna um vendedor muito melhor, pois consegue captar as mensagens, fazendo a leitura dos sinais dados pelo outro, e está apto a processar as informações de modo a transformá-las em dados para seus argumentos.

Quantas vezes você já não esteve na frente de um vendedor, que logo no início da conversa perguntou seu nome e, mais adiante, ele interroga novamente "qual é seu nome mesmo?". Isso não é saber ouvir. É uma pergunta automática, mas que mostra que não foi dada a importância necessária no primeiro momento. Demonstra falta de interesse, de atenção e chega até a ser desrespeitoso.

Saber ouvir significa estar presente completamente, focado naquele diálogo, sem pensamentos fora daquele contexto, tendo um real interesse na outra pessoa e naquela ocasião. Saber ouvir é muito diferente de apenas escutar.

Desistência não faz parte do vocabulário

Quando queremos vender algo (ideia, produto, serviço, conceito, um projeto etc.), vamos enfrentar dificuldades. E para obter o resultado desejado, não podemos desistir diante dos obstáculos. Sempre haverá frustração e situações ruins, mas a persistência será constantemente a chave para o sucesso.

O segredo aqui é a resiliência, nossa capacidade de utilizar as falhas como aprendizado para atingir o objetivo, sem desistir. E costumo dizer que sempre acertamos ou aprendemos.

Gosto de usar um exemplo pessoal, que revela essa habilidade muito claramente. Fundei minha empresa em 2012, apenas com a ideia nas mãos e concentrei todo o projeto em uma apresentação no PowerPoint. Estava buscando investidores que acreditassem na minha ideia e topassem entrar no negócio. Devo ter falado com, pelo menos, uns 80 investidores. Criei uma expectativa enorme em várias das reuniões, mas sempre no final a resposta foi "não".

Muita gente já teria desistido muito antes. Porém, fui muito persistente e levei mais de dois anos para conseguir meu primeiro "sim". Foi muito sofrido, mas o aprendizado foi incrível e tenho certeza de que todas aquelas reuniões, perguntas e questionamentos me ajudaram a amadurecer a ideia e conseguir meu primeiro investidor.

Portanto, a conclusão que tenho é que o processo de venda precisa contar com uma resiliência muito alta, capaz de suplantar os obstáculos e seguir adiante, sem existir a possibilidade de desistência.

Vendedor é um ser criativo

Quando estava na faculdade e comecei a namorar minha esposa, levei-a em um encontro com meus colegas de turma. Quando chegamos lá, a primeira coisa que ela ouviu deles foi: "Cuidado para ele não vender você". Eu tinha fama de vendedor. Vendia de tudo no curso. Sempre queria achar uma oportunidade para ganhar um dinheiro extra e, para isso, tinha que ser criativo. Tentava entender o que os colegas precisavam e corria atrás para dar um jeito de conseguir.

Usava a criatividade para "empacotar" a minha ideia e convencer os outros a comprar. Vendia até conhecimento. Se dominava algo, fazia uma propaganda para eles, dizendo que sabia ensinar de um modo diferente, por meio do qual eles seriam capazes de aprender facilmente e tirar notas boas nas provas (que era o objetivo principal deles).

Não consigo imaginar um bom vendedor sem ser criativo. Para ser bem-sucedido nessa carreira – e reforço que você pode ser vendedor de si mesmo –, é preciso usar a criatividade. Imagine você buscando um novo emprego e enviando seu currículo para o recrutador. Se o currículo for vendedor criativo e diferenciado, suas chances de conseguir uma entrevista e ser visto com olhos mais atentos será muito maior. Eu mesmo valorizo isso quando seleciono currículos para entrevista na minha empresa. Aqueles que são mais criativos e conseguem se vender bem ganham minha atenção inicial.

Ética não tem negociação

Ao oferecer algum produto, um conceito ou outra coisa, o que será relevante, em qualquer circunstância, é a transparência. Não podem existir falsas promessas e ilusões. Reitero: isso vale para qualquer tipo de venda. Se prometer algo e não for capaz de entregar, sua reputação estará comprometida. Você deve ser o maior comprador daquilo que está vendendo. Precisa acreditar profundamente e certificar-se de que tudo será entregue conforme prometido.

A credibilidade do vendedor está diretamente ligada ao comprometimento dele com a verdade, e isso não é negociável. Ao comprar algo (mesmo que seja uma ideia) e descobrir que não era bem assim, conforme lhe foi falado, você perde completamente a confiança no vendedor. Sente-se enganado e, daí em diante, duvidará de qualquer coisa que seja dita.

Tenho certeza de que todos já tiveram uma experiência negativa nesse sentido. A sensação é horrível. Pensamos na hora que fomos passados para trás. E, pior que isso, criamos uma barreira para o próximo vendedor, que pode ser uma pessoa extremamente ética e confiável, além da certeza de nunca mais querer comprar nada daquele vendedor que não foi transparente e verdadeiro. Por outro lado, quando nos deparamos com um profissional ético e comprometido com o cliente, temos vontade de indicá-lo para outras pessoas, queremos voltar a comprar dele e valorizamos o relacionamento que foi criado.

Comprometimento é algo sério

Faço meus seguros sempre com o mesmo corretor, seja seguro de casa, do carro ou qualquer outro. O motivo é simples: eu ligo pra ele, falo minha necessidade, ele me faz algumas perguntas e me retorna o mais rápido possível com as soluções adequadas e todas as alternativas. Ele nunca esquece, e eu nunca preciso cobrar uma resposta. E, mais do que isso, quando tenho algum problema e preciso acionar o seguro, falo com ele, que prontamente me ajuda a resolver a questão.

Ele é comprometido com o cliente. Entende as necessidades e oferece um serviço de qualidade. Conquistou minha fidelidade exatamente por conta de seu comprometimento.

Ao vender algo, devemos ter isso em mente. Nossa relação com o cliente jamais termina quando um contrato é assinado ou quando o produto é entregue. O relacionamento permanece e é reforçado em qualquer momento futuro de contato, pois já foi iniciado e deve ser nutrido sempre.

"Quem não se comunica, se trumbica"

Já dizia o grande comunicador Abelardo Barbosa (CHACRINHA, 1917-1988); é uma profunda verdade para todos os que pretendem vender algo. Parece óbvio, mas a comunicação é a ferramenta mais poderosa de alguém que quer vender algo.

E mais: a comunicação não é apenas se expressar corretamente. É saber colocar suas ideias com clareza, da maneira que seu ouvinte vai entender e captar sua mensagem. A comunicação vai além das palavras, pois também está na maneira como você se veste, se comporta, expressa seus movimentos e na sua expressão facial.

Um vendedor de sucesso obrigatoriamente deve ser um grande comunicador e, assim, sempre terá um potencial enorme de ser um excelente profissional.

HAPPINESS SKILLS

Olá!

Bem-vindo ao nosso último bloco, das *happiness skills*, que irão ajudá-lo a elevar o bem-estar e a felicidade, além da sua conexão com a sua essência, com o objetivo de preparar o seu cérebro para um viés mais conectado com o presente.

Essas competências o levarão a desenvolver as habilidades para a felicidade, possibilitando uma conexão com seu propósito e intuição.

Iniciamos por "Consciência plena" e "Inteligência existencial", essenciais para a construção de uma vida mais leve e feliz, pois nos permitem observar que somos muito mais do que simples indivíduos na multidão. Dessa forma, passamos a "Honestidade emocional" e "Generosidade", para atentarmos à necessidade de compaixão conosco e com os outros, com base no bem-estar e na felicidade.

"*Savoring*" e "Espírito de superação" vão apoiar nossa compreensão de que é importante apreciar a jornada da vida e comemorar as conquistas e superações.

Encerramos com "Autorresponsabilidade" e "O poder da escolha". Afinal, você é o protagonista da sua jornada.

Boa leitura!

Lucedile Antunes e Cesar Caminha

27

CONSCIÊNCIA PLENA

Uma habilidade que, certamente, pode colaborar para o bem-estar, as relações e a felicidade é a consciência plena. Também conhecida como *mindfulness* ou atenção plena, a consciência plena tem sido cada vez mais valorizada por seus benefícios pessoais e coletivos. Ao contrário do que alguns podem pensar, a atenção plena não é sinônimo de prática meditativa. A meditação é apenas uma das formas que podemos utilizar para cultivá-la. Na verdade, a consciência plena pode ser vista como uma habilidade para a felicidade, que pode ser desenvolvida por qualquer pessoa e que, certamente, trará muitos benefícios para a vida pessoal e profissional.

SABRINA JAVARONI MÜLLER

Sabrina Javaroni Müller

Contatos
sabrinamuller.com
contato@sabrinamuller.com
Instagram: @sabrinamulleroficial
LinkedIn: Sabrina Müller

Psicóloga, mãe do Enrico, apaixonada por viagens e idiomas. Aos 20 anos, estudante universitária, fez um intercâmbio nos Estados Unidos. Voltando ao Brasil, concluiu o curso de Psicologia. Desenvolveu um método próprio e obteve êxito administrando sua escola de idiomas. Mas, ao adoecer, escolheu encerrar esse importante ciclo. Além de tratamentos tradicionais, adotou a prática de yoga, meditação e terapias integrativas em seu processo de cura e surpreendeu os médicos com sua recuperação. Buscou formações complementares, como os cursos de pós-graduação em Psicologia Positiva e em Neurociência, além de formação internacional em Ho'oponopono, yoga, *mindfulness* e meditação, e certificações como facilitadora em FIB, em *happiness skills* e em Teoria U. Da carreira anterior, leva todo aprendizado como empreendedora e apoia seus pacientes e empresas quanto à saúde mental. Atua como psicóloga clínica, docente em cursos de pós-graduação e em programas de desenvolvimento humano e organizacional.

Meu interesse por este tema, que, hoje, é um dos meus principais objetos de estudo e trabalho, teve início com minha própria experiência. Há alguns anos, passei por um *burnout* estendido, um esgotamento físico, mental e emocional, criado por meus próprios excessos (de responsabilidades, de compromissos, de horas trabalhadas e tudo mais) e acabei adoecendo. Na época, muito agitada e estressada, iniciei a prática da meditação, seguindo a recomendação de amigos e profissionais. Fiquei muito impressionada e intrigada com os resultados de tal prática em minha vida, em minha saúde e, principalmente, em meu funcionamento mental. Comecei, então, a estudar meditação, *mindfulness*, neurociência e sigo neste estudo da mente humana, buscando entender como podemos transformar nosso ambiente interior em um espaço mais positivo, amistoso, construtivo e saudável, ou seja, como podemos "fazer as pazes com as nossas mentes". Hoje sei que há diversos caminhos para que isso aconteça, várias práticas e ferramentas que podem ser úteis nesse sentido, e algumas habilidades que podemos desenvolver, dentre elas, sem dúvida alguma, a presença, ou consciência plena.

Estar plenamente consciente significa trazer o foco da atenção para o momento presente, para o ambiente onde estamos e para a tarefa que estamos executando, enquanto temos consciência de nossos próprios processos mentais e emocionais. Trata-se de estarmos cientes do que está acontecendo dentro e fora de nós a cada momento. Isso pode parecer simples, mas, na prática, é um desafio para muitas pessoas, principalmente em um mundo cada vez mais acelerado e cheio de distrações. A boa notícia é que, como se trata de uma habilidade, ela pode ser exercitada, desenvolvida e aprimorada.

No meu caso, fui desenvolvendo esta habilidade e aperfeiçoando-a aos poucos, com exercício e dedicação; e, apenas quando fui me tornando menos reativa e agitada, pude perceber o quanto eu precisava desacelerar, pois, quando estava dentro daquele turbilhão criado por meus próprios excessos, correndo para todos os lados, desconectada de mim e do momento presente, não percebia o quanto aquilo tudo era insalubre. Creio que meu primeiro passo foi colocar uma intenção de que queria verdadeiramente diminuir minha agitação, principalmente mental, e viver de maneira mais plena e equilibrada. Para mim, o primeiro e mais eficaz exercício de atenção plena foi utilizar técnicas de respiração consciente. Meu mestre de yoga, dr. Joseph Michael Levry, costuma dizer que a mente rege o corpo, mas a respiração rege a mente. Descobri que isso é verdade, pois, quando comecei a trabalhar minha respiração, deixando-a mais lenta e consciente, o mesmo ocorreu com minha mente, que passou a ser menos agitada e mais presente. Estudos demonstram que, hoje, a maioria das pessoas usa apenas um terço de sua capacidade pulmonar, mantendo uma respiração curta e agitada, o que gera ainda mais ansiedade. Com técnicas de respiração consciente, é possível melhorar a qualidade respiratória e desenvolver uma mente mais presente.

Outro fator muito importante para buscarmos a consciência plena é a auto-observação, pois é de extrema importância que saibamos reconhecer nossos estados mentais. Quando estamos demasiadamente agitados, por exemplo, podemos utilizar ferramentas que nos ajudem a diminuir tal agitação. A auto-observação é o caminho para o autoconhecimento e nos permite reconhecer nossas emoções, reações, tendências, crenças e, até mesmo, nossos corpos. Em 2021, quando tive covid-19, percebi que meu padrão respiratório havia mudado antes mesmo de ter qualquer sintoma. Essa percepção é fruto da atenção plena e jamais teria acontecido há alguns anos, quando eu não estava atenta.

Após utilizar, por algum tempo, as práticas de respiração consciente, passei a usar outras técnicas de meditação e de *mindfulness* e a notar cada vez mais benefícios. Criei, também, algumas ferramentas próprias. Lembro-me de que, no início, quando me percebia preocupada com algo, projetando minha mente para o futuro, antecipando situações, firmava os meus pés no chão e dizia mentalmente "eu estou aqui e agora". Isso me ajudava bastante. Algo que faço até hoje é um *check-in* com o momento presente. Quando percebo que estou me sentindo sobrecarregada, pergunto para mim mesma: "O que está acontecendo, de fato, **agora**?". E, então: "O que preciso, realmente, fazer (ou resolver) **hoje**? Quais são as **prioridades**?". Na maioria das vezes aquela sensação de sobrecarga desaparece, pois grande parte das preocupações vem de antecipações do futuro e não de coisas que realmente precisamos resolver naquele instante.

Utilizo muito uma técnica que chamo de *Mindful Minute*, ou Minuto Consciente, que são ocasiões ao longo do dia nas quais faço uma pequena pausa para auto-observação, que dura no máximo um minuto e que tem funcionado muito como um momento de presença. Nessa breve pausa, apenas me observo, percebendo como estou me sentindo, no que estou pensando e como está meu corpo. Convidando minha mente para o presente, respiro com profundidade algumas vezes, num ato de autocuidado e autocompaixão. Desacelero. Permaneço apenas comigo mesma, por um minuto, e intenciono com que mentalidade, emoção ou energia seguir, retomando minhas atividades.

Na minha vida pessoal, a habilidade da consciência plena trouxe muitos benefícios, como diminuição da agitação mental e da reatividade, maior consciência corporal, mais autoconhecimento, melhora na tomada de decisão e na comunicação interpessoal, além de redução do estresse e da ansiedade. Outro benefício valiosíssimo que percebi foi um olhar diferente para a própria vida, algo que podemos chamar de Inteligência Existencial, descrito lindamente pela querida Laura Lobo no capítulo anterior.

É interessante, pois os resultados que percebi em minha vida vão ao encontro daqueles já comprovados cientificamente. Muitas áreas de pesquisa vêm se interessando pelos benefícios da atenção plena e muitos estudos vêm sendo realizados por pesquisadores de áreas como Medicina, Psicologia, Neurociências e Administração. Os resultados têm sido muito positivos, mostrando ganhos importantes para saúde física, mental, emocional e social.

Pesquisas realizadas por neurocientistas e médicos, por meio de neuroimagem, apontaram que praticar a atenção plena pode levar a mudanças positivas em estruturas cerebrais importantes, associadas ao funcionamento cognitivo, como processamento de informações, aprendizagem e memória, em áreas associadas ao gerenciamento das emoções e da reatividade, e em áreas associadas à criatividade e à regulação atencional. Tais mudanças justificam muitos dos benefícios percebidos ao praticarmos a consciência plena.

Um dos principais é, sem dúvida, a redução do estresse e da ansiedade. Quando nos tornamos mais conscientes de nossos pensamentos e emoções, conseguimos prevenir respostas emocionais exageradas, respondendo de maneira mais saudável a situações estressantes. Outro grande ganho é a regulação emocional, que nos faz reconhecer nossas emoções e gerenciá-las de modo mais eficaz. Ambos, regulação emocional e regulação do estresse resultam no aprimoramento de outra habilidade bem importante, que é a resiliência, a qual nos permite lidar com situações adversas ou inesperadas com saúde e equilíbrio. A resiliência é também o que nos ajuda a crescer com as adversidades ou a criar uma solução perante um problema inesperado.

Outro benefício fundamental é a melhora do foco e da concentração. Hoje, vivemos uma cultura de excesso de estímulos e distrações, estamos sempre conectados e nossa atenção é requisitada a cada momento. Quando voltamos nossa atenção para a consciência plena, recuperamos o controle da atenção e conseguimos direcioná-la para o presente ou para a tarefa que está sendo executada, com mais foco, criatividade e clareza mental.

A qualidade do sono, igualmente, pode ser melhorada. Muitas pessoas sofrem de insônia por causa do estresse, ansiedade ou por excesso de preocupações, e a atenção plena pode ajudar a diminuir a agitação, a acalmar a mente e a relaxar o corpo, promovendo um sono mais tranquilo e reparador.

Estar mais presente pode promover impacto positivo nas relações interpessoais, pois passamos a perceber as pessoas e situações de maneira mais atenta e empática, tornando-nos mais capazes de nos comunicarmos de maneira mais eficaz e de responder de modo mais saudável às emoções e às necessidades dos outros.

Além de minha experiência pessoal, tenho notado muitos desses benefícios em outras pessoas em meu trabalho. Em minha prática clínica, como psicóloga, utilizo exercícios de presença (meditativos ou não) como ferramentas auxiliares ao processo terapêutico, e tenho observado, em meus pacientes, resultados como melhora do sono, menor reatividade, diminuição da ansiedade, melhor regulação emocional, maior valorização e apreciação do momento presente, escolhas mais saudáveis e conscientes e mais autoconhecimento.

Nos programas e treinamentos corporativos que facilito, tenho observado, por meio de relatos de participantes e de escalas aplicadas, resultados muito positivos, como melhora na comunicação interpessoal, melhor regulação atencional e emocional, diminuição dos erros por distração, redução da reatividade e da ansiedade, relações mais empáticas, escuta mais atenta, entre outros.

Nos estudos da Psicologia Positiva, consideramos a presença, ou consciência plena, uma das habilidades para a felicidade, ou *happiness skills*, que, se desenvolvidas e exercitadas, podem colaborar para alcançarmos níveis mais elevados de bem-estar subjetivo e felicidade. Entre elas estão a compaixão, a gratidão, a resiliência, a empatia e *savoring*. *Savoring* é a capacidade de saborear com consciência as pequenas belezas da vida, como sentir o aroma de café na casa pela manhã, apreciar uma paisagem bonita no caminho para o trabalho ou se delongar naquele abraço especial. Para que possamos experimentar *savoring* e as outras habilidades para a felicidade, é essencial que estejamos realmente presentes. Por esse motivo, a atenção plena é considerada a base dessas habilidades, pois possibilita que as outras sejam aperfeiçoadas.

Para praticar a consciência plena, como uma habilidade, é essencial exercitar a presença regularmente, o que podemos fazer de maneiras variadas. Seguem algumas sugestões:

1. **Respiração consciente:** sente-se confortavelmente e concentre-se na respiração, prestando atenção à sensação do ar entrando e saindo do corpo. Se sua mente divagar, traga suavemente seu foco de volta para sua respiração.
2. **Escaneamento corporal:** deite-se ou sente-se confortavelmente e concentre sua atenção em diferentes partes do corpo, começando pelos dedos dos pés e subindo até o topo da cabeça. Observe quaisquer sensações em cada área, sem julgá-las.
3. **Observação consciente:** reserve alguns minutos para se concentrar em um objeto, como uma flor, uma árvore ou uma obra de arte. Observe suas cores, texturas e formas, sem julgar ou analisar.

4. Movimento consciente: pratique atividades físicas como yoga ou *tai chi*, concentrando-se nas sensações de seu corpo enquanto se move.

5. Escuta consciente: reserve alguns minutos para ouvir uma música ou sons da Natureza, prestando atenção em cada nota ou som sem se distrair com pensamentos ou julgamentos.

6. Alimentação consciente: desacelere e saboreie cada pedaço de sua comida, prestando atenção a seu sabor, sua textura e seu aroma.

Enfim, é possível exercitar a consciência plena em uma caminhada, no banho ou em uma conversa, sempre que buscamos estar verdadeiramente presentes em nossas atividades. Espero que este capítulo, escrito com muita atenção e cuidado, incentive você, leitor, a experimentar práticas de presença e a desenvolver esta habilidade para que possa transformar positivamente todas as áreas de sua vida.

Mindfulness é a simplicidade em si mesmo. Trata-se de parar e estar presente. Isso é tudo.
JON KABAT-ZINN

28

INTELIGÊNCIA EXISTENCIAL

Como a inteligência existencial pode contribuir para compreendermos a vida como um projeto criativo e percebermos a conexão que há em tudo? Compartilharei algumas experiências, tendo como horizonte o olhar integral. Nossa bússola interna pode se desenvolver e se ampliar ao longo de nossa existência para uma vida plena e com sentido. Uma jornada individual e coletiva ao mesmo tempo.

LAURA LOBO

Laura Lobo

Contatos
Instagram: @laura.lobopelomundo
11 99422 9210

Curiosa, nasci aos 8 meses querendo conhecer o mundo. Além da alegria e das músicas lá de casa, tinha um avô sensacional, que me apresentou ao mundo dos livros. Viajei para muitos lugares sem sair do lugar e, com meus pés, segui mundo afora. Por meio da yoga, cheguei à meditação e fui me centrando mundo adentro. A paixão por livros, a relação com as pessoas, a natureza e os caminhos me transformavam. Como mãe de dois filhos, desenvolvi mais amorosidade e flexibilidade para lidar com os imprevistos em meus 35 anos no mundo corporativo nacional e internacional. Em 2011, entrei para a Unipaz (a Universidade Internacional da Paz – São Paulo) e não saí mais. Coloquei a peregrina que vivia dentro de mim em movimento e fundei a "Todos os Cantos (Jornadas, Retiros e Expedições)". Floresceu a terapeuta social, fazendo mentoria com pessoas em processos de carreira e de vida. Como educadora para a paz credenciada, confio que podemos viver de maneira plena no cotidiano, conectados(as) ao cosmos.

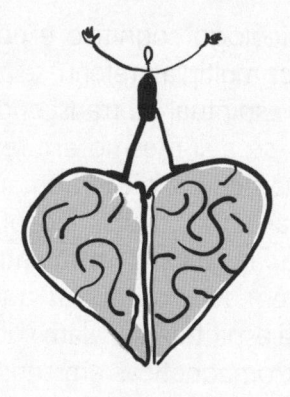

> *Ninguém se plenifica permanecendo em seu planetinha de origem, é preciso partir.*
> ROBERTO CREMA

Sou uma peregrina do Encontro, que se movimenta e pausa, continuamente. Trago uma bagagem que é do tamanho dos meus medos. Pode ficar pesada ou leve. Compartilharei aqui algumas experiências de movimentos e pausas, de perguntas e reflexões.

Minha bússola interna, o chamado, foi florescendo e se orientando. Como o movimento do infinito, conectada dentro e fora. Cada um de nós tem uma bússola interna, a mente intuitiva conectada com o coração que nos orienta.

Para onde está direcionada a sua bússola?

Nos últimos anos, a inteligência existencial tem ganhado destaque como uma dimensão essencial para o sucesso na vida pessoal e profissional, por estar relacionada à capacidade de compreensão de si mesmo e dos outros, à consciência das emoções e à habilidade de lidar com situações desafiadoras.

Inteligência significa "ler dentro". Trata-se de profundidade, para além do que está na superfície plana da vida. É a capacidade de encontrar soluções e de resolver problemas. Existencial é relativo à existência, vital, fundamental. "Existir" significa ter existência real, ter presença viva; viver, SER. Trata-se da inteligência do Eu profundo.

Howard Gardner, psicólogo cognitivo e educacional, criador do conceito das inteligências múltiplas, referiu-se à inteligência existencial como uma inteligência espiritual ou transcendente e a definiu como a capacidade de situar-se a si mesmo em relação ao cosmos e às características existenciais da condição humana.

O casal Danah Zohar (2021), física, filósofa, professora na Universidade de Oxford, e Ian Marshal, psiquiatra da Universidade de Londres, descobriram em suas pesquisas que, quando as pessoas realizam alguma prática espiritual ou falam sobre o sentido global de sua vida, as ondas eletromagnéticas em seus cérebros apresentam oscilações de até 40 MHz em seus neurônios, possibilitando que cada zona especializada desse órgão convirja em um todo funcional. Ou seja, integram o hemisfério direito e o hemisfério esquerdo. Afirmam que inteligência existencial/espiritual (IE/E) contempla a inteligência emocional e a lógico-racional e nos capacita para enfrentar e transcender o sofrimento e a dor, para criar valores, permitindo encontrar significado e sentido para nossas ações. É a inteligência do sentido do sagrado, da resolução de problemas cotidianos e da concretização de propósitos.

Já para Francesc Torralba (2011), filósofo e teólogo espanhol, a inteligência existencial/espiritual "é uma capacidade inata, presente nas crianças, que necessita de prática, de cultivo e um ambiente saudável para que possa florescer e desenvolver-se plenamente. É necessário desenvolvê-la para que todo ser humano possa viver sua plenitude". Ela não se refere à religiosidade. Com ou sem fé, todos carregamos a semente da inteligência existencial ou espiritual. A religiosidade é uma opção pessoal. Alguns a vivem com intensidade e outros, não.

Para que e para quem me levanto todas as manhãs?

Essa pergunta dupla faz com que nossa bússola interna oriente-nos em diversos momentos.

Durante os muitos anos em que desenvolvi trabalhos em educação, na área de vendas e divulgação, orientei profissionais a cultivarem suas habilidades no sentido mais profundo de suas vidas. Um processo de experiências, treinamentos e muitas conversas carregadas de perguntas existenciais, pequenos momentos de meditação, nos quais passavam a perceber o valor do trabalho que exerciam, como poderiam impactar positivamente a vida das crianças e dos jovens. Isso passou a fazer toda a diferença no trabalho e na vida como um todo. O brilho nos olhos deles, honrando o que faziam, ia muito além das técnicas de vendas. Lembro-me de consultores(as) que ampliaram suas consciências e aprimoraram a capacidade de refletir sobre os valores pessoais, alinhados e firmados em valores universais, com as necessidades do momento deles e dos outros, para levarem uma vida com mais sentido. Escolheram suas parceiras e seus parceiros de vida que estavam conectados com seus ideais.

Se para Torralba F. (2011) a inteligência existencial é inata e necessita de um ambiente para florescer, cabe a nós, líderes, gestores ou não, criarmos esse espaço-tempo interno e externo para que uma existência com sentido possa crescer e as experiências sejam valorizadas, sem perder de vista os objetivos a serem alcançados.

No final de uma tarde de inverno em São Paulo, estava sentado à minha frente um excelente consultor da minha equipe, mas triste, carregado de dúvidas, longe da esposa e das filhas. Ele sabia que estava no ambiente de confiabilidade que eu criava e me perguntou se e como deveria atravessar os dois anos pela frente, com a necessidade do salário para viver.

Com um gole profundo no meu expresso quentinho, mirei seus olhos e perguntei: "O que são dois anos diante da eternidade? O tempo passa muito rápido. Mas a decisão é sua!" Ele silenciou e falou: "Essa foi direto no coração!".

Tornou-se responsável por seu destino, conseguiu criar uma agenda em que pudesse estar mais frequente com a sua família. Os dois anos se passaram, nasceu mais um menino e, depois de alguns anos, foi convidado para a gestão numa empresa na sua região, com um belo salário. Mas poder estar com sua família era um salário existencial, maior que o financeiro.

Um ano antes de começar a pandemia, iniciei um trabalho transdisciplinar muito lindo e profundo de mentoria com um CEO de tecnologia. Em nossos encontros presenciais, resgatamos seus valores mais profundos que se alinharam aos da empresa. Sua energia foi se ampliando, juntamente à alegria de estar seguindo com o grupo de empresas que lidera. Empresas têm uma essência na qual foram criadas e estar alinhado a ela traz uma direção clara para onde seguir.

Essa essência pode ser a bússola que orienta seus líderes e colaboradores, assim como acontece numa família. Meu avô materno, feliz a serviço do outro por intermédio da educação, orientou nosso sistema familiar no saber, na relação com as pessoas, nas artes e na alegria. É fundamental e urgente perceber quais são os nossos valores para uma vida com sentido, para podermos nos alinhar com a essência das pessoas e do ambiente que nos rodeia. Essas e outras experiências ocorreram antes da pandemia, um tempo rápido, mas diferente.

Em 2020, no capítulo sobre Inteligência Espiritual, no volume lançado sobre *Soft skills*, idealizado por Lucedile Antunes (2020), o autor Ken O'Donnel nos explicou e nos convocou para "as novas habilidades diante de um futuro incerto e rápido".

Atravessamos a pandemia, e as experiências pelas quais passamos nos trouxeram mais desafios e mudanças significativas em todos os aspectos da vida. Foi preciso enfrentar com coragem as adversidades.

Com tantas coisas acontecendo ao mesmo tempo e aceleradamente, como nos guiarmos em futuros incertos?

Para o teólogo e escritor Leonardo Boff, "a fraternidade deve ser urgente e universal; caso contrário, talvez não haja futuro para a humanidade, como espécie ameaçada".

É preciso refletir urgentemente sobre estilos de vida mais saudáveis e abandonar os hábitos que são nocivos, que são denominados *normose*, a patologia da normalidade, do espírito de rebanho e da falta de investimento em si mesmo.

A pandemia trouxe à tona a importância da conexão humana e da solidariedade, e a IE/E pode ajudar a manter esses valores vivos nos cenários futuros.

Viemos para *infinir*!

Esse verbo criado por Pierre Weil (2005), doutor em psicologia, escritor e fundador da Unipaz, explica muito bem como é necessário um movimento duplo contínuo: o da interiorização pela busca de nossa essência interior e, ao mesmo tempo, um movimento de nos abrirmos para os outros, na escuta, explorado pelo amigo Cesar Caminha, em seu capítulo no livro *Soft skills Vol. 1*, e na riqueza da diversidade, outro tema contemplado neste livro, gerando relações mais profundas, de pertencimento à natureza como parte dela, da não separatividade a tudo quanto existe. A natureza é fonte de inspiração existencial. Uma macieira não floresce mangas, resiste a todas as estações do ano, coopera com outros seres e floresce no tempo certo. Ela tem um sentido e muitas civilizações se guiam por ela há milênios.

É fundamental a ampliação da consciência como processo, integrando, conectando, transcendendo e dando sentido à existência, melhorando a nossa vida e a dos que estão ao nosso redor.

> *Transformações fundamentais só acontecem quando não temos outra escolha.*
> KEN O'DONNELL

O ambiente familiar em que cresci, a possibilidade de viajar pelo mundo, morar fora do Brasil, conhecer pessoas de culturas e paisagens diferentes, minha caminhada de décadas pelo mundo corporativo e desde 2011 estar na Unipaz São Paulo me ampliaram o olhar para a vida e me fortaleceram.

Cada um de nós, em algum momento, atravessa acontecimentos que podem mudar o curso da nossa existência e torná-la mais plena. Três deles são muito importantes, em situações diferentes, e me fizeram questionar a vida mais profundamente e mudar meus caminhos, orientando-me pela bússola interna existencial:

- Quando me tornei mãe de dois filhos maravilhosos: amor à toda prova.
- Quando recebi um diagnóstico mortal: momento desafiador e seguir.
- Diante da chegada da pandemia, que transformou o espaço-tempo presencial em virtual.

Além da meditação diária, recebi todo apoio de amigos(as), de terapias diversas para seguir em frente. Algumas vezes tinha vontade de parar, de largar tudo, mas algo dentro de mim sabia que tinha de continuar.

Tudo passa! Às vezes, temos que pausar para observar os movimentos à nossa volta, a fim de deixar que as peças se movimentem, para, depois, darmos o próximo passo. Para isso, é preciso Consciência Plena, capítulo escrito pela Sabrina Muller.

A inteligência existencial nos ajuda a desenvolver e a fortalecer diversas habilidades para vivermos o momento presente, as quais já foram citadas em outros volumes desta série e serão explorados neste livro, com sugestões preciosas, começando pelos caminhos internos, descritos nos capítulos iniciais.

Necessitamos focar em nossa bússola interna existencial na construção coletiva de novos cenários, sentindo-nos parte de um todo social, planetário e cósmico.

Como poderemos florescer, cada vez mais, a dimensão da inteligência espiritual/existencial em nós?

Além da meditação, do silêncio, da respiração consciente e das sugestões ricamente abordadas nessa coleção, pela minha experiência como mentora, convido todas e todos para realizar caminhadas em parques ou bosques fora das cidades grandes e a tomar banhos de floresta, (2020) recebendo os efeitos orgânicos e psicológicos da interação com a mata. Isso ajuda na concentração, no florescimento da intuição (parte de nossa bússola interna existencial), no fortalecimento do espírito de cooperação e da generosidade, sem os quais nossa humanidade fica ameaçada.

Amar e valorizar todas as formas de vida, integrando-se à Natureza como parte dela.

Como curiosa, pergunto a você:

- Qual é seu papel neste mundo em transição?

Como peregrina do Encontro, convido você para continuar o Caminho com uma bagagem bem leve, sua bússola interna existencial bem calibrada e, assim, seguir na alegria genuína.

Referências

ANTUNES, L. *Soft skills: competências essenciais para os novos tempos.* vol. 1. São Paulo: Literare Books International, 2020.

BILIBIO, M. A. Instituto Brasileiro de Ecopsicologia. Disponível em: <https://ecopsicologiabrasil.com>. Acesso em: 11 set. de 2023.

BOFF, L. *Habitar a terra*. Petrópolis: Vozes, 2023.

BOFF, L. *Saber cuidar*. Petrópolis: Vozes, 2001.

CREMA, R. *O poder do encontro*. Brasília: UNIPAZ & Arapoty, 2017.

DANAH, Z.; MARSHALL, I. Q. S. *Inteligência espiritual*. Rio de Janeiro: Viva Livros, 2021.

TORRALBA, F. *Inteligência espiritual*. Petrópolis: Vozes, 2011.

WEIL, P. *Rumo ao infinito*. Petrópolis: Vozes, 2005.

29

HONESTIDADE EMOCIONAL

Neste capítulo, compartilho o que aprendi e o que busco diariamente em minha vida: ser honesta emocionalmente comigo, pois é dessa forma que eu vejo a nossa capacidade de ser feliz.

BEATRIZ MONTENEGRO

Beatriz Montenegro

Contatos
bertolino.bia@gmail.com
Instagram: @biamontenegro.oficial
LinkedIn: Beatriz Montenegro Bertolino

Educadora parental, pedagoga e neuropsicopedagoga clínica e inclusiva. Apaixonada pelo ser humano e por todo o seu potencial de transformação. Mãe do Benício e encantada pelas possibilidades de transformação que a maternidade me trouxe e me traz diariamente. Palestrante, terapeuta e orientadora de famílias, pelo conhecimento da neurociência do desenvolvimento e dos pilares do Apego Seguro, formada pela Escola da Educação Positiva e Pelo API em Apego Seguro. Coordenadora dos livros *Soft skills kids* e *Soft skills teens*.

Honestidade emocional, uma conquista!

A honestidade, de acordo com os dicionários, é a qualidade de quem é honesto, quem segue sua vida a partir de conceitos éticos e morais, quem apresenta dignidade.

A honestidade, nos dicionários, traz sobre um comportamento externo, até porque mostra-a pautada na ética e na moral. É importante estarmos juntos neste ponto de partida, então seguirei com o conceito de que a ética é permanente e universal, pois estamos falando de um princípio. A moral constitui-se de maneira temporária e numa sociedade, pois está relacionada a hábitos e costumes.

Quando pensamos na honestidade emocional, realizamos um movimento inverso, pois ela é o mergulho interno, a capacidade de ser honesto consigo mesmo, de seguir sua vida pautado em seus conceitos, em suas percepções e, principalmente, conectado ao seu sentir.

A honestidade emocional é uma conquista, pois nossa educação patriarcal, tradicional, nos desconectou de nós.

Você já observou quantos caminhos terapêuticos existem para que os adultos possam se conhecer?

Você já parou para pensar por qual motivo nem sempre sabemos responder quem somos e buscamos responder ao que realizamos?

Já se questionou que essa busca incessante por se descobrir, se autoconhecer, é por que realmente estamos distantes de nós?

Beatriz Montenegro

Todos esses questionamentos nos contam o quanto a honestidade emocional é uma habilidade essencial para a nossa felicidade, para a nossa inteireza neste mundo e em nosso dia a dia.

Ser honesto consigo mesmo pode parecer algo bem simples e costuma vir acoplado da ideia de: "Tenho que me posicionar", "Devo dizer tudo o que penso e sinto", entre outras. Porém, a honestidade vem dessa comunicação com o externo, nem sempre uma comunicação oral, mas também por meio de uma postura.

A honestidade emocional nem sempre será comunicada ou traduzida pelos outros, pois o foco não é esse. Ela conta de um mundo interno do qual eu conheço, sei onde a maré fica baixa e parece piscina e onde ela tem a força de uma ressaca e quando ela chega a ser um tsunami interno. Portanto, a honestidade emocional faz parte do autoconhecimento, se nem sei o que sinto, se nem sei quais são as minhas reações emocionais, não consigo ser honesta comigo; estarei sempre me atropelando, estarei sempre distante de mim e, aos poucos, me distancio dos outros e da vida. Neste caminho, começa o ciclo do autoconhecimento, pois o desejo de se reaproximar é genuíno, já que o distanciamento causa sofrimento e dor. Assim, a não conquista dessa *skill* começa a trazer um sofrimento interno muito grande, já que sinto raiva, sinto que se eu comunicá-la serei um tsunami no trabalho, nas relações familiares ou de amigos; e passo a mascarar o que eu sinto e todos acham que sou extremamente pacifica ou que nada me incomoda.

Um movimento assim é mais comum do que podemos imaginar; e se hoje você parar para se observar, talvez encontre momentos em que foi pouco honesta com você ou nem consiga traduzir isso em sua rotina, então trarei aqui algumas possibilidades para isso.

Segundo dr. Bruce e Dr. Perry (2022), as experiências infantis afetam diretamente o funcionamento do nosso cérebro e "uma das propriedades mais notáveis do nosso cérebro é a capacidade de mudar e se adaptar a nosso mundo individual. Neurônios e redes neurais sofrem mudanças físicas quando estimulados, o que é chamado de neuroplasticidade. O estímulo vem das nossas experiências".

Se, na minha infância, minhas percepções internas não eram aceitas e validadas, internamente a criança vai criando um abismo entre o que ela sente e o que ela traduz ao mundo, consequentemente ela deixa de ser honesta consigo mesma.

Vou exemplificar com duas cenas.

Imagine uma criança de 2 anos que se agarra em um brinquedo no shopping. O adulto que a acompanha explica que não comprará naquele momento; a criança, por toda a sua imaturidade emocional, começa a gritar, espernear, tem uma famosa "birra"; o adulto então pega essa criança no colo, diz que eles vão embora, e no carro grita pedindo silêncio.

Como mãe, eu sei o quanto é ruim vivenciar essas situações. Já vivi, já fui analisada externamente e já desejei abrir um buraco no chão e me esconder. Porém, o ponto que quero trazer aqui não é esse, mas é de uma criança pequena comunicando um desejo, e necessitando se regular sozinha, pois o adulto também ficou no descompasso, não conseguiu lidar com essa emoção.

Para a segunda cena, vou voltar no tempo, talvez você se reconheça ou não. Sabe aquela situação de os pais levarem o filho na visita da casa de alguém e orientarem falando ou pelo olhar que a criança não incomode, não peça nada, não toque em nada e não atrapalhe? Só que talvez seja oferecido algo que a criança queira, e ela recusa "educadamente" ou ela tenha vontade de ir ao banheiro e não se coloque, não se expresse. Fique quieta, atendendo às expectativas dos pais.

Em ambos os exemplos, as crianças não conseguiram se conectar com seu mundo externo. No primeiro, a criança se conecta, "perde-se" no turbilhão emocional que o "não" gera e, no segundo, a criança também ignora qualquer vontade que possa sentir.

Se hoje somos adultos que buscamos o autoconhecimento, buscamos essa reconexão com o nosso mundo interno, esse é um sinal de que em algum momento lá da nossa infância entendemos que: o que você sente, não deveria ser sentido.

Isso é extremamente forte e prejudicial a nossa saúde emocional e mental. Quero deixar claro que não estou falando sobre a educação que nossos pais nos deram, não estou criticando qualquer atitude deles, pois isso não traria nenhum bem à conquista da honestidade emocional, mas é HONESTO reconhecermos que vivemos essas situações e pronto, sem buscarmos culpados, sem querer responsabilizar o outro pelo que vivo, apenas constatando a nossa história, pois a partir dela é que conseguiremos alcançar a honestidade emocional e, consequentemente, a felicidade.

Outro aspecto importante não é sobre um pai atender a todos os pedidos e desejos de um filho; e o foco deste livro não é conduzir o como tratar essa situação infantil – mas no livro *Soft skills kids* você encontra esses caminhos –, porém é mostrar como uma situação corriqueira e aparentemente simples pode traduzir para uma criança uma desconexão ou não, já que ela terá que se regular sozinha; e, como mamíferos, nós nos regulamos emocionalmente por meio do contato com o outro, dessa troca.

Como alcançar, hoje, a honestidade emocional?

Acredito que você esteja se questionando isso, já que estamos tão distantes de nós, como nos aproximarmos, nos reconectarmos com esse mundo interno. Trarei alguns exemplos da minha prática profissional e pessoal para que, por meio deles, você se reconheça e encontre o próprio caminho.

Um ponto essencial aqui é exatamente este: em nossa educação patriarcal, tão tradicional, cheia de regras nós somos adultos desejos de receitas, de caminhos certos, de um passo a passo. Sim, posso e trarei aqui, para você, um caminho que o auxiliará em seu mergulho, porém ele está longe de um passo a passo, ou de uma receita, pois, essa trajetória, é você quem percorrerá; e o que encontrará é seu, único, exclusivo e perfeito do jeito que é, passível de mudança caso você deseje.

Para iniciar esse mergulho, eu convido você para uma análise minuciosa sobre si. Pegue um caderno antigo ou compre um novo e comece essa jornada brilhante junto de você. Costumamos dizer que o movimento organiza o pensamento da criança e eu digo que escrever sobre nós mesmos organiza o nosso mundo interno.

Então, comece a escrever sobre si; escolha um momento do dia, pode ser assim que acordar ou antes de ir dormir. Coloque nesse caderno tudo o que desejar, que sentir, o que vier à mente; esqueça julgamentos, padrões, conceitos, abandone qualquer máscara ou adorno que ajude você a viver, exercite estar despido junto de si. Esse caderno é só seu! Faça esse exercício por uma semana; depois, em um outro momento, pare e leia, observe o que é recorrente, as emoções ou pensamentos que mais escreveu e permita que eles encontrem morada dentro de você.

Após essa primeira semana, permita-se mergulhar ainda mais, fazendo por mais 2 ou 3 semanas; e conforme o tempo for aumentando, mais honesto você será consigo, e mais esta honestidade estará aparecendo em seus dias e, consequentemente, permitindo que você seja feliz.

O que é muito importante dessa escrita é que você faça movimentos de reler, de revisitar seu mundo emocional, para que assim tudo o que nela foi depositado possa ir tomando consciência.

A honestidade emocional é construída internamente, no reconhecimento de meu cansaço, minha história, minhas limitações, desejos, sonhos... E, aos poucos, essa honestidade vai se traduzindo nas minhas ações e nas relações que construo. Conquistar a habilidade de viver coerente com o que sinto é transformador e não tem como isso acontecer sem que o mundo externo perceba.

Acredito, e muito, que, quando iniciamos um processo de autoconscientização, nosso mundo interno se acalma, nós conquistamos a felicidade consciente, que não é aquela felicidade infantil ou adolescente, de que nada pode acontecer fora do programado, é a felicidade real, que lida com os imprevistos, que acolhe a tristeza, uma confiança que ela também passará, pois internamente tem uma torre de estima por si e de autoconfiança.

Além desse processo interno, externamente, vamos contaminando todos a nossa volta com consciência. Quando convivemos com pessoas honestas emocionalmente, ficamos encantados, pois há uma lucidez, um brilho no olhar, uma leveza ao ver e lidar com a vida.

Talvez você esteja se perguntando: e quando lidamos com alguém que está longe disso? E se eu for honesta emocionalmente e o outro vier com agressões, críticas e julgamentos? Vou trazer a honestidade emocional nesses dois pontos.

Quanto mais estudo sobre o ser humano, mais me apaixono e mais descubro como somos parecidos e tão diferentes. Fico ainda chocada com algumas histórias que escuto e observo que a diversidade é mais real do que tudo. Portanto, viveremos, com certeza, nossos dias com pessoas que estão distantes disso tudo, só que, quando estamos próximos da honestidade, encontramos o respeito interno; aquilo que compreendo e aquilo que não aceito de jeito nenhum, como costumo dizer: o que se negocia e o que não há negociação. Assim, ao se relacionar com pessoas em diversos locais, você poderá escolher ficar ou não. Escolha ficar porque compreende e analisa que há ganhos nessa relação. Nunca escolha ficar para modificar o outro, na esperança de que ele se transforme.

Podemos receber críticas e julgamentos, e está tudo bem. Acolher que vivemos neste mundo diverso, nem sempre pacífico, me mantém **no meu propósito de ser pacífica, amáve**l, de respeitar a todos, e isso se inicia em mim. Enquanto não conquistamos a honestidade emocional, nosso olhar está focado no externo, em suas impressões e colocações, quanto mais conectada a mim, maior a firmeza e a tranquilidade em lidar com tudo isso, pois sei que é do outro.

Finalizo este meu capítulo com o desejo de que você se mantenha em indagação profunda e permanente, para que encontre dentro de si a si mesmo e, assim, construa sua felicidade.

Referências

GUTMAN, L. *O que aconteceu na nossa infância e o que fizemos com isso.* São Paulo: BestSeller, 2017.

PERRY, D. B.; WINFREY, O. *O que aconteceu com você? Uma visão sobre trauma, resiliência e cura.* São Paulo: Sextante, 2022.

# 30

GENEROSIDADE

É a capacidade de se mover para fazer o melhor pela outra pessoa; sentimento de sair de si mesmo em direção às necessidades de alguém. Um ser humano que não oferece apenas as coisas materiais, mas vai além disso: dispõe de seu tempo, de sua companhia, dos seus conselhos, de sua alegria, que doa o melhor de sua própria pessoa ao outro. Ação de servir e ajudar sem cobrar, sem esperar nada em troca. Ser generoso é transbordar a força do amor, da empatia e do acreditar em ações em prol da dignidade humana.

ADRIANA M. CUNHA

Adriana M. Cunha

Contatos
dricavenceslau@yahoo.com.br
Instagram: @adrianacunhacoach
18 98116 0699
18 99640 0966

Filha de Maria Luzia (mulher, guerreira, corajosa e determinada). Esposa de Lázaro (bom esposo, homem leal, amigo, companheiro). Mãe de dois meninos maravilhosos e muito amados: nosso Luan e nosso Lucas. Educadora de gente. Uma mistura de mulher + menina. Sonhadora. Resiliente. Feliz! CEO no Instituto Crer & SER Gente e idealizadora do Projeto Adolescer para a Vida e do programa de desenvolvimento pessoal e inteligência emocional "Família Amanhecer". Estudante de psicologia positiva, experiência de 29 anos como educadora nas prisões do estado de São Paulo. Formada em Letras, Pedagogia, Psicopedagogia, Docência do Ensino Superior, Educação de Jovens e Adultos. *Coach* pelo IBC, *Kidcoaching*, *Coaching* Infantojuvenil. Formação *Power* Profissional pelo Instituto Eduardo Shinyashiki: *practitioner* em Programação Neolinguística, *Mentoring* e *Neurocoaching*. Professora e ex-coordenadora pedagógica na ETEC Prof. Milton Gazzetti – Centro Paula Souza. Atuo como professora, *coach*, pedagoga, psicopedagoga, mentora, escritora e palestrante.

"A vida... o que ela quer da gente é coragem", como bem parafraseou Guimarães Rosa. Mas, hoje, mais do que nunca, ela nos convida para desenvolvermos as habilidades emocionais (*soft skills*) e as habilidades para a felicidade (*happiness skills*).

Uma das mais lindas forças de caráter reúne uma mistura de sentimentos positivos, como amor, compaixão, empatia e delicadeza e descreve a maneira genuína de um indivíduo em colaborar ativamente para o bem do próximo com um toque de bondade, compaixão e solidariedade, assim é a GENEROSIDADE.

Um ser generoso reconhece a humanidade no outro e não julga. Acalenta, apoia, aceita, perdoa, ajuda e, acima de tudo, tem um olhar de apreço legítimo pelos seres humanos.

Fazer o bem faz bem. Simples atos de generosidade e bondade são capazes de ativar partes do cérebro ligadas ao altruísmo, ao comportamento social, à felicidade e à tomada de decisões. Somos seres altruístas e podemos tornar o mundo melhor por meio dessas ações. Ao aprendermos e aperfeiçoarmos as *happiness skills*, formamos um movimento social preocupado em manifestar a cooperação e a bondade das pessoas, e essa é uma medida fundamental para combater o preconceito, o individualismo, a intolerância, a desigualdade e o desequilíbrio emocional enraizado na sociedade contemporânea.

Todos nós aprendemos pelo exemplo. Nascemos com a semente da generosidade, mas, ao longo da vida, se não tomarmos cuidado, vamos nos afastando dela. Por isso, precisamos treinar e aprimorar essa habilidade; e, ao convivermos com pessoas que a cultiva, nos tornamos melhores.

Um bom lugar para exercitar essa *soft skill* é a escola, já que é um importante espaço de convívio tanto para crianças quanto adolescentes. Além de ser um local privilegiado para aprender e ensinar, nada melhor do que incluir as *happiness skills* no cotidiano e currículo escolar para estimular características como inteligência existencial, a busca pelo autoconhecimento, o poder da escolha, honestidade emocional, generosidade, consciência plena, autoconsciência, espírito de superação, autorresponsabilidade e outras habilidades que são treináveis e tornam esse ambiente mais harmonioso e propício ao aprendizado. Essas *soft skills* podem contribuir para diminuição de práticas danosas, como *bullying*, ataques às escolas e creches, ansiedade, intolerância, preconceito, julgamento e indisciplina – problemas tão comuns ali.

Quando exercitamos a generosidade, nosso mundo se alarga, porque entramos em contato com a realidade do outro, nos identificamos com aspectos de sofrimento, da dor ou dificuldades tantas vezes sentidas por nós mesmos e passamos a enxergar além, pertencendo e acolhendo algo que é maior que nós e nos solidarizamos diante das situações.

É esse "fazer parte" que nos torna mais humanos. Já a falta de ações de generosidade acarreta a separação entre mim e o outro. E, ao apartá-lo, eu o "coisifico", tiro seu valor, diminuo a relevância de seus sentimentos e daí nascem os preconceitos e os comportamentos agressivos. Contudo, ao agir em prol do semelhante, não posso me esquecer de quem sou, da busca da honestidade emocional comigo mesmo, do fortalecimento de minhas emoções e da essência que me conecta ao meu sentir e agir. Autogenerosidade consiste na capacidade de agir de modo compreensivo e amável consigo mesmo. Fazer isso implicaria, por exemplo, nos perdoarmos em vez de nos culparmos por cometermos um erro. Reconhecer-se e aceitar-se são maneiras de conceder valor e importância para tudo aquilo que há dentro de si, seja bom ou ruim.

Nesse contexto, convido você para ler o capítulo "Honestidade Emocional, uma conquista", da querida amiga Beatriz Montenegro. "Quando reconhecemos nossas emoções e as respeitamos tanto quanto respeitamos e cuidamos dos outros, somos muito mais generosos". Reflitam também a respeito dos aprendizados do filme *A Revolução do Altruísmo*. "Ser excessivamente egoísta é uma situação na qual todos perdem, todos sofrem. Abrir a mente e expandir a generosidade leva a que todos ganhem", diz o monge Matthieu Ricard no referido documentário.

O conceito de generosidade não se limita apenas a doar coisas aos outros em grandes quantidades, mas oferecer a esses indivíduos algo de um valor maior do que eles precisam e que lhes faz bem. O verdadeiro objetivo dela sempre é gerar bem-estar para aqueles que recebem. Somos mais felizes quando servimos. Não existe uma ação ou um objeto em específico que deva ser doado para que ela seja praticada. Na verdade, qualquer coisa oferecida por boa vontade – dinheiro, tempo, carinho, atenção, amor, suporte, companhia, comida, palavras de apoio, colo, objetos e casa – pode ser considerada um exemplo de generosidade. Assim como outras *happiness skills*, ela é uma maneira que os humanos encontram de aprender e praticar o interesse pelos outros.

Em um experimento em um laboratório em Zurique, na Suíça, com 50 pessoas que relataram os próprios níveis de felicidade após atos de generosidade, os cientistas perceberam que doar era uma experiência de bem-estar.

> *De tudo o que a neurociência já investigou, a generosidade é o caminho mais potente para geração de bem-estar duradouro.*
> DR. RICHARD DAVIDSON

Simples atitudes

Se você acha difícil ser generoso, comece por pequenos gestos. Sempre há uma razão ou oportunidade para agir. Torne o seu dia e o de uma pessoa mais feliz, reconfortante e agradável. Para motivá-lo a iniciar a partir de agora, confira alguns exemplos de atos simples, porém grandiosos:

1. Elogie alguém e sorria mais.
2. Dê o seu lugar no transporte público.
3. Lave louças para sua(seu) esposa(o).
4. Mande uma mensagem para alguém que não vê há muito tempo.
5. Ouça as histórias dos seus pais, tios e avós.
6. Apoie um amigo que está passando por uma situação de mudança, começou um pequeno negócio ou está em dificuldade financeira.
7. Faça doações a quem precisa.

8. Ofereça itens de higiene para pessoas em situação de rua.
9. Cumprimente os atendentes, garçons, porteiros e frentistas.
10. Participe de ações de caridade.
11. Cuide de uma praça no seu bairro.
12. Ministre palestras gratuitamente para propagação de *happiness skills* em escolas, quartéis, penitenciárias, creches, orfanatos, asilos, hospitais, entre outros locais.
13. Distribua marmitas ou pedaços de bolo para pessoas em estado de vulnerabilidade.
14. Doe-se mais no trabalho voluntário de pregação ou para distribuir palavras de afeto e amor.

Alguns benefícios

Ao ter atitudes que se direcionam para o bem-estar de outros, estamos trabalhando para o nosso próprio bem-estar.

1. Sensação de bem-estar

Quando doamos roupas, objetos e outros pertences que estão em bom estado, aumentamos a sensação de bem-estar e nosso cérebro envia sinais positivos para o corpo. Desapegar de algo que pode ser útil para outra pessoa o ajuda a se sentir mais feliz consigo mesmo.

2. Fortalecimento de relacionamentos

Pessoas generosas tendem a ser mais gentis. Quer seja em casa ou no ambiente de trabalho, estar sempre disposto a ajudar os colegas permite estabelecer vínculos mais fortes.

3. Influência positiva

Quando somos generosos, a tendência é influenciar aqueles que estão à nossa volta. Então, quanto mais você praticar ações positivas, mais vai amplificar o alcance da sua generosidade.

4. Fortalecimento da liderança

Ao assumir uma posição de liderança e demonstrar ser generoso e aberto ao diálogo, o profissional terá mais chances de conquistar o respeito da equipe. A boa liderança não é imposta, é algo que deve ser alcançado pelas atitudes positivas e o respeito.

5. Combate ao estresse

Pessoas irritadas potencializam a produção de um hormônio chamado cortisol (o hormônio do estresse). Se você deseja se sentir mais tranquilo e em paz, desenvolva generosidade. Ela propicia mais equilíbrio aos elementos do corpo físico porque reduz o nível de estresse, de medo e de ansiedade. Cria autoconfiança, desenvolvendo um senso de segurança que favorece a alma e o corpo físico. Esses benefícios levam a uma tranquilidade e uma serenidade que jamais será atingida com medicamentos, bebidas alcoólicas, conforto material, monetário ou diversão.

6. Redução da pressão alta

Ser generoso reduz os batimentos cardíacos. Essa é uma das formas de baixar a pressão arterial. Ajudar o próximo é também favorecer a saúde.

A generosidade muda sua vida

Sendo generosos, vemos a vida de maneira mais otimista, aumentamos nossa autoestima, reduzimos a ansiedade, temos mais alegria de viver e menos probabilidade de desenvolver depressão.

No campo da espiritualidade, sua prática está intimamente ligada ao amor ao próximo, principalmente quando as esferas de apoio extrapolam os limites geográficos e pessoas diversas são auxiliadas, rompendo barreiras e tabus como etnia, credo, origem e cultura.

Ranking dos países mais generosos do mundo

A pesquisa *World Giving Index 2022* (Índice Mundial da Solidariedade), que estabelece um *ranking* dos países mais generosos do mundo, mostrou que o Brasil saiu do 54º para o 18º lugar entre os 119 países analisados – um recorde se comparado aos anos anteriores.

A pandemia de covid-19 alterou o comportamento global com relação aos bons atos. Em 2018, sete dos dez países mais generosos foram classificados, pelas Nações Unidas, como de alta renda. Já em 2020, durante o auge da pandemia, sete dos dez países mais solidários eram de baixa e média renda. Essa tendência continuou em 2021. Somente quatro dos dez países mais generosos do último ano são classificados como de alto poder aquisitivo. O mais generoso em 2021 foi a Indonésia, seguido pelo Quênia e pelos Estados Unidos. A pesquisa pode ser acessada na página oficial da *Charities Aid Foundation* (CAF).

A história da viúva pobre, citada no livro mais lido em todo mundo, a Bíblia, confirma que generosidade não está associada a ser rico ou a ter posses, mas, sim, aos valores e atitudes que se decide ter.

Jesus observava os ricos colocarem suas contribuições nos cofres do templo. Na multidão, viu uma viúva necessitada que doou "duas pequenas moedas de muito pouco valor" (Lucas 21:2). E elogiou seu ato generoso. Por quê? Porque os outros haviam doado "dos seus excedentes, mas ela, de sua carência, lançou neles tudo o que tinha, todo o seu meio de vida" (Marcos 12:44).

A generosidade existe dentro de você: deixe-a transbordar

Estamos falando de uma virtude que, muito embora seja forte em algumas pessoas, pode ser aprimorada, começando com ações locais, menores e aparentemente corriqueiras. É importante ressaltar que o que pode parecer ínfimo para uns é de grande valor para outros. Então, simplesmente seja! Faça!

A conquista da felicidade está intimamente ligada ao conhecimento de quem somos e o que gostamos de fazer e, assim, aprendemos a sermos mais generosos conosco e com outros. Essa atitude nos levará a um mundo um pouco mais humanizado, formado por pessoas mais tolerantes, conscientes, generosas, resilientes, atentas ao meio ambiente, ao equilíbrio, à aprendizagem e à prática do amor, além do fortalecimento da espiritualidade. Aceite essa possibilidade, aprenda a ser generoso e busque oportunidades para gerar bem-estar e confiança para sua vida e carreira.

Para encerrar este capítulo, recordo-me de nosso querido Ayrton Senna, morto tragicamente num acidente há quase 29 anos, no GP de San Marino, e considerado por muitos o maior ídolo do esporte brasileiro de todos os tempos. Sua discreta generosidade e seu amor pelo outro nos leva a pensar sobre quem somos e o que desejamos fazer pelas pessoas. Senna, certa vez, falou numa entrevista: "Ninguém tem obrigação de ser campeão do mundo. [...] A obrigação que eu tenho é de dar o meu melhor para mim e para o outro".

O resultado e o controle das coisas na vida nem sempre dependerão de nós, mas podemos fazer o nosso melhor e nossa parte – e dar o máximo de nós sempre e em qualquer instante.

Referências

A REVOLUÇÃO do Altruísmo. Direção: Sylvie Gilman e Thierry De Lestrade. França. 2015. (75 min).

BRASIL SOBE NO RANKING de países mais generosos do mundo, 27 set. 2022. *ABCR*. Disponível em: <https://captadores.org.br/noticias/brasil-sobe-no-ranking-de-paises-mais-generosos-do-mundo>. Acesso em: 08 jun. de 2023.

CSIKSZENTMIHALYI, M. *Fluidez, o segredo da felicidade*. TED. Disponível em: <https://www.ted.com/talks/mihaly_csikszentmihalyi_on_flow?language=pt-br>. Acesso em: 08 jun. de 2023.

DAVIDSON, R. J.; SCHUYLER, B. S. Neuroscience of Happiness. In: HELLIWELL, J. F.; LARYARD, R.; SACHS, J., Eds. *World Happiness Report* 2015, Sustainable Development Solutions Network, New York, 82-105.

FEIJES, C. F. *Generosidade e saúde mental*. Instituto Bem do Estar. Disponível em: <https://www.bemdoestar.org/artigos/generosidade-e-saude-mental>. Acesso em: 08 jun. de 2023.

GENEROSIDADE gera generosidade. Biblioteca On-line da Torre de Vigia. Disponível em: <https://wol.jw.org/pt/wol/d/r5/lp-t/1969480?q=generosidade&p=doc>. Acesso em: 08 jun. de 2023.

KAMEI, H. *Psicologia positiva e flow* (IBC). Disponível em: <https://www.flowpsicologiapositiva.com/helder-kamei/>. Acesso em: 08 jun. de 2023.

NIEMIEC, M. R. *Intervenções com forças de caráter*. São Paulo: Hogrefe, 2019.

RICARD, M. *A revolução do altruísmo*. São Paulo: Palas Athena, 2013.

31

SAVORING

Que alegria imensa ter você lendo este capítulo sobre *savoring*, que é uma prática definida como apreciar, fortalecer e participar de experiências positivas que ocorrem em nossas vidas; e usar a força dessa prática para ampliar nossa capacidade de resiliência. Para efeito deste texto, convenciona-se por experiência positiva toda aquela que gera sensação de alegria, aprendizado, satisfação e inspiração para uma ação. O verbo "*to savor*" é traduzido como saborear. E o que tem a ver saborear com *balanced skills*? Muito! E esse é o meu convite para você, que lerá este texto. Convido você para conhecer e, quem sabe, adotar o *savoring* aqui e agora, onde você estiver, porque, tal qual a vida, essa prática ocorre no presente! Bora?

WELLINGTON NOGUEIRA

Wellington Nogueira

Contatos
www.wellingtonogueira.com.br
well@wellingtonogueira.com.br
Instagram: @inteligencia_ludica

Ator, palhaço e empreendedor social. Fundador da organização Doutores da Alegria. Fellow-4Good do Institute For The Future. Palestrante. Formado pela American Musical and Dramatic Academy, NY. Fellow Ashoka – Social Changemaker. Docente da pós-graduação em Educação Lúdica ISE – Vera Cruz (2004-2011) e da pós-graduação em Suicidologia e Saúde Mental da USCS (2020). Professor School of Life.

Celebrando nossa estreia

O meu convite aqui é para você saborear as palavras, as imagens que elas despertarem em sua mente e, principalmente, as emoções despertadas por esse todo.

Para começar, faça uma profunda respiração consciente, porque, como dizem os grandes mestres iogues: "Nenhum ser humano deveria aprender a fazer qualquer coisa sem antes entender o poder da respiração consciente". Afinal, a primeira ação que fazemos, ao nascer, é uma respiração! Por isso, cada vez que respiramos conscientemente, celebramos o poder de nossa "estreia" no planeta.

Ao morrer, nosso último ato é uma expiração. Entre uma inspiração e uma expiração, toda uma vida acontece. Cada respiração consciente celebra nossa estreia no planeta.

Adquirir essa consciência, a partir da respiração consciente, é um ótimo primeiro passo para abrir-se à prática do *savoring* e honrar a jornada da vida, aprofundando a consciência do momento presente, bem como sustentabilidade: saborear o momento presente é celebrar cada batida de nosso coração e, consequentemente, entender a força de vida que cada um tem dentro de si: saboreada, revela MAIS AINDA SEU PODER e mostra-se uma prática simples e altamente saudável, pois interfere positivamente em nossos ritmos e em nossa capacidade de apreciar o "simples e o momento", percebendo a força que esse simples exercício desperta em quem o pratica.

Saboreando a vida

A psicologia positiva – desde seu estabelecimento pelo trabalho dos brilhantes cientistas Martin Seligman e Mihaly Csikszentmihalyi – tem proporcionado vasto conhecimento acerca do impacto das emoções positivas no desenvolvimento saudável do ser humano.

A prática do *savoring*/saborear é uma poderosa forma de honrar a dor e a delícia na jornada de viver e, no processo, desenvolver nossas habilidades de celebração da vida, por meio do "saborear" as memórias de momentos marcantes, que geram emoções positivas.

Dor e delícia? Claro! Ninguém gosta de sentir dor, mas, quando ela surge, alerta para algum ponto que pede nossa total atenção. Atenção dada, dor tratada, entra em cena outra poderosa *skill*: GRATIDÃO, prática que, aliada ao *SAVORING*, fortalece a RESILIÊNCIA, como nos recomenda Maryana Rodrigues, autora do capítulo "Espírito de superação":

> Superar é estar no agora e se atentar aos sentimentos, vivendo cada sensação que nos convém, nos conscientizando e direcionando o próximo passo para nos sentirmos melhores, nos conectando com esse constante balanço que é viver. Tendo todas essas ferramentas à disposição, não espere perder capacidades, viva, supere e acredite nessa oportunidade que você acaba de receber, para assim escolher o caminho da sua felicidade.

Abrindo o coração

Peço licença para compartilhar um momento muito pessoal, que saboreio com muito amor até hoje, pela inusitada maneira como ocorreu e pela alegria que me traz.

Minha mãe era a mais velha de quatro irmãs, com uma grande diferença de idade entre ela e sua irmã caçula, o que gerou um laço afetivo muito forte entre as duas e elevou minha mãe à inusitada posição de "irmã mais velha" de minha tia, que, por sua vez, acabou por se tornar a inquieta, engraçada, espírito livre, que sempre me surpreendia com suas "aprontações". Fui o primeiro sobrinho da família; e, naturalmente, uma relação de grande cumplicidade se desenvolveu entre minha tia mais nova e eu, porque ela era a que mais me fazia rir.

Em 2002, minha mãe foi diagnosticada com um câncer muito agressivo, e minha tia caçula veio nos ajudar a cuidar dela no hospital. Essa tia era também o xodó de minha mãe.

A surpresa e a graça desse momento ocorreram quando minha tia mais nova foi dar a medicação à minha mãe, levando a colher de remédio à sua boca. Para nossa surpresa, minha mãe começou a brincar com minha tia, virando a cara, apertando os lábios e tornando o mais difícil possível a tarefa de tomar uma colher de remédio.

Era a "irmãe" se rebelando contra sua irmã caçula e se divertindo com isso, virando o rosto para um lado e para o outro, desafiando sua irmã caçula, que perguntou: "Aaah, é guerra, é? Está descontando tudo o que eu fazia com você, né?".

E minha mãe, tal qual uma criança, mostra a língua para a minha tia, que jamais esperava essa surpresa.

"Só estou devolvendo o que você fazia comigo quando eu ia lhe dar xarope de tosse, malandrinha!", disse minha mãe, mostrando a língua de novo.

Minha tia e eu caímos na risada, que foi como um bálsamo de ruptura com a tristeza da realidade.

Foi assim que conheci o lado transgressor de minha mãe, a que sempre respeitou as regras.

Naquele momento, conheci um lado brincalhão de minha mãe que nunca havia conhecido até então. Eu tinha 42 anos na época e nunca tinha visto esse lado brincalhão e rebelde dela. A sua risada gostosa e a alegria de mostrar a língua para sua irmã mais nova foi "um grande ato de rebeldia e insubordinação" – inesquecível!

Um momento breve, porém pleno. Habitado pela surpresa de ver minha mãe, a organizadora respeitadora das leis, quebrar todas as regras e se rebelar.

Foi muito fácil passar aquela noite acordado, porque me lembro de ter escrito essa passagem no meu "diário de bordo" e ter, literalmente, visto minha mãe saborear com todas as forças o seu "momento de rebeldia".

Até hoje, cada vez que minha tia e eu nos encontramos, essa memória sempre volta e, juntos, saboreamos a graça daquele momento.

E o presente de ter saboreado, literalmente, minha mãe revelar que era "mãe de um palhaço" e – como tal – sabia aprontar quando a oportunidade aparecia.

Naquele dia, conheci um lado de minha mãe que jamais tinha conhecido. Foi um presente inesquecível e surpreendente até hoje. Nunca tinha compartilhado essa história publicamente e termino este capítulo testemunhando a força de saborear uma memória tão marcante em minha vida.

Lifelong learning e *lifelong savoring*

Lifelong learning diz respeito à educação continuada ou aprendizagem ao longo da vida. Como diz André Rocco, autor de um artigo sobre o tema no primeiro volume da coleção *Soft skills: competências essenciais para os novos tempos*, esse termo refere-se a "investir na formação profissional e pessoal de maneira proativa. Ter essa competência é se manter com mente de aprendiz e reaprender sempre". À sua bela definição, acrescento que uma vida de *lifelong learning* não está completa se não abrirmos o espaço para a prática do *lifelong savoring*, uma *skill* que honra e celebra momentos marcantes, inesquecíveis e, definitivamente, deliciosos em nossa jornada.

Saborear o doce é bom, mas o amargo igualmente é muito importante: saboreie também os momentos de erros e/ou enrascadas, que nos apresentaram às escondidas capacidades que não pensávamos ter, como resolver problemas, dar nó em pingo d'água, pensar rápido, mostrar agilidade, revelando nossa força e resiliência para olhar os desafios nos olhos e dialogar com eles; saborear vitórias por não enterrar dores.

Dores guardadas reaparecem, muitas vezes, sob a forma de doenças; por isso, precisam ser olhadas, acolhidas, tratadas e cuidadas, para não se tornarem traumas ou impeditivos ao desenvolvimento pessoal pleno e consistente.

Acolher os desafios é uma oportunidade de saborear vitórias pessoais em nosso desenvolvimento humano e profissional.

Aqui estão algumas práticas testadas e aprovadas pela psicologia positiva, que fortalecem essa prática.

1. Faça uma refeição sem pressa, mastigando no mínimo dez vezes cada garfada, procurando identificar os alimentos e sabores. Antes de comer, olhe para o prato e agradeça, mentalmente, quem preparou a refeição, independentemente de conhecer ou não a pessoa. Escreva, durante um mínimo de dez dias, três acontecimentos positivos que você tenha vivenciado durante o seu dia. Por mais simples que sejam, não julgue ou desconsidere nada; simplesmente, escreva. E finalmente: não nutra expectativas; observe, sem julgar, toda e qualquer resposta/reação. Por exemplo: "Passei por um jardim que chamou minha atenção pelo colorido das flores! Uau!" ou "Cheguei em casa tarde e cansado, mas, ao abrir o forno de micro-ondas, encontrei um prato feito para mim e um bilhete que tinha apenas um coração. Desenhado por minha esposa!".

2. Fique atento para algum acontecimento positivo/surpreendente que chamou sua atenção durante o dia e compartilhe-o com alguém. Elogie alguém – colega de trabalho, filho, esposa, amigos – por uma conduta inspiradora, divertida ou surpreendente. Faça-o espontaneamente, como resultado de sua observação, sentindo-se à vontade para fazer o elogio.

3. Mude a rotina! Escolha diferentes rotas na caminhada para o metrô/ônibus/trabalho/casa; observe o que chama sua atenção e saboreie tudo de bom que você perceba. Caminhe durante vinte minutos; procure observar e identificar três momentos/imagens/acontecimentos positivos numa caminhada de ida para o trabalho ou volta para casa. Quanto mais simples, melhor.

4. Faça uma doação para uma causa que você sempre considerou/considera importante.

5. Exercite a gratidão. Agradeça ao porteiro de um edifício, ao motorista do ônibus ou táxi, ao garçom... Coloque sua atenção, discretamente, na pessoa que recebeu o agradecimento.

6. Confie na simplicidade dessas práticas propostas e observe a reação de quem recebe o agradecimento ou cumprimento; veja o que chamou sua atenção.

Importante

Não se julgue nem aceite o "Não vi ou vivi nada interessante!". Se isso aconteceu, intensifique sua busca e observação no dia seguinte e persevere. Os primeiros dias demandam mais atenção até as práticas se tornarem um hábito.

Reflita a respeito

Pensar em acontecimentos positivos
(LYUBOMIRSKY; SOUSA; DICKERHOOF, 2006).

Investir quinze minutos, durante três dias seguidos, saboreando uma experiência positiva e refletindo, ativamente, em seus pensamentos e emoções referentes ao vivenciar foi considerado uma prática eficaz para o aumento da sensação de bem-estar e felicidade. Por fim, saboreie cada minuto desse milagre chamado VIDA e, mais importante: compartilhe, porque esse ato gera movimentos de evolução e crescimento. Afinal, um banquete solitário é chato e uma mesa repleta de amigos não tem preço! Bora saborear e bom apetite!

Referências

ANTUNES, L. *Soft skills: competências essenciais para os novos tempos*. São Paulo: Literare Books International, 2020.

RAMIREZ-DURAN, D. Savoring in Positive Psychology: 21 Tools to Appreciate Life. *Positive Psychology*. 2021. Disponível em: <https://positivepsychology.com/savoring/#exercises>. Acesso em: 08 jun. de 2023.

DAVIS, T. *What Is Savoring – and Why Is It the Key to Happiness?* Disponível em: <https://www.psychologytoday.com/intl/blog/click-here-happiness/201807/what-is-savoring-and-why-is-it-the-key-happiness>. Acesso em: 14 set. de 2023.

32

ESPÍRITO DE SUPERAÇÃO

Superar é buscar vida quando nos falta ar. Há uma frase muito citada pelos estoicos: "Lembrar da morte nos traz vida"; e foi o que me ocorreu assim que a superação marcou minha vida. Quando precisamos enfrentar algo, não podemos nos apoiar em solo falso, em ilusões e em promessas "instagramáveis". Neste capítulo, convido você para saborear a dor e a delícia de sermos humanos, aceitando a vida real. Afinal, superar é alcançar vitórias. Vamos, juntos, alcançar as suas!

MARYANA COM Y

Maryana com y

Contatos
www.humorlab.com.br
oi@humorlab.com.br
11 93081 2022

Casada com a Karol, madrasta do Pedro, filha da Sonia e do Ruy e irmã da Isabela. Maryana com Y é precursora da inteligência humorcional, que espalha que humor não é sobre contar piadas e sim sobre se sentir bem. Palestrante *TEDx speaker* com quase 500 mil pessoas impactadas com experiências no Brasil e no exterior. É *chief happiness officer*, especializou-se em inteligência emocional, com os cursos *Action for Happiness* e *Search Inside Yourself*, do Google, no Vale do Silício, Estados Unidos. Pós-graduada em Neurociências pela PUC-RS, trabalhou por oito anos na Disney, para fundar a Humorlab, agência que conecta empresas a palestrantes bem-humorados.

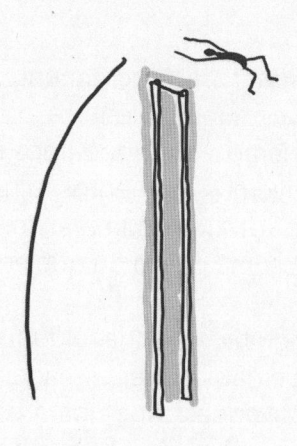

Ilusão do otimismo

Reclame! Isso mesmo, você leu certo. Reclame, coloque para fora o que está incomodando. Mas como assim? Em um livro sobre habilidades de equilíbrio, logo no capítulo de felicidade, começamos falando sobre o oposto do otimismo? Como assim reclamar? Reclamar é aclamar duas vezes. Vai contra muito do que se fala sobre a psicologia positiva, não é? Exatamente! Vai contra muito do que se fala sobre a felicidade "instagramável", que eu chamaria de felicidade de plástico, feita para ser bonita e não natural. Afinal, o natural não traz cliques, não é verdade? O que leva alguém a dar curtidas hoje em dia nas telas é a realidade instantânea e não a profunda. Por isso, inicio meu capítulo destacando o espírito de superação, já apresentando algumas quebras de paradigmas ou – melhor – consciência da "ilusão do otimismo".

O otimismo exacerbado nos faz acreditar nessa vida perfeita, o que nos atrapalha na superação, pois para vencer algo precisamos assumir as imperfeições, não podemos nos iludir somente com o que nos é vendido sobre as postagens nas telas das redes sociais. Quando precisamos solucionar alguma questão, não podemos nos apoiar em solo falso, em ilusões ou, repito, em promessas "instagramáveis". Precisamos ter clareza de que nossa trajetória é essa mistura de desilusões, desconfortos e quebra de expectativas, mas também de alegrias e vitórias.

Primeiro passo

Para superar e se sentir bem novamente, é indispensável nos reservar o direito de resmungar, sentir a dor que vem de brinde com o evento a ser superado. Não podemos fingir que a vida não é desafiadora, que não vivemos momentos ruins. Portanto, o primeiro passo a ser dado é ASSUMIR. Assuma a dor, assuma que cansou, que se sentiu tolo(a), assuma o erro ou que erraram: tenha tudo isso listado ou identificado.

Anote, pois só conseguimos mandar alguma coisa embora se soubermos o nome dela. Se não houver essa identificação, além de não conseguirmos suplantar aquela dor, nós a conservamos em nossa "mochila" sentimental. E assim, sempre que houver um gatilho dessa lembrança, todo o sentimento virá junto, recordando-nos de toda a sensação idêntica ao dia do ocorrido.

Daí a necessidade real em ASSUMIR o que de fato sentimos e pôr para fora. Mesmo que seja na reclamação temporária, ela ajuda no esvaziamento da frustração, pois, convenhamos, é bem frustrante quando não podemos falar sobre aquilo que nos entristeceu, não é mesmo? É bom ter um pouquinho de desabafo, colocar calor na fala do que nos machucou. No entanto, não podemos morar na reclamação. Queixar-se de tudo o tempo todo não nos ajudará a superar ou a encontrar o sentido da vida. Esse é um exercício, uma parte, um movimento, que propiciará a fluidez de seguir adiante sem voltar a sofrer na mesma intensidade do que no dia do ocorrido. Aos poucos, com o passar do tempo, se não dermos forças a essa memória, ela naturalmente irá se desbotando.

Por que falo sobre superação?

Teria muitos exemplos de experiências minhas para contar aqui, entre elas quando perdi a bolsa de estudos numa universidade nos Estados Unidos; quando acordei sem enxergar nada de um olho; quando fui traída treze vezes em uma única relação ou até meu divórcio de um relacionamento de oito anos, mas, para este capítulo, decidi compartilhar uma história do meu apagão de vida aos 16 anos.

Estava na aula no colégio onde estudava em Osasco/SP e comecei a sentir minha perna formigar. Aos poucos, essa sensação foi tomando conta de todo o meu corpo e, de repente, eu não sentia mais nada, não piscava e não fechava a boca. Comecei a babar, porém estava 100% consciente, vendo a correria e o desespero dos professores ao chamarem uma ambulância.

Naquele momento, nada existia para mim, nada cabia, nada tinha muito valor... Estava me despedindo da vida aos 16 anos. Sabe aquele filme sobre tudo o que vivemos até aquele instante? Então, ele realmente passa diante dos nossos olhos. Vi nele todos os que amo, lembrei-me de tudo o que deixei de fazer e dizer. Ali eu não estava pensando que não seria uma profissional de sucesso. Só me fixava no mais simples da vida, como nunca mais tomar um sorvete, jogar bola, falar para minha mãe quanto a amo. Com isso, percebi fortemente que a simplicidade realmente é a moeda da felicidade real.

Chegando ao hospital, eu apaguei e, quando voltei a mim, o diagnóstico foi altas doses de cortisol na minha corrente sanguínea, o tal do hormônio do estresse, em decorrência do *bullying* que sofria desde a infância na escola. *Bullying* este por eu ter a voz mais grossa, vestir-me como menino e gostar de jogar futebol. Desde muito criança, era chamada de "sapatão" e nem entendia direito o que era aquilo, mas sabia que era por esse motivo que não me convidavam para os trabalhos, para os aniversários. Nas festas de criança, só ia nas dos meus primos. Nem no recreio eu tinha companhia, ninguém me chamava para nada. Enfim, vivia sozinha e recebendo muitas vaias e risadas. Vale lembrar que adulto também pratica *bullying*, que é quando você exclui, desconsidera ou rejeita alguém. Quando sentimos alguns desses sentimentos o nosso corpo devolve doses desse hormônio do estresse, que acumulado nos leva a algo tão conhecido nos dias de hoje: a síndrome de *burnout*.

Não me aprofundarei nesse tema, mas foi ele quem me parou aos 16 anos, e por ele, suplantei toda a dor que carregava de não ter sido tão aceita no colégio, por ter sido rejeitada e excluída muitas vezes. Minha superação foi em busca de vida; não queria mais sentir aquele sofrimento e, por ter chegado tão perto da morte, tive a consciência do valor da vida, muito citado pelos estoicos: "Lembrar da morte nos traz vida". E foi exatamente isso o que me ocorreu.

Venci anos de rejeição em troca da sede de viver. Assumi o que me machucava, decidi que os outros não poderiam ditar o tom da minha felicidade, compreendi que a vida é uma soma de experiências incríveis, mas também de muitas extremamente desagradáveis. E decidi enxergar e trilhar o meu novo caminho.

Não espere uma conta alta dessas chegar na sua vida, assuma e faça mudanças, aceite antes os presentes simples que já tem, "foque no que lhe farta e não no que lhe falta", como diria o professor Roberto Tranjan.

Agradecer e saborear

Hoje sou uma pessoa intensa em tudo o que me proponho a viver. Dedico-me intensamente às minhas relações, meus projetos, meus dissabores, que são acompanhados às vezes de lágrimas grossas (aprendi essa com minha amiga Erika) e choro profundamente quando sinto necessidade, não escondo os desprazeres de mim mesma. Como profissional, espalho o bom humor (que é a nossa sensação de bem-estar) no mundo, mas não deixo de falar do seu contraponto, que é o mau humor. Ele existe, mas, assim como a reclamação, não podemos fazer dele nossa morada. Tenho plena consciência de que ele existe e afirmo que pessoas felizes também vivem momentos de mau humor.

Minha história aqui serve para eu lhe dizer que estou certa de que você viveu situações muito desafiadoras até hoje, mas como vai escolher seguir? Reclamar, chorar, despedir-se de lugares, de pessoas, de sonhos... Tudo isso faz parte do processo, mas não podemos permanecer nas despedidas, pois morar nessa parte da história, ao longo dos dias, provocará mais dores do que amores. Escolha como irá seguir daqui para a frente e, se nesse caminho você precisar de apoio, não se acanhe, não é vergonhoso pedir ajuda para superar algo. Ligue para um amigo, marque um especialista de saúde mental, um médico, mas se movimente em prol da sua felicidade.

Segundo passo

Chegamos a uma parte importante da superação: DESPEDIR-SE, ou seja, soltar. Esse é o segundo passo. Declare que se movimentou, que já não mora naquele capítulo. Dê tchau ao que não serve mais. A grande felicidade da vida não é estar alegre o tempo inteiro, porém, sofrer menos no processo.

Sabe aquela despedida de relacionamentos abusivos, hábitos prejudiciais à saúde, empregos insatisfatórios? Quando nos damos conta, só estávamos apegados, que era uma dedicação constante e excessiva a algo. Esse apego não é benéfico e não traz felicidade. Quando nos despedimos dessas coisas, abrimos espaço para o novo, para o melhor entrar nas nossas vidas. Despedir-se representa a oportunidade de nos conectarmos com a liberdade e a autenticidade, pois estarmos presos a padrões que não nos servem mais é trair a nós mesmos. Então, repense seus valores e seus objetivos verdadeiros para alcançar o próximo nível da sua vida e abrir espaço para, aos poucos, a felicidade fazer morada.

Terceiro, e último, passo

Superar nutre a nossa felicidade porque nos permite crescer e evoluir como pessoas. Quando enfrentamos e vencemos desafios, somos capazes de desenvolver habilidades e competências que nos ajudam a lidar com situações difíceis no futuro. Essas experiências também nos ensinam a apreciar e valorizar mais as coisas boas que acontecem, o que pode levar a um senso de gratidão e contentamento. Então, o terceiro e último passo que compartilho com vocês para superarmos algo ou alguém é AGIR. Movimento gera movimento, e a cada passo ficamos mais próximos do próximo nível e mais distantes do que nos desagradou.

Uma das ações mais importantes é saber conviver com pequenos desconfortos; não jogar para baixo do tapete, quando algo não "descer legal"; não fingir que não sentiu ou que "não foi nada". Ainda de acordo com os estoicos, para que a gente sofra menos, quando algo doído acontecer, é preciso sentir pequenos desconfortos no cotidiano sempre que couber; é essencial aceitar os pequenos desajustes da vida e não querer viver como se não tivessem acontecido. Assim é como se criássemos uma couraça mais protetiva, para, quando o desconforto maior vier, doer menos. Por isso, quando ficar triste, sinta a tristeza, não queira abafá-la com compras, álcool ou outros vícios prejudiciais à saúde. Em algumas horas ou alguns dias, ela passará, e aí teremos vencido mais um conflito cotidiano, o que nos tornará cada vez mais resilientes.

Conclusão

Os passos são: assumir, despedir e agir, assim chegaremos mais perto de derrotar obstáculos. A superação nos ensina muito sobre resiliência e como lidar melhor com as adversidades, pois quando vencemos um desafio, podemos sentir uma sensação de satisfação que nos fortalece emocionalmente e nos prepara para lidar com os dissabores futuros. Essa resiliência pode nos ajudar a encontrar a felicidade novamente, mesmo depois de um período difícil.

Bem, como meu amigo Wellington Nogueira escreve no capítulo dele sobre *savoring*, é sobre desfrutar o momento presente. Superar é estar no agora e se atentar aos sentimentos, vivendo cada sensação que nos convém, conscientizando-nos e direcionando o próximo passo para nos sentirmos melhores, conectando-nos com esse constante balanço que é viver. Tendo todas essas ferramentas à disposição, não espere perder capacidades, viva, supere e acredite nessa oportunidade que você acaba de receber, para assim escolher o caminho da sua felicidade.

Referência

BRINKMANN, S. *Positividade tóxica*. Rio de Janeiro: BestSeller, 2022.

33

AUTORRESPONSABILIDADE

Se você pensa que ter responsabilidade pessoal é ter mais obrigações na vida, dedique um tempo a este capítulo. Aqui, a autorresponsabilidade é um convite para você voltar a dirigir sua vida, recuperar seu poder de não ser refém do que o outro faz ou diz e ter a vida que escolher viver.

MÁRCIA ELENA

Márcia Elena

Contatos
coaching@marciaelena.com
Instagram: @marcia.elena.almeida
LinkedIn: Marcia Elena Almeida
11 98231 0930

Mãe da Livia e companheira do Jerome, aprendi que menos é mais e descobri que viver com raízes portáteis pelo mundo é o que me faz feliz. Amo estudar, mergulhar em mim mesma e acompanhar pessoas em seus processos de transformação. Uma grande alegria? O *aha moment* no rosto de uma pessoa! Comecei minha vida profissional como professora e jornalista e segui como executiva da indústria fonográfica e empreendedora no mercado digital. Meu processo de transição de carreira e de libertação me levou a ser, hoje, *gestalt coach*, facilitadora de comunicação não violenta e *certified practitioner* do Método Canvas de Modelo de Negócios Pessoal. Nada melhor que compartilhar meu aprendizado e ferramentas para apoiar grupos e indivíduos a se relacionarem melhor e a definirem suas jornadas. Estou feliz com quem sou, onde estou e com o que faço.

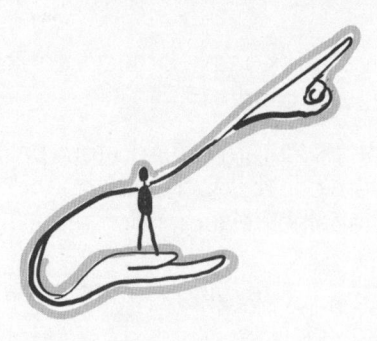

A autorresponsabilidade é uma *skill* extremamente importante para tomar as rédeas da própria vida. Quando começamos a exercê-la, percebemos que temos participação em tudo o que acontece conosco. Aprendemos a conviver com as consequências das nossas decisões, a parar quando as coisas não estão como queremos e a descobrir novas possibilidades.

Claro, existem fatalidades e circunstâncias que não podemos prever ou controlar, mas a forma como reagimos a essas situações é nossa responsabilidade neste mundo.

E ter essa consciência – de que é nossa escolha como pensamos, nos sentimos e agimos – ativa nosso poder pessoal, nos sustenta na busca pela vida que desejamos e nos permite criar um efeito positivo nas pessoas e no ambiente ao nosso redor.

Vale a pena ser autorresponsável?

O autor norte-americano Hal Erold, que escreveu *O Milagre da Manhã*, diz que "o momento em que você assume a responsabilidade por tudo em sua vida é o momento em que você pode mudar qualquer coisa em sua vida". Eu acredito nisso.

Sempre assumi muitas responsabilidades. Por uma história familiar, tinha uma grande necessidade de ser vista e respeitada. A maneira que encontrei para isso, desde muito jovem, foi ser responsável, eficiente e comprometida. Era aquela pessoa atenta e disponível para ajudar a todos, cuidar do mundo.

Com o tempo, essa maneira de viver foi se transformando em um peso difícil de carregar sozinha. Me sentia exausta, sugada e, muitas vezes, usada. Não dava mais conta. Comecei, então, a responsabilizar a todos pelo que estava vivendo:

- "As amigas só me procuram quando têm problemas!".
- "Minha filha só vem conversar comigo quando precisa de algo!".
- "Os colegas de trabalho deixam tudo para a última hora, porque sabem que resolvo".
- "Se eu não tomar a frente, ninguém faz nada nessa família!".

Então, percebi que quem me colocou nesse lugar fui eu; quem não sabia dizer "não" e delimitar os limites era eu. As pessoas faziam o que eu permitia que fizessem. E esse clique me fez sair desse lugar de vítima do mundo.

Por ter vivido isso, digo que a autorresponsabilidade é uma habilidade que pode ser desenvolvida. Da mesma forma que aprendi a colocar a culpa em um terceiro, aprendi a assumir minha cota de participação no que acontece na minha vida.

Descobrir que ninguém é responsável pela vida que tenho hoje, pelas decisões que tomo, pelo trabalho que escolhi, pela relação na qual estou, me trouxe muito alívio. Saber que sou a única responsável pelo que estou vivendo hoje, aqui e agora, assusta, mas também empodera. Eu tenho o poder de dizer "sim" e "não", de seguir um caminho ou outro, de escolher como reajo ao que o mundo me envia.

Muitas vezes, é mais fácil ser responsável com o mundo externo do que com nós mesmos. Fomos educados assim, a entregar o que esperam de nós, a não deixar furos, a pensar primeiro no próximo, a ser responsáveis.

Porém, ser autorresponsável é mais uma obrigação? Não, é uma libertação. É não me culpar, julgar, cobrar. É reconhecer que também faço escolhas – inconscientemente às vezes – e checar a minha participação na situação. Junto à autorresponsabilidade vem a prática do autocuidado, do autorrespeito e da autocompaixão.

Vale a pena!

O vitimismo

Todos repetimos um padrão dentro do qual fomos educados: não nos conectarmos com nós mesmos, com o que sentimos e necessitamos, e responsabilizarmos o mundo externo quando não acontece o que queremos, do jeito que queremos.

É muito mais fácil eu dizer que não consigo ser vegetariana porque meu marido é um carnívoro feroz do que assumir para mim mesma que não tenho a disciplina necessária para isso, ou que, apesar de querer ser vegetariana, adoro carne de porco. Mas falar "a culpa é dele que faz churrasco todo dia" (e é verdade, ele faz) confirma a história que invento para mim mesma e me poupa do esforço de me responsabilizar pelo que digo e faço.

Utilizamos muitas estratégias para não nos responsabilizarmos pelo que dizemos e fazemos. Veja se você se reconhece em alguma delas:

- Dar explicações falsas para nós mesmos: "mereço sair da dieta hoje, tive um dia estressante..."; "ah, se todo mundo faz, também posso fazer"; "fiz porque me disseram que era assim" etc.
- Criar justificativas para o que fizemos: "chego atrasada, sim, a reunião nunca começa na hora"; "falei porque acho importante contar a verdade" etc.
- Fazer piadinhas depois de dizer ou fazer algo que sabe que não é o melhor caminho: "estava brincando"; "você leva tudo a sério..."; "não entende uma brincadeira" etc.

A estratégia de culpar o outro e se fazer de vítima é uma das mais utilizadas e, para mim, uma das primeiras a ser cuidada, porque:

- Me paralisa – "não posso fazer nada, já que a culpa não é minha".
- Justifica o meu nada fazer – "se a culpa é do outro, então não tenho nada a ver com isso".

Note que aqui o "outro" equivale a pessoas, circunstâncias, governo, chuva, filhos, trânsito, chefe, calor etc.

Representamos nosso papel de vítimas e não assumimos nossas responsabilidades desde situações simples até as mais complexas.

Clássicos de situações cotidianas?

- "Estou chateada, porque fulano...".
- "Fulana vive me colocando para baixo".
- "Se não fosse por causa de..., eu teria conseguido!".

Quando acreditamos que outra pessoa pode nos fazer coisas, nos fazer sentir de certa maneira, nos levar a viver situações das quais não gostaríamos, estamos entregando a ela nosso poder de decidir como nos sentimos, comportamos e vivemos. Se nos colocamos no lugar de vítimas, não escolhemos como viver nossas vidas.

> O que os outros dizem pode ser o estímulo, mas nunca a causa dos nossos sentimentos. Nossos sentimentos resultam de como escolhemos receber o que os outros dizem e fazem, bem como nossas necessidades e expectativas específicas naquele momento.
> MARSHALL ROSENBERG

Ao sairmos do lugar de vítimas, compreendemos que somos nós que escolhemos como reagimos, nos sentimos e atuamos em relação às circunstâncias que aparecem. Em vez de culparmos os outros, podemos nos perguntar: como essa situação me atinge, o que me incomoda tanto?

Recuperar seu poder

Para começar a praticar a autorresponsabilidade e recuperar o comando da sua vida, você precisa de Presença. Vivemos na sociedade do imediato, do voltar-se para fora, do criar expectativas para o "quando eu...". É importante estarmos conscientes do que acontece conosco hoje, nesse exato momento.

Se vive no presente – em vez de buscar desculpas no passado, distribuir culpas ou empurrar a solução para o futuro –, você se conecta com suas escolhas que estão definindo sua vida aqui e agora.

Eckhart Tolle (2002) diz:

> Se você acha insuportável o seu aqui e agora e isso lhe faz infeliz, há três opções: abandone a situação, mude-a ou aceite-a totalmente. Se você deseja ter responsabilidade sobre a sua vida, deve escolher uma dessas opções e fazê-lo agora. Depois, arque com as consequências. Sem desculpas. Sem negatividade.

Ser autorresponsável é dizer "não" ao piloto automático das justificativas, culpas e desculpas, e ter clareza sobre suas escolhas.

Vamos a um exemplo simples e cotidiano: sair de casa com atraso de manhã e chegar no trabalho dizendo: "Nossa, o trânsito estava horrível hoje", mesmo quando o trânsito estava bom. Parece uma bobagem, mas não é. Fazemos isso no automático, sem ao menos perceber que estamos jogando nossa responsabilidade nos demais (nesse caso, no trânsito). O assunto aqui não é se mentimos ou não, ou a quem atribuímos a culpa, mas como fazemos isso.

Você percebe a diferença entre esses dois pensamentos?

"Ui, dormi demais e vou me atrasar! Ficar maratonando série até às duas da manhã dá nisso... Como já saí cedo ontem, vou falar que cheguei tarde por causa do trânsito, para não ter mais problemas. Amanhã chego mais cedo para compensar".

E: "Ui, dormi demais e vou me atrasar! Ah, tudo bem. Vou contar que o trânsito estava ruim, todo mundo faz isso, vou fazer também".

No primeiro, observo tudo o que envolve meu atraso, me responsabilizo e escolho uma maneira de lidar com ele. O segundo pensamento é o automático, mais comum, nem paro para pensar. Culpo um terceiro, me justifico e ainda acho que tenho razão.

Se nos responsabilizamos pelo nosso caminho, estamos trabalhando para recuperar a conexão com nosso próprio poder, que já existe e está à espera de ser despertado e usado.

Como ter autorresponsabilidade?

Prática, prática...

Se você quer emagrecer, haja disciplina na dieta e nos exercícios.

Se quer passar numa prova, você se organiza para estudar.

Parabéns, você recebeu uma promoção para uma nova área! Dedicará algum tempo a aprender mais sobre as atividades do novo trabalho.

O mesmo vale para qualquer competência. Para desenvolvê-la, é preciso dedicação, perseverança e, acima de tudo, autocompaixão. Reconhecer que se transformar não acontece do dia para a noite: nos lembramos em um dia, no seguinte nos esquecemos. Hoje conseguimos, amanhã não funciona. Somos humanos e, para aprendermos algo novo, às vezes, damos um passo para a frente e dois para trás, mas assim começamos a adquirir novos hábitos, comportamentos e competências.

Pequenas dicas ajudam, certo? Vamos lá!

Esteja presente, saia do piloto automático, do hábito de culpabilizar o outro por tudo. Procure identificar o fato sem julgamentos, qual foi sua participação e como você quer ou pode reagir. Escolha.

Considere seu tempo. Não é necessário dar uma resposta no tempo do outro: pare, respire, conecte-se com seu poder de decisão e se questione antes de reagir a qualquer situação.

Não leve as coisas para o lado pessoal. Lembre-se: raramente o que uma pessoa vive tem a ver com você.

Conheça seus limites. Não se cobre além da conta. Às vezes, forçamos nossa barra para atender a tudo e a todos; depois, saímos culpando o mundo. Descubra até onde você dá conta, proteja-se, seja humano: pratique autocuidado e autocompaixão.

Seja claro na comunicação consigo mesmo e com a outra pessoa. Exatamente do que você precisa? O que é importante, nesse momento, para você? Como você realmente se sente sobre a situação? Como transmitir isso para que todos estejam em sintonia?

Seja honesto consigo mesmo. Reconheça suas limitações, fraquezas e erros. O que poderia ter sido feito de maneira diferente para ter um resultado melhor? Onde foi que meti os pés pelas mãos?

Identifique seu papel naquilo que funciona e no que não funciona na sua vida. Como contribuiu ou deixou de contribuir para quem você é, o que tem, como vive hoje?

Comece a praticar: nada de esperar pelo melhor momento, uma grande situação. Pratique no pequeno, no dia a dia.

A autorresponsabilidade – assim como várias outras competências descritas neste livro – me empoderou, trouxe mais clareza sobre o que quero para minha vida, mais confiança, melhorou minhas relações pessoais e profissionais. Além disso, me ajudou a viver mais de acordo com o que eu buscava e acreditava; pude ver que o poder de ter a vida que eu queria já estava dentro de mim, eu é que não o usava. Com isso, consegui alcançar o estilo de vida e trabalho que desejava.

De coração, desejo que o mesmo aconteça com você!

> Você deve assumir a responsabilidade pessoal. Você não pode mudar as circunstâncias, as estações ou o vento, mas pode mudar a si mesmo. Isso é algo de que você está encarregado.
> Jim Ron

Referências

POPOVIC, N. *Personal synthesis: a complete guide to personal knowledge*. Abingdon: Routledge Books. 2013.

ROSENBERG, M. *Comunicação não violenta*. São Paulo: Ágora, 2006.

RUIZ, D. M. *Os quatro compromissos*. Rio de Janeiro: BestSeller, 1997.

TOLLE, E. *O poder do agora*. São Paulo: Sextante, 2002.

UM LINDO DIA na Vizinhança. Direção: Marielle Heller. EUA: Sony Pictures, 2020.

34

O PODER DA ESCOLHA

Cada um de nós tem o poder da escolha.
Escolhas nos trouxeram até aqui.
Escolhas nos levarão a viver a vida que queremos viver.

ALEJANDRA CORTÉS DÍAZ

Alejandra Cortés Díaz

Contatos
ale.codi.2010@gmail.com
LinkedIn: Alejandra Cortes

Alegre, apaixonada pela Colômbia, onde nasceu, e pelo Brasil, onde mora há 18 anos. Apaixonada pelo funcionamento da mente, pelo desenvolvimento das pessoas por meio do autoconhecimento e por temas de mentalidade digital. Formada em Ciências Contábeis pela Universidad Nacional de Colombia, com MBA em Gestão Empresarial pela Fundação Getulio Vargas, no Brasil, e curso de Ciência de Dados e *Big Data* pela MIT x PRO. Tem experiência de 24 anos em companhia multinacional alemã, com vivências em ambientes interculturais e diversos, é treinadora certificada pelo Instituto Geração *Soul* no Brasil. Acredita que o tesouro mais valioso que temos é o presente, por isso gosta de desfrutar, sentir e aproveitar o hoje, estando presente aqui e agora! Vive para contribuir para um mundo melhor e para seus grandes amores: os sobrinhos, Juan e Gabrielito; as irmãs, Consul e Caritol, e o esposo, Juan Carlos.

Aos domingos, o que você costuma fazer? No seu tempo livre, o que você faz? Qual é sua bebida preferida: café ou chá? O que planejou para hoje? Eu poderia continuar fazendo perguntas, e você responderia quais são suas preferências, porque o tempo todo nós estamos escolhendo.

Quantas decisões tomamos por dia?

Tente adivinhar... 2.000? 3.000? 8.000? Talvez a resposta o deixe chocado. Um adulto em média toma 35.000 decisões por dia, e como você acabou de tomar a decisão de ler este capítulo, esse número subirá para 35.001, das quais 99,74% são feitas automaticamente, ou seja, sem se dar conta delas: andar (levar uma perna para a frente e depois a outra perna), comer, escovar os dentes e dirigir são exemplos de atividades que aprendemos a realizar a partir de rotinas que repetimos diariamente até que se tornem inconscientes. Ainda bem que o cérebro faz isso, porque senão seria uma loucura.

Se, de todas as decisões diárias, descontarmos aquelas feitas automaticamente, temos 0,36% delas que tomamos conscientemente, o que significa cerca de 126 decisões a cada 24 horas.

Escolher ler o livro *Balanced skills* entre várias possibilidades foi uma decisão consciente, e optar por iniciar este capítulo lhe deu o poder de escolher entre várias possibilidades.

Foram várias as decisões que nos trouxeram a este ponto de nossas vidas. Uma após a outra, elas nos conduziram até aqui e é certo que nossas próximas decisões determinarão nosso destino.

Você pode estar pensando que não é só nossas decisões, o que eu concordo. Diante de qualquer situação: 1/3 está conosco, 1/3 com o outro e 1/3 com o ambiente. E aqui vamos falar do 1/3 que está em nós, o poder da escolha.

Do que as pessoas se arrependem antes de morrer?

Tudo na vida tem começo e fim. Um dia você entrou em sua nova casa e, em outro, saiu; ingressou em uma empresa e tempos depois se desligou (por decisão sua ou da empresa); estava casado e hoje não está mais (por causa de um divórcio ou porque o cônjuge faleceu).

O tempo passa e nossa vida é construída sobre circunstâncias e decisões, mas tudo termina. Para mim, ter consciência do finito que somos é uma questão essencial.

A enfermeira australiana Bronnie Ware (2017) trabalhou durante muitos anos em cuidados paliativos de doentes terminais. Durante este tempo, ouviu muitas histórias e testemunhos que decidiu registrar no livro *Antes de morrer: os cinco arrependimentos que as pessoas têm antes de morrer*.

Antes de lê-los, convido você para pegar uma folha e escrever quais seriam os seus principais arrependimentos. Em seguida, compare-os com os de Bronnie.

Top 5 arrependimentos

1. "Desejaria ter tido a coragem de viver uma vida verdadeira para mim mesma, não a vida que os outros esperavam de mim".
2. "Desejaria não ter trabalhado tanto".
3. "Desejaria ter tido a coragem de expressar meus sentimentos".
4. "Desejaria ter ficado em contato com meus amigos".
5. "Desejaria ter me permitido ser mais feliz".

Alguns dos depoimentos

"Se fôssemos capazes de encarar nossa própria morte inevitável com aceitação honesta, antes que chegássemos a esse ponto, então mudaríamos nossas prioridades bem antes que fosse tarde demais. Isso nos daria a oportunidade de empregar nossas energias, então, em objetivos de real valor. Uma vez que soubéssemos do tempo limitado que nos restaria [...] seríamos mais guiados pelo que nosso coração realmente quer" (pp. 32-33).

"O orgulho é uma perda de tempo tão grande! Francamente, olhe para mim agora. Eu não consigo nem limpar minha própria bunda. O que importa? Nós todos somos humanos. Isso nos permite ser vulneráveis também. É uma parte do processo."

Como estou usando o meu 1/3?

Que decisões estamos tomando hoje? Nossas decisões são de acordo com o que realmente queremos viver?

Quem leu *Soft skill* I (capítulo 3, sobre coragem) sabe por que escolhi morar no Brasil e as implicações causadas por essa decisão. Cumprir meu sonho, viver num país com pessoas maravilhosas, criativas, e com muitas oportunidades, desafios, que me trouxeram crescimento pessoal e profissional e, ao mesmo tempo, pagar o preço de estar longe da minha família. Sabia que não podia ter tudo ao mesmo tempo.

Bom, recentemente vivi a experiência da partida da minha mãe e não estive presente durante a doença (que foi muito rápida), nem no velório dela. Somente pude acompanhar pela internet. A última vez que a vi ela estava saudável e não imaginava que seria a última vez que sentiria suas mãos no meu rosto, nem que aquele 1/3 que está no ambiente não me deixaria pegar um avião para estar com ela e minhas irmãs (tempo de pandemia com aeroportos fechados).

Muita gente me pergunta: "Alê, e como você fez?". Não consigo nem imaginar. Sim, é muito difícil, doloroso. Tive que escolher entre: me arrepender, pensar o que poderia ter sido, sofrer por não estar ali, não estar com minhas irmãs em um dos momentos mais difíceis de nossas vidas, ou me levantar, assumir a realidade, minha dor, aceitar o que não posso mudar (aquele 1/3 que não está comigo). Com minhas irmãs, escolhemos como lidar com a situação entre outras circunstâncias que vivemos na época, comigo a distância.

Optei por deixar na minha mente as muitas alegrias que vivemos, entre elas suas diversas viagens ao Brasil, que adorava e que, se eu não tivesse escolhido morar aqui, certamente não teriam acontecido. No final, optei por me levantar e continuar aproveitando o hoje com as pessoas que estão fisicamente aqui e agora e minha mãe no coração.

Estamos escolhendo o tempo todo e não decidir também é uma escolha. Decidir gera desconforto de qualquer maneira e temos dois caminhos:

• Escolher entre fazer o que manda o figurino, preencher as expectativas dos demais, da família, da sociedade, do seu entorno com o que "deveria ser" e aí você faz tudo direitinho, ganhando o conforto dos demais, a admiração deles, mas você tem o desconforto de não estar realizando o que você quer e ser, de fato, por estar só cumprindo exigências.

• Ou você vai lá, faz o que deseja, ganha o conforto para si mesmo, para ser quem é, viver sua verdade, que pode gerar desconforto em várias pessoas, porque elas não entendem por que faz aquilo, mas opta pela realização de fazer por você.

E você, como está escolhendo viver? No poder da escolha, há um tesouro que todos os seres humanos possuímos exatamente na mesma quantidade, e isso para mim é a base fundamental para viver da forma que queremos. O tempo. Como você está usando seu tempo?

O tempo e seu impacto no poder de decisão

De acordo com o relatório anual sobre redes sociais e tendências digitais chamado Digital 2022, em todo o mundo 2 horas e 27 minutos são investidos diariamente em mídias sociais. No TOP 5 dos países com maior tempo médio de uso diário nas redes sociais (em horas e minutos), temos: Nigéria – 4:07h; Colômbia – 3:46h; Brasil – 3:41h; Argentina – 3:26h; México – 3:20h; e os países com menos tempo: Japão – 0:51h; Alemanha – 1:29h, Reino Unido – 1:48h.

Se pegarmos o Brasil, um dia da semana é dedicado às mídias sociais; no ano, são 52 dias. Quantas vezes escutamos que não temos tempo livre para nos cuidar, para aprender um idioma, para uma ligação para um amigo etc., e é verdade, mas realmente o problema está em como o tempo está sendo investido.

Revisar como estamos usando o tempo é trazer à consciência como fazer isso de maneira mais produtiva e que traga mais satisfação. É uma questão de autorresponsabilidade de nossas ações e decisões.

Cinco princípios fundamentais na escolha

Existem extensos estudos de Psicologia, livros que analisam como as decisões são tomadas, crenças, necessidades etc., mas aqui eu gostaria de abordar o assunto de uma maneira simples a partir da minha experiência e estudos do que eu chamo de cinco princípios fundamentais sobre a escolha.

1. Nunca teremos 100% de certeza de que a decisão que estamos tomando é a correta.
2. Nunca saberemos com 100% de certeza o que teria acontecido se tivéssemos escolhido outra opção. Podemos imaginar, mas não dizer que seria assim.
3. As decisões do passado foram tomadas sob as circunstâncias, emoções e ambiente daquele momento. Julgar o passado olhando no retrovisor é muito fácil; fácil hoje, ontem não.
4. Nunca podemos mudar as decisões do passado. Parece óbvio, mas às vezes vivemos no presente com o arrependimento do que escolhemos no passado. Já foi!
5. O hoje nos dá a oportunidade de escolher de duas formas: diferente ou igual a ontem.

É fundamental que cada experiência (boa, errada, desconfortável), cada conhecimento que adquirimos pelo que vemos, ouvimos e lemos, cada interação são elementos que se somam, para construir nossos conhecimentos, nossas experiências, que facilitam o poder da escolha.

No trabalho, gosto sempre de reforçar na equipe que, diante das situações desafiadoras e dos erros, temos duas opções: afundarmo-nos no equívoco, no que teria sido se, mortificando-nos e fazendo que, por causa de um evento específico, esqueçamos todas as nossas conquistas até agora ou escolhermos nos tratar com gentileza (a nós mesmos), acolhermos nossa raiva, tristeza ao falhar, entendendo que é parte essencial do processo de aprender; pegamos a experiência e vamos de novo.

Sabemos que é irrealista pensar que seremos felizes 24x7, ou seja, durante as 24 horas da semana inteira. Por isso, cada vez que nos recuperamos, que nos levantamos, é uma oportunidade de tentar novamente com mais experiência. É tudo uma questão de autorresponsabilidade.

Como fortalecer o poder da escolha?

A escolha, como outras habilidades, é fortalecida ao usá-la. Aqui estão algumas dicas:

- **Decida sobre as pequenas coisas:** faça uma lista de todas as suas pendências. Inicie desde as coisas que precisam ser finalizadas em casa, passando por armários, aquela caixa encostada com pó, aquele acúmulo de cabos de celular de que não precisa, a gaveta lotada de camisas que nem usa, até marcar uma consulta médica de controle etc. A ideia é colocar em detalhes tudo o que está pendente e definir quando você vai resolver. Se não decide sobre coisas pequenas, o que dizer sobre questões maiores? Muitas delas ocupam espaço mental e não nos deixam avançar. Experimente iniciar pelas coisas não resolvidas e que geram uma energia absurda.
- **Escolha como quer viver e priorize sua agenda de tal forma:** se você não tem uma agenda, será a agenda de alguém. Dedique 2 ou 3 horas por dia para o que acredita ser importante. Essa escolha é sua e ninguém vai fazer por você.
- **Escolha focar na solução:** não tenha a ilusão de que reclamar o que você não quer vai trazer o que deseja. Reclamar queima energia que não gera solução. Assuma a autorresponsabilidade de agir para solucionar.
- **Crie um caderno com todas as suas vitórias:** registre todas as suas vitórias, conquistas desde criança, tudo de bom que você fez acontecer. Mantenha esse caderno vivo. É um registro de você consigo mesmo. E são tantas coisas positivas para agradecer. Quanto mais você se autoconhecer, mais fácil será o processo de decisão.
- **Praticar exercícios físicos, tomar sol:** além de cuidar da saúde, melhorará sua concentração, bem-estar psicológico, descanso mental e estimulará os processos mentais. Dê um passeio, respire ar fresco, isso ajudará a oxigenar sua mente, auxiliará seus neurônios a fazer melhores conexões, o que levará você a tomar decisões mais acertadas.

Para concluir, todos temos o poder da escolha de como queremos viver e enxergar a vida. O momento presente é o mais valioso que temos. Portanto, está em nossas mãos tomar atitudes para aproveitar o hoje e fazer as escolhas com nosso coração.

Espero que, no seu próximo domingo, escolha estar onde deseja e ao lado das pessoas que você quer. Aproveite para abraçá-las e curtir!

Ótimas escolhas para todos nós!

Referências

RELATÓRIO ANUAL sobre redes sociais e tendências digitais chamado Digital 2022. Published in partnership with We Are Social and Hootsuite Disponível em: <https://es.statista.com/grafico/18988/tempo-medio-diario-de-conexion-a-uma-rede-social>. Acesso em: 18 abr. de 2023.

WARE, B. *Antes de partir: os 5 principais arrependimentos que as pessoas têm antes de morrer*, 2. ed. São Paulo: Geração Editorial, 2017.

EPÍLOGO

**LUCEDILE ANTUNES
E ANDREZA HADLER**

Lucedile Antunes

Sua essência é visionária e seu maior propósito é ter influência na construção de um futuro, provocando, nas pessoas, a busca pelo autoconhecimento e a expansão de consciência, para obterem melhores resultados. As pessoas a consideram um ser humano com uma energia contagiante. Curiosa e apaixonada pelo aprendizado contínuo, todos dizem que ela nunca para! Mãe da Julia e do Raphael, filhos maravilhosos que ensinam a cada dia o que é a amorosidade e a flexibilidade para lidar com os desafios da vida. Uma das referências no Brasil no desenvolvimento de *soft skills*. Palestrante, fundadora da L. Antunes Consultoria & Coaching, mentora e *coach* reconhecida internacionalmente pela International Coach Federation (ICF), autora de mais de dez livros e diversos artigos sobre o tema "pessoas e organizações". Idealizadora da série *Soft skills*, reconhecida em 2020 e 2021 como best-seller pela revista *Veja*.

www.lantunesconsultoria.com.br
lucedile@lantunesconsultoria.com.br
LinkedIn: Lucedile Antunes
Instagram: @lucedileantunes
11 98424 9669

Andreza Hadler

Tenho uma essência conectora. Curiosa, adoro aprender coisas novas. Todos me consideram uma pessoa generosa. Sou amável e amo cuidar de pessoas, amo viajar e conhecer culturas diferentes. Minha família é meu alicerce. Profissional da educação física de formação, especialista em Acupuntura pela ABACO/CBA há mais de 20 anos e *Acupuncture Doctor* pela Word Federation of Acupuncture Moxibustion Societies (WFAS); Técnicas de Shiatsu (Escola Imperial do Japão), Tuina, Auriculoterapia, Reflexologia Podal, pela ABACO/CBA. Fui professora, durante 12 anos, da pós-graduação e do Técnico em Acupuntura da ABACO/CBA. Professora de Pilates, Drenagem Linfática e Método Renata França. Sou sócia da Clínica AMPLE, em Moema, na cidade de São Paulo.

andrezahadler@hotmail.com
LinkedIn: Andreza Hadler
Instagram: @andrezahadler
11 97234 4502

Epílogo

E chegamos ao final deste livro. Parabéns! Espero que você tenha apreciado a trajetória. Quanto aprendizado! Se você estiver saindo energizado para dar seus próximos passos e cheio de ideias, cumpri a minha missão.

O tema central desta obra foi a busca pelo equilíbrio, e apresentei as importantes *human skills* para que você possa trilhar uma jornada leve, pois uma das maneiras de lidar com as adversidades da vida de uma forma mais tranquila e equilibrada e alcançar a paz interior consiste em não evitar as emoções negativas, como medo e raiva, mas, sim, saber lidar com elas.

> *Não é o que acontece com você, mas como você reage a isso que importa.*
> EPICTETO

> *Conhecer os outros é inteligência, conhecer-se a si próprio é verdadeira sabedoria. Controlar os outros é força, controlar-se a si próprio é o verdadeiro poder.*
> LAO TSÉ

Para complementar suas descobertas, convidei a Andreza Hadler, acupunturista e estudiosa desta ciência, para trazer alguns ensinamentos sobre a medicina chinesa.

Um pouquinho de história

A medicina chinesa é praticada há mais de 5.000 anos e tem como base o fundamento da filosofia Taoísta, que visa ao equilíbrio entre as energias Yin e Yang e as cinco emoções primárias (raiva, alegria, tristeza, medo e preocupação), sobre as quais falaremos brevemente mais à frente.

Essa ciência se fundamenta em conceitos filosóficos que englobam uma força ou energia vital (QI), que regula a saúde espiritual, emocional, mental e física. São as qualidades opostas e complementares (Yin e Yang) dessa energia que proporcionam essa regulação. Então, podemos dizer que em toda energia (QI) temos uma porção Yin e Yang. Vamos conceituar esses dois elementos a seguir.

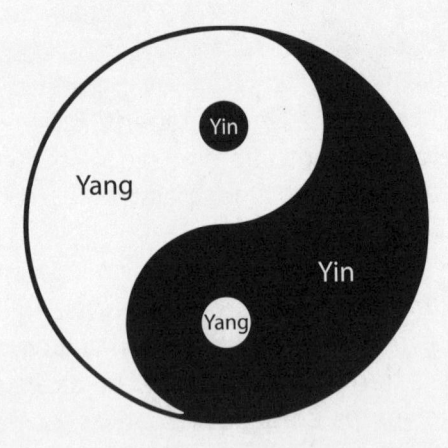

O **Yin** representa o feminino, a escuridão, a lua, a noite, a inércia, a frieza e a passividade. Essa energia é acolhedora, introspectiva e receptiva. Tem a função de nutrir e resfriar o corpo e as emoções. Quando essa energia está desequilibrada, tendemos a apresentar alguma deficiência, por exemplo: sem atitude, depressiva, triste, medo de realizar.

Já o **Yang** representa o oposto do Yin. Portanto, é movimento, atitude, calor, dia, masculino. Seus adjetivos são ativo, expansivo, objetivo, comunicativo e assertivo. Quando desequilibrada, essa energia tende ao excesso, como falar demais, ser agressiva, às vezes a ponto de humilhar verbalmente o outro, entre outros comportamentos.

Os chineses compreendem que as emoções criam movimentos e perturbações no QI de uma pessoa. De acordo com a Medicina Chinesa, existem cinco emoções primárias que, quando bem equilibradas, melhoram nossa capacidade de lidar com o mundo. Compartilho, a seguir, algumas estratégias para equilibrar suas energias internas, resultados de experiências nos atendimentos que realizo.

- **Raiva:** é uma energia predominantemente Yang. Para controla-la, invista em autoconhecimento, reflita sobre os momentos em que você se irrita, entenda como expressa a raiva e busque compreender o que a provocou e como pode melhorar a situação. Cuide-se, realizando atividade física para manter a energia Yang equilibrada.
- **Alegria:** também é uma energia predominantemente Yang. Um estudo publicado no *The Washington Post* revelou que "felicidade em excesso pode deixá-lo infeliz". Além disso, acredite, muita alegria pode torná-lo ingênuo, egoísta e menos bem-sucedido. Pode desencadear, também, agitação e manias. A falta dessa emoção leva a sentimentos de solidão e isolamento. Busque ser mais realista. Não é possível ser feliz o tempo todo ou em todos os lugares. Não desmereça os momentos tristes, eles mantêm seus pés no chão, mas também comemore suas conquistas. Alegria e gratidão andam juntas.
- **Tristeza:** é uma energia predominantemente Yin. Quando a tristeza é profunda, perde-se o brilho nos olhos. Para superá-la, tenha um mantra positivo para combater os pensamentos dolorosos, busque compreender o que se foi e mantenha distância física do que lhe causa a tristeza. Concentre-se em si, identifique seus pontos fortes, seja gentil consigo, pratique meditação, um *hobby*, aceite que a vida é feita de ciclos; quando um ciclo se encerra, um novo se abre.
- **Medo:** é uma energia predominantemente Yin. O medo pode variar entre uma ansiedade até o terror servil, podendo paralisar você. É um estado de agitação sobre o futuro, causando sofrimento e medo em relação a ele. Para lidar com o medo é necessário entendê-lo profundamente, pois ele é um grande sinalizador de que você precisa se preparar para avançar e não estagnar. Identifique o que exatamente provoca essa sensação e em quais situações ela aparece, pratique o autocontrole, compartilhe o seu medo com outras pessoas na hora da crise, inspire profundamente e

expire devagar para voltar à calma e se equilibrar. Não tenha vergonha de pedir ajuda.

• **Preocupações ou excesso de pensamentos:** é uma mistura de Yin/Yang. Conforme o *I Ching*, "os pensamentos de um homem devem se restringir à situação imediata. Todo pensamento que vai além disso apenas serve para trazer dor ao coração". Também pode vir em decorrência de atividade mental/intelectual excessiva, levando à falta de ideias e à incapacidade de memorização, e até a um transtorno de ansiedade generalizada. Para lidar com a preocupação excessiva, respire e faça a distinção entre pensamento e realidade. Não tenha pensamentos tão rígidos. Aprenda a lidar com as incertezas. Tenha pensamentos positivos.

Para finalizar, vou trazer uma expressão latina: *Amor fati*, que significa "amor ao destino", "amor ao fado". No estoicismo e na filosofia de Friedrich Nietzsche, trata-se da aceitação integral da vida e do destino humano, mesmo em seus aspectos mais cruéis e dolorosos. Essa forma de encarar e abraçar a vida nos coloca em um estado de consciência superior, capaz de nos manter em equilíbrio frente às mais diversas situações.

Ao longo deste livro, aprendemos maneiras de buscar maior equilíbrio, desenvolvendo nossas *human skills*. Mas lembre-se de que o bem-estar vem da integração entre as saúdes física, mental, social e espiritual.

O automatismo e a desconexão

Esteja atento ao que o seu corpo diz. Acredito muito que toda a doença tem um fundo emocional. Portanto, se não observarmos nossas emoções e sentimentos, em algum momento da vida "a conta chega". Não espere chegar a ponto de adoecer para enxergar que precisa mudar.

A praticidade da vida moderna trouxe muita rapidez para o nosso dia a dia, mas ela pode ser viciante e promover um dos piores condicionamentos para o ser humano: "o automatismo e a desconexão", bases da incapacitação para o viver, que grita com sintomas. Enquanto isso, a vida pode gerar sofrimento, mandando sintomas leves, moderados e até graves, com o objetivo de "ser lembrada", ou seja, ser vista, ouvida e respeitada, nos convidando para nos voltarmos para o que é essencial.

Cada vez mais, somos condicionados e seduzidos ao "vício do consumo". Os olhos informam o nosso cérebro sobre o prazer prometido, fazendo crescer uma grande onda de pessoas desconectadas das coisas mais simples e importantes da vida.

Adoecer é um dos caminhos do despertar para o essencial. A sonolência com o descuido pela vida que nos habita faz que ela clame por atenção. Quanto mais esquecida ela fica, mais inteligentemente vai "clamar atenção!".

> *A vida se mostra linda do amanhecer ao anoitecer, por isso aproveite cada momento.*
> LUCEDILE ANTUNES

Ação: seu próximo salto de evolução

> *Quem não se permite ficar no silêncio para mergulhar no seu autoconhecimento não se abre. Quem não se abre não sente. Quem não sente não descobre. Quem não descobre não conhece nem a si mesmo...*
> LUCEDILE ANTUNES

Nesta jornada de autodescoberta e evolução, é fundamental olharmos muito além das nossas responsabilidades pessoais, familiares e profissionais.

E, neste mundo tão acelerado, muitas vezes estamos tão sobrecarregados que somos desafiados a **viver sempre na mais alta velocidade.** No entanto, nunca ter tempo para nada pode nos levar ao esgotamento e ao afastamento de nossa verdadeira essência. Por isso, a importância de buscar um equilíbrio que nos permita desfrutar de uma vida plena, com leveza e alegria.

Na música "Saúde" (1981), a saudosa cantora Rita Lee nos convida exatamente para isso: "[...] a **descortinar a nossa rotina desenfreada**, muitas vezes com aquele olhar embaçado, e refletir sobre como tem sido a nossa história...".

Os versos dessa canção nos levam a questionar os fardos que carregamos desnecessariamente, ao mesmo tempo que nos faz almejar a liberdade de sermos verdadeiramente nós mesmos.

Quando aprendemos a nos amar e cuidamos de nós mesmos, preenchemos nosso reservatório emocional e energético. Isso nos permite sermos pessoas melhores para o mundo, gerando inspiração no nosso entorno.

Meu maior desejo é que você dê início a uma linda jornada em busca da sua evolução.

Recomendo que, como primeiro passo, você reflita sobre o seu propósito, ou seja, sua missão aqui na Terra, o que o preenche, o realiza e o faz feliz. Identifique as *human skills* que devem ser desenvolvidas para esse seu momento de vida e aplique as dicas e *insights*, deste livro, que fizeram sentido para você.

Sair da zona de conforto será o seu primeiro passo, mas, antes, vou lhe contar um segredinho: o nosso cérebro é preguiçoso! Então, mantenha-se focado, estabeleça metas de evolução, continue buscando seu autoconhecimento e siga sempre em frente.

A única maneira de tirar algum sentido da mudança é mergulhando nela, movendo-se com ela e entrando em sua dança.
ALAN WILSON WATTS

Importante: a sede de mudança é o primeiro passo para o progresso, e mais importante que a velocidade da mudança é a constância da evolução.

Maturidade não significa o quanto você viveu, mas, sim, quanto você aprendeu.
AUTOR DESCONHECIDO

Pegue um bloco de notas e olhe para seus propósitos e objetivos de vida. Estabeleça os indicadores que poderão sinalizar se está no seu caminho de evolução. Eles serão sua referência.

Vou deixar, a seguir, algumas perguntas para que você possa refletir e que poderão ser bons indicadores para sinalizar a sua evolução em relação aos propósitos e objetivos de vida. Eles serão o termômetro dos seus avanços.

- O quanto você tem estabelecido prioridades na sua vida?
- O quanto você está aberto para o novo?
- O quanto você tem observado seus comportamentos e emoções?
- O quanto você tem buscado aprender com os acertos e os erros?
- O quanto você tem apreciado cada momento da sua vida?
- O quanto você é feliz quando está sozinho?
- O quanto você tem investido no seu autoconhecimento?
- O quanto você está se aproximando dos objetivos de vida que traçou?
- O quanto você está alinhado com seus propósitos?

Não se esqueça de sempre saborear essa jornada e comemorar cada conquista.

Permita-se desfrutar de uma existência maravilhosa, na qual a autoliderança, o autocuidado e o amor-próprio sejam as bases para o florescimento de sua plenitude!

Estarei sempre por aqui; e, a qualquer momento, fique à vontade para me procurar e compartilhar seus desafios e suas conquistas.

Abraços carinhosos,

Lucedile Antunes

Conheça os outros livros da série

Para nós, é muito importante o seu *feedback*! Conta pra gente como foi esta experiência?
É simples e rápido. Só acessar o QR code:

Muito obrigada,

Lucedile Antunes